新东方
XDF.CN

MW01678859

新东方雅思(IELTS)考试指定辅导教材

剑桥雅思真题精讲

IELTS10

周成刚 主编

范猛 何钢 宋鹏昊 副主编

何钢 宋鹏昊 付珺 安培 王超伟 陈好 胡静 段琛 宗鹏 毛竹青 编 著

浙江教育出版社·杭州

图书在版编目(CIP)数据

剑桥雅思真题精讲. 10 / 周成刚主编. —杭州：浙江教育出版社，2015（2016.9重印）
ISBN 978-7-5536-3010-6

Ⅰ. ①剑… Ⅱ. ①周… Ⅲ. ①IELTS—题解 Ⅳ. ①H319.6

中国版本图书馆CIP数据核字（2015）第110060号

剑桥雅思真题精讲. 10
JIANQIAO YASI ZHENTI JINGJIANG. 10

主　　编 周成刚
副 主 编 范　猛　何　钢　宋鹏昊
责任编辑 孔令宇　孙冠群
美术编辑 韩　波
封面设计 大愚设计
责任校对 刘文芳
责任印务 时小娟

出版发行 浙江教育出版社
（杭州市天目山路40号　邮编：310013）
印　　刷 北京慧美印刷有限公司
开　　本 787mm×1092mm　1/16
成品尺寸 185mm×260mm
印　　张 14.5
字　　数 320 000
版　　次 2015年7月第1版
印　　次 2016年9月第4次印刷
标准书号 ISBN 978-7-5536-3010-6
定　　价 28.00元
联系电话 0571－85170300－80928
电子邮箱 dywh@xdf.cn
网　　址 www.zjeph.com

前　言

我的留学观

留学是当今中国的一个热点话题。所谓热点，就是讨论的人多，关注的人多。无论你决心已下或是尚在彷徨犹豫，留学的选择对你的人生来说都将是一个重大决定。它涉及你个人和家庭的许多投入，包括时间、金钱、精力、甚至情感，它关系到你未来的学习、工作和个人生活，它与你的前途事业息息相关。我相信每一个人在做出最后决定前一定会一遍又一遍地问自己：

"我到底要不要出国留学？"

"我是否也应该像大多数人一样选择去欧美国家留学？"

首先我想说，决定留学或不留学其实没有对与错，留学只是一种学习方式的选择。而一旦涉及选择，就少不了分析与比较、思考与权衡。来新东方咨询留学的学生和家长，都会向我们提出类似的问题。

从某种意义上说，我们问自己"我到底要不要出国留学？"就如同问"我到底要不要上大学？"一样。大多数家长不会因为当下大学毕业生就业困难而不支持孩子上大学，也不会因为有一些成功的企业家没有读过大学而不让自己的孩子追求学业。大学生并非个个身怀绝技，并非都能获得我们期待的那些成功，但大学尤其是名校仍然倍受追捧。为什么？因为大家心中明白，相对于没有上过大学的人，一般来说，大学生的平均综合素质较高，毕业后在职场上具有更强的竞争力和职业发展后劲。也就是说，我们希望通过读大学读名校来提高自己的胜出概率。谈到此处，上述的两个问题也就迎刃而解了。欧美国家和名校一样，他们代表着这个世界的先进生产力。无论是科学技术，还是政治经济，还是文化教育，欧美的大部分国家正在引领世界的发展。换句话说，这些发达国家是大部分发展中国家学习和借鉴的榜样。而这些国家的大学又是他们意识形态和科学发展的前沿阵地。我们选择留学，选择到发达国家去学习，可以提高自己在世界舞台上的胜出概率，可以获得比其他人更多的成功机会。

那么为什么是否选择留学会在今天成为一个如此紧迫的问题呢？

可以说，这是全球一体化带来的必然社会趋势。所谓全球化，就是地区与地区之间，国家与国家之间，经济体与经济体之间的交流和接触日益频繁，障碍逐个被扫除，资源和信息的流动变得前所未有地畅通。一句话，过去因为种种原因，我们闭关自守，隔断了自己和世界绝大部分地区和国家的交流，我们国家的年轻人除了自己不需要和任何国家的同龄人去竞争。但随着全球化步伐的不断迈进，国门不断打开，我们国家的年轻人已经和世界各国的年轻人走到了同一个舞台上，需要和全球同龄人去竞争。

今天，一个美国人可以很容易到中国找工作，他们到中国的公司找到一份工作就意味着中国人少了一份工作；相反，一个中国学生很容易到美国去留学，毕业后他们在华尔街谋到一份职业也就意味着抢走了美国人的一个饭碗。

在如此这般的全球同龄人竞争的格局下，越来越多的家长和学生认识到，自己如果要在职场上胜出，就必须掌握当今世界普遍认可的价值观和在全球范围内有竞争力的知识和职业技能。当我们开始去寻找这些东西准备充实自己的时候，陡然发现，这些我们所希望拥有的先进的科学文化知识、有竞争力的核心技术、创新的思维观念甚至符合人性发展的价值观等，大部分掌握在那些发达国家的手里，至少在目前这个历史发展阶段是如此。过去我们自己和自己比赛，规则和输赢我们自己说了算。但今天，我们要去和世界强队比赛，要按照国际比赛的规则去比，输赢由国际裁判决定。于是，我们不得不开始了解国际比赛，学习比赛规则。这就是为什么今天越来越多的家长要送自己的孩子出国留学，因为家长都希望自己的孩子在比赛中胜出。

事实上，我们背井离乡、负笈海外，或是去留学，或是去进修，或是去游历，都是中国人世代相传的教育理念的延伸和自我实践。几千年来，中国人通过读书改变自己命运的梦想从没有停止过。

过去，许多家庭省吃俭用，用攒下来的钱送孩子进私塾学校，接受教育；书生们则头悬梁、锥刺股，用面壁苦读换来最后的金榜题名，自此改变人生命运。后来我们有了高考，农村的孩子通过上大学或读研究生，进一步提升自己的实力，获取一份比自己的父母更好的工作，去从事教师、工程师、医生和律师这些令人羡慕和受人尊敬的职业。学生通过高考走进了不同的城市，有小城市，也有大城市，当然也有北京、上海等超级大都市。人们渴望走进这些城市，是因为他们知道这些城市更加前卫，人们的思想更加解放，资源更加集中，发展更快，机会更多，实现个人价值的概率更大。

如今，我们出国留学，到伦敦、多伦多、悉尼和纽约这些国际大都市去深造进修，这与当初我们走进县城、省城以及到北京、上海去读书何其相似？长久以来，这些行为和决定背后的核心理念丝毫没有改变，那就是“读书改变命运”、“教育兴邦”，唯一不同的是地缘和文化意义上的差异，我们只不过从国内走到了国外，走进了一个不同的文化、语言和价值观的新世界。

当然，我们也不能否认许多中国学生出国留学还有一个目的——把英语学得更好。上两个世纪英国和美国在文化、经济、军事、政治和科学上的领先地位使得英语成为一种准国际语言。世界上许多重要的社会活动、经济事件和科学发明都是用英语记录的，美英等发达国家的媒体也在用英语传播他们的信息、知识和观念，影响遍及世界各个角落。我们掌握了英语，就如同掌握了一门世界通用语言，从这个意义上讲，英语之于世界，如同普通话之于中国。当我们在选择学习普通话、方言还是少数民族语言时，大多数人会选择普通话，因为普通话适用范围更广，接受度更高，也更容易习得，更方便和中国各地或各民族背景的人们交流。

有的家长会问，既然英语是一门世界通用语言，那我们是不是早点把孩子送出去更好？我的回答是：如果孩子出去太早，他可能由于长期接受西方文化熏陶，从而脱离了中国的根基，最终成为一个香蕉人。反过来，如果孩子仅仅扎根中国，很少与外面的世界接触，那他可能会在和世界对话时缺少应有的准备。

我相信，21世纪的今天，随着世界一体化的深入，无论是世界舞台还是经济高速发展的中国，都需要一种跨区域、跨文化、跨技能和跨语言的多元化的桥梁性人才。他们往往是一种东西两栖动物，能够南北迁徙，既有中国文化的熏陶又有西方教育的洗礼；他们深谙世界的发展趋势，知道现在的西方有更多的先进技术，现在的中国有更多的发展机遇；这种“东西合璧”型的人才无论在国内还是国外，都会很容易寻找到自己的发展空间和职业定位。

写到这里，我不禁想起了过去30年自己的生活、工作、留学和成长的历程。我上个世纪80年代上大学，毕业后留校任教10年，虽然是个英语专业的学生，但当时并没有想过要出国留学。突然有一天，我发现周围的朋友和同学都开始出国了，有的在国外大学当了教授，有的回国创业成为成功的企业家，有的把自己的跨国事业越做越红火。人是社会动物，不仅是为自己活着，他的思想、行为和价值观常常要受周围的人和他生活的那个社会的准则的影响，这是我对马克思所言“人的本质就其现实性而言是社会关系的总和”的一个新认识。于是，在这些朋友和同学的影响下，我也出国留学了。10年的大学英语老师生涯为我的澳洲留学做好了铺垫，海外的研究生专业学习和优异的考试成绩又为自己赢得了在BBC（英国广播公司）做记者的机会，英国的记者经历又为我日后加盟新东方提供了一份实力保障。今天，我已经把我的职业发展和新东方的发展连在了一起。

如果说，一个留学生只是一个点，那么千千万万的留学生就可以形成一股巨大的社会推动力。纵观中国的近现代史，中国社会每一次重大的社会变革和进步往往都是和留学生以及东西方思想的交汇紧密相关的，中国改革开放30多年所取得的成绩也佐证了这一点。这也许就是当面对21世纪的世界新格局时，中国学生出国留学以及中国留学生归国创业的大潮如此势不可挡的原动力吧！

30年后的今天，我自己的孩子也踏上了他的赴美留学之路。我深知这条路不会平坦，知道他在这条路上有时会倍感寂寞和孤独。但我为他喝彩，为他自豪，因为这是一个90后年轻人自己的选择，因为这是我从前走过的一条路，虽然坎坷崎岖，但路上的风景很美很醉人！

周成刚
新东方教育科技集团总裁
新东方前途出国咨询有限公司总裁

目　录

Test 4

General Training: Test A

General Training: Test B

Section 1

场景介绍

Andrea 打电话给旅行社索要关于美国自驾游产品的宣传小册子，同时还询问了自驾游的不同方案、路线、时长、报价等。Andrea 最终决定先看过小册子再进行咨询。

本节必背词汇

brochure	*n.* 小册子，手册	castle	*n.* 城堡，堡垒
postcode	*n.* 邮编	desert	*n.* 沙漠
mobile	*n.* 手机，移动电话	go straight to	径直走向
advert	*n.* 广告	beach	*n.* 沙滩，海滩
self-drive	*n.* 自驾	sunbathing	*n.* 太阳浴
theme park	主题公园	accommodation	*n.* 住宿；宿舍
lodge	*n.* 小屋，草屋；临时住宿	rental	*n.* 租金
campsite	*n.* 营地	flight	*n.* 航班；航行
tent	*n.* 帐篷	hire	*n.* 租金；租用

词汇拓展

airport terminal	航站楼，候机楼	departure lounge	候机室
aquarium	*n.* 水族馆	domestic departure	国内航班出站
arrival	*n.* 进站，进港，到达	excursion	*n.* 短途旅行
arrive from	来自…	international airport	国际机场
available	*adj.* 可用的	international departure	国际航班出港
boarding	*n.* 登机	international terminal	国际候机楼
budget	*n.* 预算	open ticket	不定期机票
buffet	*n.* 自助餐	platform	*n.* 站台
commuter	*n.* 月票乘客，通勤者	reserve	*v.* 预订
cramped	*adj.* 拥挤的	shuttle	*n.* 往返汽车；航天飞船
currency exchange	货币兑换处	stopping points	停靠站
custom	*n.* 海关	transfer correspondence	中转处

文本及疑难解析

1. And can I ask you where you heard about World Tours? From a friend? Or did you see an advert somewhere? 能否询问您是从哪里知道 World Tours 的吗？从朋友那里？还是在哪里看到的广告？advert 一词是 advertisement 的缩略形式，在口语中比较常用。
2. OK. I'll get the brochures in the post to you but can I give you some information over the phone. 好。我会给你寄一些小册子，另外我也可以在电话里给你提供一些信息。
3. We have a couple of self-drive tours there visiting different places of interest in California. 我们有几条加州不同景点的自驾游线路。visiting different places of interest in California 作限定修饰成分，修饰 self-drive tours。
4. That includes accommodation, car rental and a flight but no meals. 那（指费用）包括住宿费、租车费用、一趟航班费用，但不包括餐费。
5. These hotels offer dinner in the price. 晚餐包含在房费里。

题目解析

本节出现的题型以典型 Section 1 出现频率极高的纵轴个人信息表格（form）及信息比对表格（table）为主。需填写的信息依旧主要为名称、地点、数字。

1. 题干词 address 原文重现。本题定位简单。拼写中的 gh 可能对部分考生造成困扰，gh 组合通常不发音。
2. 本题定位较容易。原文中虽出现了 friends, advert 两个信息混淆考生，但最终也比较明确地强调了是通过 newspaper。
3. 本题用 Los Angeles 可以清晰定位。theme park 以词组的形式出现，可能有的考生不了解该词组的含义而无法填写。theme park 意为“主题公园”。
4. 本题同样可以用题干专有名词 Yosemite Park 定位，lodge 一词提示答案将至。Andrea 直接表示不喜欢 staying in a tent。
5. 本题题干中的 on the way to Cambria 和原文中的 near Cambria 是同义替换，会给考生制造难度。
6. 本题可以用 San Diego 定位。Andrea 先提及 good for beaches，旅游公司工作人员推荐 zoo，后被 I don't think so 否决。后文提及的 sunbathing 和 swimming 指在 beach 要做的事情。并且答案字数要求是 ONE WORD，故无法填写 sunbathing and swimming。
7. 本题可预测答案为数字，与 distance 有关。2020 在已知信息 twelve 之后出现。
8. 本题较易定位。题干已知信息 accommodation 和 car 之后原文紧跟出现 a flight。
9. 同第 7 题，定位数字、金额。已知信息提供了较好的定位依据。
10. 同第 8 题，但原文中的 flights 是混淆点，考生需要听清 they aren't included。

Section 2

场景介绍

健身中心的设施、服务及收费介绍。主讲人 Sandy Fisher 先介绍了游泳池的扩建，后提及器械的增加，另外也强调了进行个人体能测评及遵守使用规则的重要性。该健身中心提供各类会员计划，可享受不同服务。

本节必背词汇

on behalf of	以…的名义	trampolining	*n.* 蹦床
run through	草草过一遍，匆匆浏览	assessment	*n.* 测评，测试
facility	*n.* 设备，设施	draw up	策划，拟定（计划）
membership	*n.* 会员资格（资质）	outline	*v.* 概述
asset	*n.* 优点；资产，财产	entitle	*v.* 使…有资格，给予…权利
expand	*v.* 扩展，扩张	advantage	*n.* 优点，优势
lane	*n.* 小路，小道，小径	individual	*adj.* 单独的，个体的
unfortunately	*adv.* 不幸地	joint	*adj.* 联合的
retractable	*adj.* 可伸缩的	professional	*adj.* 职业的，专业的
refurbish	*v.* 刷新，整修	commitment	*n.* 承诺，义务
fitness suite	健身房	preference	*n.* 偏爱，优先权
weight-training	*n.* 负重训练	premier	*adj.* 高级的，首要的
cater for	照顾；供应伙食	reciprocal	*adj.* 互惠的，相互的
benefit from	受益于	hairdryer	*n.* 吹风机，电吹风

词汇拓展

badminton	*n.* 羽毛球	referee	*n.* 裁判
baseball	*n.* 棒球	rugby	*n.* 橄榄球
check-in	*n.* 签到处	scheme	*n.* 计划
cricket	*n.* 板球	season	*n.* 赛季
fully licensed	完全获许可的	softball	*n.* 垒球
hockey	*n.* 曲棍球	squash	*n.* 壁球
hurdle	*n.* 跨栏	subscription	*n.* 签署，同意
judo	*n.* 柔道	tennis court	网球场
primarily	*adv.* 首要地，根本上	track and field	田径

文本及疑难解析

1. Our greatest asset is probably our swimming pool which at 25 metres isn't Olympic-sized but now we've expanded it to eight lanes. 我们最大的优势可能是 25 米长的游泳池，虽然不符合奥运会场地标准，但我们现在已经将它扩展到了 8 个泳道。asset 此处理解为"优势"。
2. Unfortunately, there isn't space for an outdoor pool here but the glass roof on the swimming pool is partly retractable, which means you can enjoy something of the open-air experience on warmer days. 不幸的是，

我们没有足够的地方建户外游泳池，但泳池的玻璃屋顶可以部分伸缩，也就是说在天气暖和的时候我们可以享受露天的体验。

3. Although we do have adult-only times after 6 and at certain times at weekends, children are well-catered for. 尽管我们在晚上 6 点以后或周末的某些时间有仅限成人时段，但孩子们也会得到很好的照顾。
4. During your next exercise session a personal trainer will work with you to make sure you understand these. 当你下一次来运动时，一位私人教练会和你一起过一遍这些（安全规范）以确保你理解了。
5. There's a lot more to looking after yourself than simply lifting weights. 比举起重量（指力量训练）更重要的是保护好你自己。
6. At the end of the personal assessment, the trainer will draw up a plan, outlining what you should try to achieve within a six-week period. This will then be reviewed at the end of the six weeks. 在个人测评结束的时候，教练会拟定一个计划，大致列出 6 周内你应该达到的目标。这个计划在 6 周结束时会做评估。
7. Individual gold membership costs ￡50 a month and joint membership for you and your partner will cost ￡75. 个人金卡会员每月 50 英镑会费，联名金卡会员是每月 75 英镑。指情侣或夫妻二人可以使用联名卡得到更多优惠。
8. Premier membership is for professional people whose work commitments make it difficult for them to use the club during the day and so LP gives booking preferences to Premier members at peak times. “至尊会员”是为那些因为工作而在白天很难有时间来健身房的职业人士准备的，他们在高峰时间有预定优先权。

题目解析

本节难度适中。由多选题（11~12）和填空题（13~20）组成。

11~12. 题干已说明需要找出两项近来进行了升级的设施。原文中涉及积极变化的仅有 swimming pool (wider) 和 fitness center (refurbished)。
13. 本题用副标题 personal assessment 定位比较容易，读题预测答案是名词（短语），无混淆信息，答案为 health problems.
14. 读题预测本题答案为名词（短语）。考生需要理解题干问的是“使用装备器材必须了解的”。答案为直叙。
15. 本题预测定位名词（短语）。原文含义较易理解，见文本及疑难解析 6。虽句子较长，但并未出现难词。
16. 本题易定位。joining fee of ￡90 与题干 ￡90 joining fee 匹配。
17. 本题可以用题干词 gold members 定位，预测空格填名词（短语）。原文中 free entry at all LP clubs 与题干 free entry to all the LP clubs 几乎相同。
18. 本题题干词 priority 与原文中的 preference 同义替换，但 premier members 原文重现降低了难度。
19. 本题可用 premier members 定位，预测需要填名词（短语）。考生需要理解 you will be sent passes for guests every month 的含义，指每月都可以获准带一个客人来（免费）健身。
20. 本题可预测定位名词（短语），且需要理解题目问的是“需要带的是 _____ ”。原文提及的 robes, hairdryers 是健身中心提供的，不需要另外带的，较有混淆性。

Section 3

场景介绍

学生 John 和教授沟通自己参加的国际设计大赛，并希望获得帮助。John 设计了一款新型洗碗机，能够以二氧化碳为主原料，进行液化、汽化，达到循环利用。John 希望教授能够帮助提供制作模型所需要的原料，教授建议他可以向大学申请资助。

本节必背词汇

entry	*n.* 进入，入场，参赛	pressurize	*v.* 增压，加压
come up with	提出	liquid	*n.* 液体，液态物
appliance	*n.* 电器，装置	release	*v.* 释放
innovative	*adj.* 革新的，创新的	chamber	*n.* 室，房间
tricky	*adj.* 复杂的	depressurize	*v.* 减压
identical	*adj.* 完全同样的	revert	*v.* 恢复原状
rock pool	岩石潭，潮间带水坑	grease	*n.* 油质，润滑油
decoration	*n.* 装饰，装潢；装饰品	separate	*v.* 分隔，分离
novel	*adj.* 新奇的	cylinder	*n.* 圆筒，汽缸
carbon dioxide	二氧化碳	presentation	*n.* 展示，介绍
detergent	*n.* 洗涤剂，去垢剂	profile	*n.* 形象，外形

词汇拓展

abbreviation	*n.* 缩写	embark	*v.* 着手
analysis	*n.* 分析	manilla folder	*n.* 牛皮纸
catalogue	*n.* 目录	methodology	*n.* 方法（学）
consult	*v.* 咨询，沟通	paperclips	*n.* 纸夹子
deadline	*n.* 最后期限	peer group	共同兴趣小组
demanding	*adj.* 有难度的	plagiarism	*n.* 抄袭
discipline	*v.* 训练，使有纪律、有条理	proficiency	*n.* 熟练
dissertation	*n.* 论文	reference	*n.* 参考文献
domesticate	*v.* 使本土化	respondent	*n.* 受访者
drawback	*n.* 弱点，缺点	sufficient	*adj.* 足够的，充足的

文本及疑难解析

1. We have to adopt an innovative approach to existing technology, using it in a way that hasn't been thought of before. 我们必须创造性地运用现有科技，用一种以前从未被想到过的方式。it 指代 innovative approach。
2. Basically because it looks like the rock pools you find on a beach. The top is made of glass so that you can look down into it. 主要是因为它看上去像你在海滩上看到的岩石潭。顶部是玻璃制成的，所以你可以看清楚里面。John 在介绍他的设计。岩石潭等同于在沙滩上常见的里面都是大小石子的小水坑。
3. So it's really just a novel way of starting the dishwasher. 所以这确实是一种启动洗碗机的新奇方式。novel 一词较少用做形容词，此处意为"新奇的，异常的"。

文本及疑难解析

1. One in ten black bears is actually born with a white coat, which is the result of a special gene that surfaces in a few. 10只黑熊中有一只生来是白色的，这是因为一种罕见的基因显露。coat 此处不表示外衣，指“皮毛”。
2. Local people have named it ‘the spirit bear’. And according to the legends of these communities, its snowy fur brings with it a special power. 当地人将它命名为“灵熊”，根据当地这些部落的传说，它雪一般无瑕的皮毛赋予了它特别的力量。
3. Because of this, it has always been highly regarded by them—so much that they do not speak of seeing it to anyone else. It is their way of protecting it when strangers visit the area. 正因如此，“灵熊”被他们（指当地人、当地部落）看得很重，他们不向任何人提起曾经见到过它。当有陌生人到这里时，这是他们保护“灵熊”的方式。
4. For example, the old-growth trees have extremely long roots that help prevent erosion of the soil along the banks of the many fish streams. 例如，古老的树木有非常长的根，这些根可以避免鱼群游过造成的土壤侵蚀。
5. These produce lush vegetation that sustains thousands of other types of life forms, from birds to insects and more. 这些（指鱼皮、鱼骨形成的土壤中的营养物质）催生了能够维持数千个物种，包括鸟、昆虫等等，存活的葱翠植被。
6. In addition, they have built roads which have fractured the areas where the bear usually feeds, and many hibernation sites have also been lost. 另外，他们（指伐木公司）还在熊经常捕食的区域建公路，破坏了周边环境。熊可以冬眠的地方也减少了。本句中 fracture 原本意为“破裂，断裂”，fracture the areas 意指将区域（由于公路）隔成了一块一块的，为了表达通顺可意译为“破坏周边环境”。
7. All these influences have a negative impact on the spirit bear’s very existence, which is made all the more fragile by the fact that reproduction among these bears has always been disappointingly low. 所有这些影响对“灵熊”的存活产生了负面作用。令人失望的是，这种熊的繁殖率还非常低。这使得这个物种更加其脆弱。此句中的 fragile 不指心理或精神上的脆弱，而是指一个物种的延续能力非常脆弱。

题目解析

本节为典型的学术报告填空题（连续填空，以句子或笔记形式呈现）。整体难度适中。

31. 本题由题干词 white bear 定位，题干空格前的 uncommon 与原文 special 同义替换，而后出现答案 gene。
32. 本题由题干词 local people 定位，题干空格前的 unusual 与原文 special 同义替换，而后出现答案 power。
33. 本题题干词 protect 原文重现。可预测需要填名词。原文随即表述 It is their way of protecting it when strangers visit the area，其中 strangers 是唯一符合含义的名词。
34. 本题题干词 roots 原文重现，较易定位。可预测需要填名词或动词（+ing）。题干词 stop 与原文 prevent 同义替换，而后出现答案 erosion。
35. 在原文提及 vegetation 时应预知本题答案即将出现。题干信息帮助不大，仅知道需要填名词，意为“少量的 ______”。原文 a few islands 符合含义。本题相对较难。
36. 本题可由 threats, habitat, logging companies 定位。可预测需要填名词，表达“______ 的建设”，build roads 含义完全相符。题干中的 construction 与原文中的 build 同义替换。另外，establish 在考试中同样常与 construct, build 替换。

37. 本题由题干词 salmon 较易定位。预测需要填名词。题干词 unrestricted 与原文中的 no legal limit 为同义替换，随后立即出现 fishing。
38. 本题题干词 existence 原文重现。可预测需要填名词，表达“____ 率低”。reproduction 符合含义。该词汇较少使用，可能造成考生拼写困难。
39. 本题可以由副标题 going forward 判断大致位置。已知信息 working together 原文重现，较易定位。可预测填名词。logging method 与题干 _____ of logging 极易匹配。
40. 本题题干词 maintenance 以动词形式 maintain 原文重现。可判断需要填名词，表示除 maintenance 之外还要做的事情。expansion 符合含义。可能会有考生误填随后出现的 create 的名词形式 creation，但此句指 for other bears，不符合题干内容。

Notes

Reading Passage 1

篇章结构

体裁	说明文
主题	印度的阶梯井
结构	第一段：印度西北部阶梯井的用途 第二段：阶梯井的位置及作为取水之外的用途 第三段：阶梯井的构造方式 第四段：阶梯井的形态 第五段：多数阶梯井已经停止使用 第六段：政府开始了阶梯井的修复工作 第七段：皇后井的具体情况 第八段：苏利耶井的具体情况 第九段：女王阶井的具体情况 第十段：月亮水井的具体情况 第十一段：尼姆拉纳水井的具体情况 第十二段：如今人们已经认识到阶梯井的价值和重要性

解题地图

难度系数： ★★★

解题顺序： TRUE/FALSE/NOT GIVEN（1~5）→ SHORT ANSWER QUESTIONS（6~8）→ NOTES COMPLETION（8~13）

友情提示： 本文讲述了印度西北部阶梯井的发展情况，文章前四段对阶梯井的用途、构造方式以及形态进行了具体的介绍，第五段讲到许多阶梯井已经停止使用，第六段通过转折的方式提出政府已经开始了修复工作，之后的五个段落讲解了五个不同的阶梯井实例，而这部分是 9~13 题所对应的出题区域，文章最后一段总结目前的情况：人们已经认识到阶梯井的价值和重要性。文本结构很清晰，从题目分布上看大多数是顺序出题，因此按照三个题型的出现顺序解题即可。考生需要注意的是，不要受到文中大量具体描述的影响，需要更多关注整体结构和具体每道题目的考查点！

必背词汇

1. fundamental *adj.* 基本的，根本的

We should direct our attention at the *fundamental* question. 我们应把注意力集中在这个基本问题上。

We can go to the *fundamental* equations. 我们可以得到基本的等式。

2. comprise *v.* 包含，由…组成

These objects *comprise* functions and data of the system. 这些对象包含系统的功能和数据。

These rules *comprise* the grammar of a language. 这些规则组成了语言的语法体系。

3. negotiate *v.* 谈判；越过

They refused to *negotiate* unless three preliminary requirements were met.

如果三项先决条件得不到满足，他们就拒绝谈判。

Frank Mariano *negotiates* the desert terrain in his battered pickup.

Frank Mariano 驾驶他那辆破旧的敞篷小货车成功地穿越了沙漠地区。

4. intricate *adj.* 复杂的

The first one is an *intricate* network of what appears to be huge metallic stripes.

第一个结构是一个复杂的网络，好像是由巨大的金属线条组成。

He has *intricate* maps to help you figure out what kind of relationships you want, and how to foster those you have. 他有着错综复杂的图谱来帮你确定理想的人际关系，以及应如何发展既有的关系。

5. construct *v.* 建造；构建

Sixteen countries from all around the world worked together to plan and *construct* a permanent space station. 世界上 16 个国家共同努力，设计并建造了一个永久性空间站。

If we get through this crisis, we will have the time and the chance to *construct* a better order. 如果我们能渡过这次危机，我们将有时间和机会构建更好的秩序。

6. undergo *v.* 经历

The blunder made the underground instrument *undergo* an undermining of the thunderbolt.

这个失策让地下仪器经受了一次雷电破坏。

In the beginning, they were discouraged with the intricate problem, and *underwent* great hardship. But they found a way at last after careful thinking. 起初，这个复杂的问题使他们感到灰心丧气，经历了艰难困苦，但经过仔细思考后他们终于研究出了解决办法。

7. resemble *v.* 类似，像

Obviously the matter is complicated. This apparatus does not *resemble* any other musical instrument.

显然，这个东西很复杂。这个仪器并不像其他任何一种音乐乐器。

The design is still being worked out but some sketches released by Orbital Technologies *resemble* the International Space Station. 虽然具体设计方案仍在商讨中，但从太空轨道技术公司发布的草图来看，它非常类似于国际空间站。

8. overlook *v.* 忽略；俯瞰

We *overlook* all sorts of warning signals about our own health.

我们会忽视关于我们健康的各种警报信号。

Pretty and comfortable rooms *overlook* a flower-filled garden.

那些漂亮、舒适的房间俯瞰着一个花团锦簇的花园。

9. characteristic *adj.* 是…的特征

Such bluntness is *characteristic* of him. 他就是这么迟钝。

The stripes are *characteristic* of the zebra. 条纹是斑马的特征。

认知词汇

spectacular	*adj.* 壮观的，惊人的	restoration	*n.* 恢复
monument	*n.* 纪念碑；历史遗迹；不朽的作品	pristine	*adj.* 原始的，古时的
		reservoir	*n.* 水库，蓄水池
bygone	*adj.* 过去的，很久以前的	geometrical	*adj.* 几何的
inhabitant	*n.* 居民，居住者	renown	*v.* 使有声望
irrigation	*n.* 灌溉	commission	*v.* 委任，授权制作
utilitarian	*adj.* 功利的，实用的	aesthetically	*adv.* 审美地，美学上地
worship	*n.* 礼拜	zigzag	*v.* 曲折行进，之字形前进
elaborate	*adj.* 精细的，详尽的	medieval	*adj.* 中世纪的
pillar	*n.* 柱子，柱形物	preserve	*v.* 保存，保持
pavilion	*n.* 阁，亭子	marvel	*n.* 奇迹
relentless	*adj.* 无情的，残酷的	ingenuity	*n.* 创造；精巧
sculpture	*n.* 雕塑	alter	*v.* 改变
embellish	*v.* 装饰	shade	*n.* 树荫，阴凉处
derelict	*adj.* 被抛弃的，废旧的	decorate	*v.* 装饰，布置

佳句赏析

1. During the sixth and seventh centuries, the inhabitants of the modern-day states of Gujarat and Rajasthan in north-western India developed a method of gaining access to clean, fresh groundwater during the dry season for drinking, bathing, watering animals and irrigation.
   - **参考译文**：在公元六世纪和七世纪时期，生活在现在的印度西北部古吉拉特邦和拉贾斯坦邦的居民开发出一种方法，能够在旱季获得清洁、新鲜的地下水用来饮用、沐浴、供养动物以及灌溉。
   - **语言点**：本句作为全文第一句话，为我们提供了全文的背景。句子首先出现时间状语 During the sixth and seventh centuries，之后是主句，其中主句的主语中出现了比较多的后置定语，the inhabitants 的修饰成分为 of the modern-day states of Gujarat and Rajasthan in north-western India，主句的谓语和宾语为 developed a method，之后是对 method 具体的解释，即 of gaining access to clean, fresh groundwater during the dry season for drinking, bathing, watering animals and irrigation。

2. Built in around 850 AD next to the temple of Harshat Mata, the baori comprises hundreds of zigzagging steps that run along three of its sides, steeply descending 11 storeys, resulting in a striking pattern when seen from afar.
   - **参考译文**：月亮水井于大约公元前 850 年建成，紧邻哈沙特玛塔女神庙，包含几百段曲折的阶梯，这些阶梯沿着水井的三个面陡峭地向下延伸至 11 层，从远处看去这是一种非常特殊的模式。
   - **语言点**：在这个句子中，主句的主语是 the baori，此处实际上是指代上文中的 Chand Baori，而本句开头的 Built in around 850 AD next to the temple of Harshat Mata 实际上也是对 the baori 的描述，即告知读者 the baori 所在的地点以及修建时间，主句的谓语和宾语分别为 comprises 和 hundreds of zigzagging steps，在宾语之后出现了由 that 引导的定语从句进一步解释 steps，句子结尾处出现了结构状语 resulting in a striking pattern when seen from afar。

3. Tourists flock to wells in far–flung corners of northwestern India to gaze in wonder at these architectural marvels from hundreds of years ago, which serve as a reminder of both the ingenuity and artistry of ancient civilisations and of the value of water to human existence.

- **参考译文：** 游客从遥远的地方聚集到印度西北部，惊奇地看着这些数百年前的建筑奇迹，它们提示着古文明的创造性和艺术性，以及水对于人类生存的价值。
- **语言点：** 本句主语是句首的 tourists，谓语和宾语为 flock to wells，之后的 in far–flung corners of northwestern India 是宾语的修饰成分，随后 to gaze in wonder at these architectural marvels from hundreds of years ago 是本句的目的状语，之后出现了 which 引导的定语从句，对水井的作用做了具体解释。

试题解析

Questions 1–5

- **题目类型：** TRUE/FALSE/NOT GIVEN
- **题目解析：**

1. Examples of ancient stepwells can be found all over the world.

参考译文	古时阶梯井的实例可以在全世界找到。
定位词	Examples of ancient stepwells
解题关键词	all over the world
文中对应点	During the sixth and seventh centuries, the inhabitants of the modern-day states of Gujarat and Rajasthan in north-western India developed a method of gaining access to clean, fresh groundwater during the dry season for drinking, bathing, watering animals and irrigation. However, the significance of this invention—the stepwell—goes beyond its utilitarian application. 本题是一篇文章的第一道题目，而且问题的内容和文章主题 Stepwells 相关，因此优先在开头段寻找。首段首句提到“印度西北部的居民发明了一种方法”，而根据文章第二句中的 the significance of this invention–the stepwell 可以看到说的就是 stepwells，因此关于古时候阶梯井“在哪儿”这件事，文中是提到的，排除 NOT GIVEN。之后看是不是 all over the world，由于文章明确说到了 north-western India，因此确定答案为 FALSE。并且通过阅读全文，可以进一步确认实际上本文只聚焦在印度地区。

2. Stepwells had a range of functions, in addition to those related to water collection.

参考译文	除了那些与水收集有关的功能，阶梯井还有许多其他功能。
定位词	those related to water collection
解题关键词	functions, in addition to
文中对应点	During their heyday, they were places of gathering, of leisure and relaxation and of worship for villagers of all but the lowest classes. 本题说到了“除了”那些与水收集有关的功能，因此重点考的是阶梯井是否有其他功能，与水收集相关的功能在文章首段已经明确提到，即“...a method of gaining access to clean, fresh groundwater during the dry season for drinking, bathing, watering animals and irrigation.”而除此之外，在文章第二段第二句提到的“places of gathering, of leisure and relaxation and of worship”既题目中的“a range of functions”。因此本题选择 TRUE。

3. The few existing stepwells in Delhi are more attractive than those found elsewhere.

参考译文	德里所剩无几的阶梯井比其他地区的更引人关注。
定位词	Delhi
解题关键词	more attractive
文中对应点	Most stepwells are found dotted round the desert areas of Gujarat (where they are called *vav*) and Rajasthan (where they are called *baori*), while a few also survive in Delhi. 本题目可以通过专有名词 Delhi 确定解题区域，题目中考到了比较关系 “are more attractive than”，因此首先判断是否将 Delhi 和其他地区的阶梯井进行了比较。通过阅读本段可以发现，整个段落中都没有进行这个方面的比较，因此直接选择 “NOT GIVEN”。 补充：对于这类题目的解答，如果在原文中进行了比较，则需要进一步判断是 more, less, 还是 equal，也就是进一步判断 TRUE 还是 FALSE 的过程。这道题目相对更简单，答案为 NOT GIVEN。

4. It took workers many years to build the stone steps characteristic of stepwells.

参考译文	工人们用许多年时间修建石阶——阶梯井的特色。
定位词	stone steps
解题关键词	many years
文中对应点	As their name suggests, stepwells comprise a series of stone steps descending from ground level to the water source (normally an underground aquifer) as it recedes following the rains. When the water level was high, the user needed only to descend a few steps to reach it; when it was low, several levels would have to be negotiated. 根据题目信息，本题首先判断 “花费了多久修建” 这件事是否提及，如果文中有提及，排除 NOT GIVEN 选项，如果确实花费了 many years，则答案为 TRUE， 不是 many years（例如文中实际提到的是 few years），则答案为 FALSE。根据题目中的定位词出现的位置，可以判断本题对应文章第三段，该部分也出现了 stone steps，但并没有提到关于 “花费时间” 的问题，因此本题直接选择 “NOT GIVEN”。

5. The number of steps above the water level in a stepwell altered during the course of a year.

参考译文	阶梯井中水平面以上的阶梯数量在一年中有所变化。
定位词	steps, above the water level
解题关键词	altered during the course of a year
文中对应点	As their name suggests, stepwells comprise a series of stone steps descending from ground level to the water source (normally an underground aquifer) as it recedes following the rains. When the water level was high, the user needed only to descend a few steps to reach it; when it was low, several levels would have to be negotiated. 本题重点考查关于 “水平面以上阶梯的数量” 相关的信息，文章第三段具体描述了阶梯井的形式——从地平面向下延伸至水源，并且在最后一句对不同情况进行了对比：When the water level was high, ... a few steps...; When it was low, several levels.... 说明在一年中随着水量的变化，水平面以上部分的阶梯数量也在变化，因此本题选择 TRUE。

Questions 6–8

- **题目类型：** SHORT ANSWER QUESTIONS
- **题目解析：**

题号	定位词	文中对应点	题目解析
6	shade for people	第四段： Built from stone and supported by pillars, they also included pavilions that sheltered visitors from the relentless heat.	本题问到 which part of some stepwells，因此答案应当为关于阶梯井某个部分的名词，且答案限定为一个词，通过题目中的定位词 shade for people，在原文中第四段找到 sheltered visitors，此处为题目中信息的同义替换，而这部分在句中做修饰成分，因此 that 前的名词 pavilions 为本题答案。
7	serious climatic event, southern Rajasthan	第五段： Their condition hasn't been helped by recent dry spells: southern Rajasthan suffered an eight-year drought between 1996 and 2004.	本题问的是 type of serious climatic event，因此答案为一个表示气候现象的名词，并且其发生的位置为题目中的 southern Rajasthan，在文章第五段最后说到 southern Rajasthan suffered an eight-year drought between 1996 and 2004，因此此处的地点原词重现，气候现象为 drought。
8	frequent visitors nowadays	最后一段： Today, following years of neglect, many of these monuments to medieval engineering have been saved by the Archaeological Survey of India, which has recognised the importance of preserving them as part of the country's rich history. Tourists flock to wells in far-flung corners of northwestern India to gaze in wonder at these architectural marvels from hundreds of years ago, which serve as a reminder of both the ingenuity and artistry of ancient civilisations and of the value of water to human existence.	本题的出现位置距离前面两道题目比较远，第 6 题第 7 题分别位于文章第四段和第五段，而本题问到的是 nowadays 的情况，从文章结构而言，第六段的 However 之后重点说到了 restoration 的问题，之后的几个段落分别针对 the stepwell of Rani Ki Vav, Surya Kund, Raniji Ki Baori, Chand Baori 以及 Neemrana Ki Baori 进行了大量的具体描述，直至最后一段开头出现了 Today，第二句话中则说到了 Tourists flock to wells in far-flung corners of northwestern India to...，也就是说，如今的 frequent visitors 指的是本句的主语 tourists，因此本题答案为 tourists。

Questions 9–13

- **题目类型：** NOTE COMPLETION
- **题目解析：** 题的表格中五个具体的 Stepwell 分别是 Rani Ki Vav, Surya Kund, Raniji Ki Baori, Chand Baori 以及 Neemrana Ki Baori，从原文中可以看到，文章第七段开始，以每个段落一个 stepwell 的形式对其分别进行了介绍，而 Date，Features，Other notes 也可以帮助我们对应段落中的具体信息，因此本题按照顺序，逐段在原文中寻找空格中应当填写的词，并保证所填内容符合字数和词性等方面的要求即可。

题号	定位词	文中对应点	题目解析
9	Rani Ki Vav, 2001	第七段最后一句： Incredibly, in January 2001, this ancient structure survived an earthquake that measured 7.6 on the Richter scale.	根据空前空后的信息，不难判断本题应当填入名词，而空后出现了 2001 这一数字，因此在第七段当中找到 survived an earthquake，答案应当为 earthquake。
10	Surya Kund, geometrical pattern	第八段第二句： It actually resembles a tank (*kund* means reservoir or pond) rather than a well, but displays the hallmarks of stepwell architecture, including four sides of steps that descend to the bottom in a stunning geometrical formation.	本题题干形式为 Steps on the _____ produce...，因此空中应当填入名词，宾语为 geometrical pattern。在第八段中第二句的句末可以看到 geometrical formation，此处为题目的同义替换，而前面的 four sides of steps 可以替换题目中的 steps on the 10...... ，因此答案为 four sides，这也与题目要求中的 ONE WORD AND/OR A NUMBER 相吻合。
11	Surya Kund, looks more like, than a well	第八段第二句： It actually resembles a tank (*kund* means reservoir or pond) rather than a well, but displays the hallmarks of stepwell architecture, including four sides of steps that descend to the bottom in a stunning geometrical formation.	本题问到看上去更像 ______ 而非水井，因此原文中应当有与 more like...than a well 相对应的结构，并且答案为名词。在第八段第二句中，出现了 resembles a tank rather than a well，此处 resembles 相当于题目中的 like，而 rather than 结构也与题目对应，因此答案应当为 tank。
12	Chand Baori, a view of the steps	第十段最后一句： On the fourth side, verandas which are supported by ornate pillars overlook the steps.	题目所需要填入的内容出现了 which 引导的从句，因此可以以此为线索进行寻找，此处的 provide a view of the steps 与原文第十段最后一句中的 overlook the steps 对应。因此答案为 verandas。本题需要注意的是，原文句子中 which are supported by ornate pillars 是对主语 verandas 的修饰，主干为 verandas overlook the steps，不要因为 overlook the steps 前出现了名词 pillars 而造成失分。
13	Neemrana Ki Baori, two, levels	第十一段第二句： Constructed in around 1700, it is nine storeys deep, with the last two being underwater.	本题问到的是 levels 的修饰语，并且有明显的提示词 two，因此在第十一段的第二句中看到 with the last two being underwater，答案为此处的 underwater。

参考译文

阶梯水井

一千年前，在印度最干旱的地区，阶梯井是生活的基本保障。
Richard Cox 行至印度西北部，记述这些过往时代的壮观古迹。

在公元六世纪和七世纪时期，生活在现在的印度西北部古吉拉特邦和拉贾斯坦邦的居民开发出一种方法，能够在旱季获得清洁、新鲜的地下水用来饮用、沐浴、供养动物以及灌溉。然而，这一发明——阶梯井——的意义远不止其实际的应用。

阶梯井通常建筑结构复杂，并且在大小和形状方面差异很大，这在这一地区是独一无二的。在其全盛时期，它们是聚会、休闲以及放松的地点，也是村民们（除了最低的社会阶层）进行礼拜的地点。多数阶梯井位于古吉拉特邦（在此处它们被称为“vav”）和拉贾斯坦邦（在此处它们被称为“baori”）的沙漠地带，少数阶梯井也存在于德里。一些阶梯井位于村庄里面或附近，作为社区的公共场所；另一些位于道路旁，作为游人的休息场所。

正如其名称所示，阶梯井由一系列石阶构成，这些石阶从地平面向下延伸至水源（通常是地下含水层），水位随着雨水变化。当水位高时，使用者只需要向下走几个石阶就可以到达；当水位低时，则需要越过几层阶梯。

一些井是巨大开放的坑状，每一个斜面有上百个阶梯，它们通常是层叠的。另一些更为精细，有长长的阶梯通道，经过多层通向水源。它们由石头建成，由柱子支撑，还有一些亭子供来访者躲避酷热。但或许最令人印象深刻的特征是其复杂的装饰性雕塑，它们美化阶梯井，展现出一些活动——从战斗、舞蹈到女性梳头和制作黄油这样的日常行为。

多少个世纪以来，几千口水井在印度西北部被修建，但其中大多数如今已经停止使用；由于地下水被转移供工业使用并且不再能够达到地下水位，一些水井已经废弃和干枯。它们的状况并没有因为近来的干旱期而改变：拉贾斯坦邦从 1996 年至 2004 年遭遇了八年的干旱。

然而，古吉拉特邦的一些重要地区近期进行了许多阶梯井的恢复工作，城邦政府在去年六月宣布计划在整个城邦范围内恢复阶梯井。

在古都帕坦，皇后井（Rani Ki Vav）或许是如今最好的例子。它在 11 世纪晚期由 Udayamati 皇后建立，但在 13 世纪的一场洪水中被淤泥充塞。但是印度的考古调查局在 20 世纪 60 年代开始对其进行修复，如今已经恢复最初状态。65 米长，20 米宽，27 米深的皇后井，有 500 个雕像位于该古迹的壁龛内。令人惊奇的是，在 2001 年 1 月，这一古建筑在一场里氏 7.6 级的地震中得以幸存。

另一个例子是位于古吉拉特邦北部 Modhera 的苏利耶井（Surya Kund），它于 1026 年由 Bhima 一世建造，来敬奉太阳神苏利耶。实际上它类似一个池塘（kund 是蓄水池或水塘的意思），而非水井，但呈现出水井的建筑特征——四面有通向底部、几何构造令人惊叹的阶梯。阶梯井带有 108 个位于阶梯间的、很小且雕刻复杂的神龛。

拉贾斯坦邦同样有很多水井。斋蒲尔南部 200 公里的本迪古城，因其阶梯井等建筑而文明。比较大的阶梯井之一是由当地女王 Nathavatji 于 1699 年建立的女王阶井（Raniji Ki Baori）。女王阶井深 46 米，宽 20 米，长 40 米，这一雕刻精细的古迹是 Nathavatji 在本迪授权建造的 21 个水井之一。

在距离斋蒲尔 95 公里的废旧小镇艾巴奈丽，月亮水井（Chand Baori）是印度最古老、最深的水井之一；从美学角度看，或许它是最引人注目的水井之一。月亮水井于大约公元前 850 年建成，紧邻哈沙特玛塔女神庙，包含几百段曲折的阶梯，这些阶梯沿着水井的三个面陡峭地向下延伸至 11 层，从远处看去这是一种非常特殊的模式。在第四面，由华丽支柱支撑的游廊俯瞰着阶梯。

依然为公众使用的是尼姆拉纳水井（Neemrana Ki Baori），它处在紧邻斋蒲尔—德里公路的位置。该水井建立于约 1700 年，有 9 层深，最后两层在水下。在地平面，有 86 个带有柱廊的入口，来访者可以由此向下 170 阶到达最深的水源。

这些中世纪建造的古迹多年来一直被忽视，如今许多已经被印度考古调查局保护起来，调查局已经认识到这些古迹的重要性，它们是国家悠久历史的一部分。游客从遥远的地方聚集到印度西北部，惊奇地看着这些数百年前的建筑奇迹，它们提示着古文明的创造性和艺术性，以及水对于人类生存的价值。

Reading Passage 2

篇章结构

体裁	说明文
主题	欧洲交通运输系统发展的趋势和前景
结构	第一段：对交通运输的需求在增长以及客运增长的原因 第二段：货运增长的原因 第三段：欧盟候选国家公路运输量增加 第四段：可持续发展为公共交通政策带来机会 第五段：公路运输带来的环境问题 第六段：需要努力实现交通运输模式的转变 第七段：第一种措施只关注定价 第八段：第二种措施关注定价并与其他方式结合 第九段：第三种是采取一系列综合性的措施

解题地图

难度系数： ★★★

解题顺序： LIST OF HEADINGS（14~21）→ TRUE/FALSE/NOT GIVEN（22~26）

友情提示： 本文重点介绍了欧洲的交通运输，文章从不同角度介绍了交通运输方式的不平衡，对公路交通运输方式的青睐导致了各种问题，因此需要通过各种方法重新获得交通运输方式的平衡，文章第七至九段分别介绍了不同的解决方案。关于题目，可以首先完成 14~21 题，完成这类比较宏观的题目有助于对每个段落的信息有一些基本的了解，从而更好地解答 22~26 这类针对具体信息的题目。

必背词汇

1. prospect *n.* 前景

   I chose to work abroad to improve my career *prospects*.

   我选择到国外工作，以增加我在事业上成功的机会。

   Unfortunately, there is little *prospect* of seeing these big questions answered.

   遗憾的是，几乎没有可能看到这些重大问题得到解决。

2. facilitate *v.* 促进

   The new airport will *facilitate* the development of tourism. 新机场将促进旅游业的发展。

   Visio scheduling diagrams *facilitate* communication at all stages of a project.

   Visio 日程安排图有利于加强项目各个阶段的沟通。

3. volume *n.* 量

   Senior officials will be discussing how the *volume* of sales might be reduced.

高级官员们将讨论销售量可能会怎样降低。

How much trading *volume* is there on this stock? 这个股票有多大的交易量?

4. imperative *adj.* 紧急的，势在必行的 *n.* 必要的事

The most important political *imperative* is to limit the number of casualties.

政治上的当务之急是控制伤亡人数。

This is part of reform for a healthy future, and it is *imperative*.

这势在必行，是为了健康的未来实行改革进程的一部分。

5. integrate *v.* 使…完整，使…融合

He thinks we are living in a fully *integrated*, supportive society.

他认为我们生活在一个完全融合、互相帮助的社会。

There is, he said, a lack of an *integrated* national transportation policy.

他说目前缺乏一个整体的全国运输政策。

6. alternative *adj.* 供选择的，替代性的 *n.* 可选择的方法

There were *alternative* methods of travel available. 有另外的旅行方式可供选择。

He said there is no *alternative* for him but to maintain order under any circumstances.

他说，他没有任何选择，在任何情况下都要维持秩序。

7. complementary *adj.* 补足的，补充的

To improve the quality of life through work, two *complementary* strategies are necessary.

要通过工作提高生活质量，两个互补的策略非常必要。

He has done experiments *complementary* to those of Eigen. 他已经做了与 Eigen 的实验互补的实验。

8. guarantee *v.* 保证

Surplus resources alone do not *guarantee* growth. 仅有充足的资源并不能确保发展。

We *guarantee* that you will find a community with which to socialize.

我们保证你将找到一个可以社交的团体。

认知词汇

teleworking	*n.* 电子办公	necessity	*n.* 需要，必需
teleservice	*n.* 电信业务	deterioration	*n.* 恶化
substantial	*adj.* 大量的	marginalization	*n.* 边缘化，忽视
abolish	*v.* 废除，废止	option	*n.* 选项，选择
relocation	*n.* 重新安置，迁移	emerge	*v.* 出现，浮现
assembly	*n.* 装配	accompany	*v.* 陪伴，伴随
entry	*n.* 进入	curb	*v.* 抑制
haulage	*n.* 运输	occupancy	*n.* 占有
inherit	*v.* 继承，天生具有	revitalise	*v.* 使…复兴，使…恢复活力
distribution	*n.* 分布，分配	logistics	*n.* 物流
enlarge	*v.* 扩大	infrastructure	*n.* 基础设施
reverse	*v.* 扭转，逆转	cohesion	*n.* 凝聚，结合
culprit	*n.* 罪犯，被控告的人	restriction	*n.* 限制，约束
account	*n.* 账户 *v.* 解释，导致	escalate	*v.* 逐渐增强，逐渐上升
attributable	*adj.* 可归于…的，可归因的	prohibitively	*adv.* 过高地，过分地

佳句赏析

1. This phenomenon has been emphasised by the relocation of some industries, particularly those which are labour intensive, to reduce production costs, even though the production site is hundreds or even thousands of kilometres away from the final assembly plant or away from users.
   - 参考译文：这种现象由于一些行业（尤其是那些劳动密集型行业）的迁址而加剧，为了降低生产成本，这些行业将工厂设在距离总装配厂或用户几百甚至几千公里的地方。
   - 语言点：本句主句为 This phenomenon has been emphasised by the relocation of some industries，之后用 particularly those which are labour intensive 进行了进一步解释，然后是目的状语 to reduce production costs，随后用一个完整的句子作为让步状语，即 even though the production site is hundreds or even thousands of kilometres away from the final assembly plant or away from users。

2. This objective, agreed by the Gothenburg European Council, has to be achieved by integrating environmental considerations into Community policies, and shifting the balance between modes of transport lies at the heart of its strategy.
   - 参考译文：这一目标受到哥德堡欧洲理事会的认同，需要在制定公共政策时考虑环境因素，其策略的核心在于运输方式的平衡。
   - 语言点：本句是 and 连接的并列句。第一个句子中，主语为 this objective，之后的 agreed by the Gothenburg European Council 是对其进行的修饰；第二个句子中主语为 shifting the balance between modes of transport，即动名词作主语。

3. It could help to achieve greater uncoupling than the first approach, but road transport would keep the lion's share of the market and continue to concentrate on saturated arteries, despite being the most polluting of the modes.
   - 参考译文：它比第一种方法更有利于实现运输方式的分摊，但是公路运输依然会保持最大的份额，并持续道路饱和状态，尽管这是运输方式中最为污染的。
   - 语言点：本句中首先出现了比较结构，对这种方法与第一种方法的效果进行了比较，之后出现转折结构，在 but 之后的句子中，首先包含并列结构，并列的成分分别为 keep the lion's share of the market 和 continue to concentrate on saturated arteries，句子最后的 despite being the most polluting of the modes 是由 despite 引导的让步结构。

试题解析

Questions 14–21

- **题目类型**：LIST OF HEADINGS
- **题目解析**：
  - i. 一个全新的而重要的长期目标
  - ii. 道路收费并且改善其他交通方式
  - iii. 影响货物运送距离的一些改变
  - iv. 采取所有改变运输模式所必要的措施
  - v. 道路运输的环境成本
  - vi. 铁路运输逐渐上升的成本
  - vii. 需要再次取得运输的平衡
  - viii. 个人交通的快速上升
  - ix. 发展大型道路网络的计划
  - x. 仅仅通过改变政策限制道路使用
  - xi. 欧盟候选国家的交通运输趋势

题号	定位词	文中对应点	题目解析
14	rapid growth, private transport	A 段第三至五句	第一段中提到 Although..., the requirement for transport continues to increase，因此对于交通运输的需求上升是很明确的，后面的句子展开说明了其原因。在具体展开的部分，本段重点谈及客运部门，即文中的 passenger transport，这与 viii 选项中的 private transport 是一致的。文中说到了 the spectacular growth in car use，此处内容与 viii 选项的 rapid growth 和 private transport 都是一致的，并且在本段后面的内容中，对于 the number of cars on European Union（EU）进行了具体的说明。因此，本题答案为 viii。
15	distances, goods may be transported	B 段第三句	本段重点写了 goods transport 方面增长的原因，即 changes in the European economy and its system of production，之后对其进行了展开。最后部分说到了 even through the production site is hundreds or even thousands of kilometres away from the final assembly plant or away from users，也就是与货物运送的距离有关的变化，这与 iii 选项相一致。因此，本题答案为 iii。
16	transport trends, countries awaiting EU admission	C 段	从本段开头可以明确看到，这一段写的是与 countries which are candidates for entry to the EU 有关的内容，而其期待的巨大经济增长将 increase transport flows。在之后的部分，我们可以看到大量的数字和趋势变化，这与 xi 选项 Transport trends in countries awaiting EU admission 是一致的。因此，本题答案为 xi。
17	fresh and important, long-term goal	D 段 第一句、 最后一句	D 段首句开始提出 sustainable development，并指出这是一个 new imperative，之后提出了如何能够实现以及具体的时间预期。在本段中，首句 new 与 i 选项 fresh 同义替换，imperative 和之后的 ambitious 都说明了其 important；通过本段后半部分的 can only be fully achieved by 2020 以及 in 30 years' time, by 2040 都说明了这是一个 long-term goal。因此，本题答案为 i。
18	environmental costs	E 段 第一句、 第二句	本段开头提到了 energy consumption in the transport sector 以及 emissions of CO_2，说明由交通运输产生的污染很多，而随后的数据也进一步说明了这一问题，这与选项 v 中所说的 environmental costs 对应。因此，本题答案为 v。
19	restricting road use, charging policies	G 段第一句	本文 F 段最后说到 Three possible options have emerged，然后 G、H 和 I 三个段落分别对三种解决方案进行分析，段落结构都是在首句提出方案的特点是什么，之后再进行展开。本段写第一种方式，即 focusing on road transport solely through pricing，这与 x 选项对应，其中 solely 相当于选项中的 alone。因此，本题答案为 x。
20	charging, improving other transport methods	H 段第一句	本段重点写的是第二种解决措施，首句说到 concentrates on road transport pricing but is accompanied by measures to increase the efficiency of the other modes，也就是说在关注定价的同时，还提升其他运输方式的效率，这与 ii 选项的内容是一致的，其中选项中 charging for roads 相当于原文 road transport pricing，而 improving other transport methods 相当于原文 increase the efficiency of the other modes。因此，本题答案为 ii。

伟目标直至2020年才能完全实现，然而提出措施是实现可持续运输系统的第一个关键步骤；理想情况下，可持续运输系统在30年的时间内可以创建完备，也就是到2040年。

E 二氧化碳是最主要的温室气体，在1998年，28%二氧化碳的排放被归咎于运输业的能源消耗。根据最近的估算，如果不采取任何措施扭转交通运输增长的趋势，到2020年，来自交通运输的二氧化碳排放量预计将达到1.113万亿吨，与1990年记录的7390亿吨相比，增长约50%。再一次，公路运输成为罪魁祸首，因为单其一项就占到了可归于运输的二氧化碳排放量的84%。因此，使用替代燃料和提升能源效率既是生态的需要，也是技术的挑战。

F 同时，为了实现这一模式转变，人们必须做出更多努力。这样的转变不是一夜之间就可以实现的，毕竟半个多世纪以来公路的状况持续变坏。这一趋势已经恶化到了一定程度，如今铁路运输正面临边缘化，仅占8%的市场份额，国际货物列车在平均每小时18公里的速度线上挣扎。在这种情况下，出现了三种可以选择的方法。

G 第一种方法是仅仅通过定价调整公路运输，不会对其他运输方式采取任何补充措施。运输价格增加预计会带来货运车辆更好的荷载比例以及客运车辆更合理的载客率，短期内这或许可以控制公路运输的增长。然而，由于缺少使其他运输方式重获活力的方法，更可持续的运输方式不可能成为主流。

H 第二种方法同样着眼于公路运输定价，但是与提升其他运输方式效率的举措相结合，如更好的服务质量、物流和技术）。然而，这一方法并不包括投资新的基础设施，也并不保证更好的区域凝聚力。它比第一种方法更有利于实现运输方式的分摊，但是公路运输依然会保持最大的份额，并持续道路饱和状态，尽管这是运输方式中最为污染的。因此，这种方法并不足以保证向平衡状态进行必要的转变。

I 第三种并非全新的方法，它包括一系列举措，从定价到激活其他运输方式以及对跨欧网络进行定向投资。这种综合方法会使其他运输方式的市场份额回到它们1998年时的水平，并由此转向平衡状态。考虑到在过去50年间人们偏好公路运输这种历史上的不平衡状态，这种方法远比表面看上去更加宏伟，不会对人员和货物流动性造成限制，但是会显著削弱公路运输增长和经济增长之间的联系。

Reading Passage 3

篇章结构

体裁	说明文
主题	创新的心理机制
结构	第一段：一些公司鼓励员工创新的方式是无效的 第二段：员工与公司的价值观是否契合很重要 第三段：通过举例证明价值观契合度非常重要 第四段：管理者需要提出可能的损失来鼓励做出改变 第五段：创新需要内部协作 第六段：团队合作比聪明的个体更利于解决问题 第七段：社会认同原则的具体应用 第八段：如何强化一种想法 第九段：过于支配型的领导不利于团队成员承担责任 第十段：规则较少的情况下更容易实现创新 第十一段：领导者应当在幕后鼓励团队创新

解题地图

难度系数： ★★★★

解题顺序： MULTIPLE CHOICE（27~30）→ YES/NO/NOT GIVEN（36~40）→ MATCHING（31~35）

友情提示： 本文重点介绍创新的心理机制，以及对公司和管理者而言，需要关注哪些因素以促进创新。本文段落较多，且题目都是针对较细节信息来设置，需要考生细致把握每道题具体的出题区域，以快速解题。具体题目而言，27~30 题的出题位置非常明确，可以首先锁定相应区域。而 YES/NO/NOT GIVEN 部分中 36 和 37 题明显是对文章开头处的考查，因此可以提到前面来首先完成，之后的题目和 MATCHING 题可以根据文章顺序逐段进行查找。

必背词汇

1. inspire *v.* 激发，鼓舞

   Our challenge is to motivate those voters and *inspire* them to join our cause.
   我们面临的挑战是要激励那些投票者并鼓励他们加入我们的事业。

   The car's performance is effortless and its handling is precise and quickly *inspires* confidence.
   这辆车开起来毫不费劲且精确到位，能很快激起驾驶员的信心。

2. stimulate *v.* 刺激，激励

   It is a complex yet *stimulating* book. 这是一本复杂却能引发兴趣的书。

   Your encouragement will *stimulate* me to further efforts. 你的鼓励会激发我进一步努力。

3. intuitive *adj.* 直觉的

   Teachers and educators have an *intuitive* feeling for this, I think.
   我想教师和教育学家对此会有一个直观的感觉。

   Taxonomy is very largely subjective and *intuitive*. 分类学大体上是主观而且直观的。

4. delicate *adj.* 微妙的，精致的

   Ottawa and Washington have to find a *delicate* balance between the free flow of commerce and legitimate security concerns. 渥太华和华盛顿必须在自由贸易流通和司法安全事务之间找到一个微妙的平衡。

   Any of these *delicate* processes could have stalled. 这些微妙的过程都可能出现故障。

5. pervasive *adj.* 普遍的

   "The same argument is still *pervasive* in our school community," he says.
   "在我们的学校里，这样的错误观点仍然普遍存在，"他说。

   Personally, I found these visual cues so *pervasive* in parts of the book that they lost their impact.
   我个人认为，这些可视线索在这本书的有些部分中太普遍，从而丧失了它们的冲击力。

6. visualize *v.* 使形象化，想象

   I would often *visualize* what it would be like if I was living my goals rather than working towards them.
   我常常想象如果实现了目标生活会是什么样，而不去想为此付出努力。

   I cannot *visualize* what he looks like. 我想象不出他是什么样子。

7. conscious *adj.* 神志清醒的；意识到的

   She was fully *conscious* throughout the surgery and knew what was going on.
   她在整个手术过程中神志完全清醒，知道发生了什么。

   He was *conscious* of the faint, musky aroma of aftershave. 他留意到剃须润肤水那淡淡的、似麝香的芳香。

8. approval *n.* 认可，赞成

The testing and *approval* of new drugs will be speeded up. 新药的检测与审批将会加速。

The chairman has also given his *approval* for an investigation into the case.

主席也对此案的调查表示赞同。

9. persuasive *adj.* 有说服力的

What do you think were some of the more *persuasive* arguments on the other side?

你认为，对方有哪些更有说服力的论据呢？

He is always *persuasive* enoush to make you change your mind.

他总是具有足够的说服力让你改变自己的想法。

认知词汇

innovation	*n.* 创新	prototype	*n.* 原型
state-of-the-art	*adj.* 科技先进的	engagement	*n.* 参与
recruitment	*n.* 招聘，招募	regrettable	*adj.* 令人遗憾的
circumstances	*n.* 环境	overbearing	*adj.* 傲慢的，压倒一切的
revolutionise	*v.* 彻底改变，改革	collective	*n.* 团队
gamble	*n.* 赌博，冒险	interchange	*n.* 互换，交换
conflicting	*adj.* 冲突的，相矛盾的	furniture	*n.* 家具
collaborative	*adj.* 合作的，协作的	accomplishment	*n.* 完成，实现
syndrome	*n.* 综合征	simultaneously	*adv.* 同时地
molecular	*adj.* 分子的	frustrating	*adj.* 令人沮丧的
investigator	*n.* 研究者，调查者	outperform	*v.* 胜过，做得比…好
stun	*v.* 使吃惊	joint	*adj.* 共同的
veteran	*adj.* 资深的，富有经验的	concise	*adj.* 简明的，简洁的
horizontally	*adv.* 水平地	commitment	*n.* 信奉，忠诚
vertically	*adv.* 垂直地	surrounding	*n.* 环境，周围的事物

佳句赏析

1. There are, nevertheless, people working in luxurious, state-of-the-art centres designed to stimulate innovation who find that their environment doesn't make them feel at all creative.
   - 参考译文：一些工作中心被设计得奢华，设施先进，专门用做激发创新的地点，然而，在其中工作的人却发现这种环境并没有让他们感到任何创新性。
   - 语言点：本句中，people 的修饰成分，一是后置定语 working in luxurious, state-of-the-art centres designed to stimulate innovation，另一个则是 who 引导的定语从句 who find that their environment doesn't make them feel at all creative，需要注意的是后置定语中出现了两处对 centres 一词的修饰成分，首先是前置的修饰成分 luxurious 和 state-of-the-art 两个形容词，之后是后置定语 designed to stimulate innovation，这些修饰成分容易对理解句子造成影响。

2. Research shows that the fit between an employee's values and a company's values makes a difference to what contribution they make and whether, two years after they join, they're still at the company.

- **参考译文：**研究表明，员工价值观与公司价值观之间的相符程度影响他们做出何种贡献，以及两年后他们是否依然在公司。
- **语言点：**本句的主语是 research，谓语是 shows，宾语为 that 引导的宾语从句。从句内容为 the fit between an employee's values and a company's values makes a difference to what contribution they make and whether, two years after they join, they're still at the company，从句中的主语是 the fit between an employee's values and a company's values，即员工的价值观和公司价值观之间的契合程度；考生需要注意的是，不要受到从句中的插入成分 two years after they join 的影响，需要看到的是 whether 引导的内容是 they're still at the company。

3. This environment encouraged a free interchange of ideas, which led to more creativity with form, function, colour and materials that revolutionised attitudes to furniture design.
   - **参考译文：**这种环境鼓励思想的自由交换，激发了在形式、功能、颜色以及材料方面更多的创造性，这种创造性颠覆了家具设计的理念。
   - **语言点：**本句的主句是基本的主谓宾结构，主语为 this environment，谓语动词为 encouraged，宾语为 a free interchange of ideas，之后由 which 引导的定语从句对其结果进行了具体说明，即 more creativity with form, function, colour and materials，其中 with form, function, colour and materials 是 more creativity 的修饰成分，之后出现了 that 引导的定语从句对 more creativity 进行了进一步解释。。

试题解析

Questions 27–30

- **题目类型：**MULTIPLE CHOICE
- **题目解析：**

题号	定位词	题目解析
27	million-dollar quartet	题目："million-dollar quartet" 的例子强调了作者关于 ____________ 的观点。 **A** 发现天赋 **B** 作为团队工作 **C** 有共同的目标 **D** 做一名成功的领导者 本题问到例子的作用，已经明确写出了强调作者的观点，需要大家确定作者的观点是什么。"million-dollar quartet" 的故事位于第三段，开头说到 One of the most famous photographs in the story of rock'n'roll emphasises Cialdini's views，而下面的故事说的就是 One of the most famous photographs in the story of rock'n'roll，因此例子强调的观点即 Cialdini 在之前提到的内容，也就是第二段中关于 the fit between an employee's values and a company's values 的问题。因此需要找到与之相符合的选项，通过分析四个选项的含义，可以看到 C 选项中 a shared objective 与之含义一致，因此本题答案为 C。

题号	定位词	题目解析
28	James Watson, DNA code	题目：James Watson 认为他和 Francis Crick 在发现 DNA 编码的竞争中胜出是因为他们 ______。 **A** 意识到了他们自己的局限性 **B** 为他们的合作关系带来了互补性的技能 **C** 决心胜过那些比他们更为聪明的竞争者 **D** 互相鼓励实现他们共同的抱负 本题问的是在James Watson 看来，他们能够更早发现 DNA 编码的原因，首先需要确定这一信息位于文章第六段。文中对这一信息有比较明确的表达：When asked how they had cracked the code ahead of an array of highly accomplished rival investigators, he said something that stunned me. He said he and Crick had succeeded because they were aware that they weren't the most intelligent of the scientists pursuing the answer。此处的 ahead of 与题目中 won the race 都表达了胜出的含义，而文中也出现了 because 这一表示因果关系的词汇，因此原因就是文中所出现的 they were aware that they weren't the most intelligent of the scientists pursuing the answer。A 选项与这一内容含义相同，were conscious of 与文中 were aware that 是同义替换，而 their own limitations 与文中 they weren't the most intelligent 表达了相同的含义。
29	breakfast cereal packets	题目：作者提到关于早餐麦片的竞争作为关于 ______ 的一个例子。 **A** 激发创造性思维 **B** 进行简洁的写作 **C** 促进对组织的忠诚 **D** 强化对一种观念的认同 文中关于 breakfast cereal packets 的描述位于原文第八段，题目问这是关于什么的例子，需要明确本段举例是具体为了什么。从文段内容来看，例子之前的句子中说到了 deepens every individual's engagement in the project，而例子说到了"这就是……的原因"。随后本段最后一句中也表达了 makes us more likely to believe it。因此可见是为了强化某一信念，这与 D 选项表达的含义是一致的，因此本题答案为 D。
30	last paragraph	题目：在最后一段，作者认为员工 ______ 非常重要。 **A** 知道公司的目标 **B** 感到自己的贡献受到重视 **C** 尊重同事的成就 **D** 理解为什么做出特定的管理决策 本题的解题位置非常明确，位于文章最后一段。题目问的是，从员工的角度讲什么是重要的，因此需要在段落中找到和员工有关的内容。本段说到 Leaders should encourage everyone to contribute and simultaneously assure all concerned that every recommendation is important to making the right decision and will be given full attention，从中可以看到 encourage everyone to contribute, every recommendation is important, be given full attention 这些信息，也就是说员工感到自己在组织中受到重视，因此本题答案为 B。

Questions 31–35

- **题目类型：**MATCHING
- **题目解析：**

题号	解题关键词	题目解析
31	whose values match those of their employers	题目：那些价值观与雇主价值观一致的员工更容易 ______________。 本题题干中提到了员工价值观与雇主价值观一致的问题，根据题干内容，在原文第二段中可以找到对应的语句：Research shows that the fit between an employee's values and a company's values makes a difference to what contribution they make and whether, two years after they join, they're still at the company，也就是说，这种价值观的一致程度会影响员工做出何种贡献以及两年后是否依然在公司，G 选项中的 remain in their jobs 相当于本句中的 still at the company，因此本题答案为 G。
32	times of change	题目：在发生变化的时候，人们往往 ____________。 本题问到发生变化时人们的反应，所以在文中需要先找到 times of change，第四段中说到 When things change, we are hard-wired to play it safe，可见发生变化时，人们的反应是谨慎行事。在选项中寻找相同含义的信息，可以看到 E 选项 avoid risk 是 play it safe 的同义替换，因此本题答案为 E。
33	they might lose	题目：如果人们意识到他们可能会蒙受损失，他们通常会 ___________。 本题问到人们意识到他们可能蒙受损失时会有怎样的反应，首先在文中第四段可以看到 Managers should therefore adopt an approach that appears counterintuitive—they should explain what stands to be lost if the company fails to seize a particular opportunity. Studies show that we invariably take more gambles when threatened with a loss than when offered a reward，这两句话中分别出现了 lost 和 lose，通过分析句子可以看出第二句中 we...when threatened with a loss 与题目中的信息一致，因此 we invariably take more gambles 就是人们通常会采取的行为，在选项中寻找“冒险”这一含义，可以看到 A 选项中 take chances 符合要求，因此本题答案为 A。
34	a dominant boss	题目：在支配型老板管理下工作的人很容易 _____________。 本题问到 people working under a dominant boss，需要在原文中找到出处，原文中第九段开头便说到权威与创新的关系，而在之后也说到 The wrong kind of leadership will lead to what Cialdini calls 'captainitis, the regrettable tendency of team members to opt out of team responsibilities that are properly theirs'. He calls it captainitis because, he says, 'crew members of multipilot aircraft exhibit a sometimes deadly passivity when the flight captain makes a clearly wrong-headed decision'. 也就是说，由于老板的支配性比较强，团队成员会出现 opt out of team responsibilities 的情况，选项 F ignore their duties 是这一表达的同义替换，因此本题答案为 F。
35	organisations with few rules	题目：在没有太多规则的组织中工作的员工更可能 ___________。 本题问到没有太多规则的组织，需要首先找到在文中的问题，原文中第十段说到了 the 1980s Memphis design collective, a group of young designers for whom 'the only rule was that there were no rules'，可见此处就是题目中所问的 organisations with few rules，因此需要看其中的团队成员如何行事，文中写到 This environment encouraged a free interchange of ideas, which led to more creativity with form, function, colour and materials that revolutionised attitudes to furniture design，所以 a free interchange of ideas 就是题目中所问的内容，该内容在选项中被同义替换为 share their ideas，因此本题答案为 B。

Questions 36–40

- **题目类型：** YES/NO/NOT GIVEN
- **题目解析：**

36. The physical surroundings in which a person works play a key role in determining their creativity.

参考译文	一个人工作的物理环境在其创新性上起决定作用。
定位词	physical surroundings, creativity
解题关键词	play a key role
文中对应点	本题问的是工作的物理环境和其创新性的关系问题，首先判断出，在原文中首段便提及了相关的内容，因此答案为 YES 或 NO。首段第二句描述了在非常好的工作环境下人们并没有表现出创新性的情况，luxurious, state-of-the-art centres designed to stimulate innovation 指的就是题目中的 physical surroundings，而最后的效果确是 their environment doesn't make them fell at all creative，因此说明物理环境不会起到决定性作用，本题答案为 NO。

37. Most people have the potential to be creative.

参考译文	大多数人有潜力成为具有创造力的人。
定位词	the potential to be creative
解题关键词	most people
文中对应点	本题说到了有潜力成为具有创造力的人，该信息在原文第二段结尾处出现：Studies at Harvard Business School show that, although some individuals may be more creative than others, almost every individual can be creative in the right circumstances. 也就是说，几乎每个人在正确的环境下，都有可能变得具有创造力，这与题目中的表述是一致的，因此本题答案为 YES。

38. Teams work best when their members are of equally matched intelligence.

参考译文	当团队成员智力水平相当时，团队工作表现最好。
定位词	equally matched intelligence
解题关键词	best
文中对应点	本题目问到当团队成员智力水平相当时，是否会使团队表现最好，首先需要在上一题出现之后的部分中寻找该内容，然后关注绝对词 best，从文中可以看到，并没有出现这一信息的表达，因此本题答案为 NOT GIVEN。

39. It is easier for smaller companies to be innovative.

参考译文	小公司更容易具备创新性。
定位词	smaller companies
解题关键词	easier, to be innovative
文中对应点	本题目问的是小公司是否更容易创新，而题目中出现了比较结构 easier for... to...，因此需要关注文章是否出现了这两者间的比较。从本题目可能出题的几个段落来看，并没有针对大公司和小公司谁更容易创新的问题进行比较，因此本题答案为 NOT GIVEN。

40. A manager's approval of an idea is more persuasive than that of a colleague.

参考译文	管理者对一个观点的评价比来自同事的评价更具说服力。
定位词	manager's approval, a colleague
解题关键词	more persuasive
文中对应点	本题目就管理者对观点的评价和同事对观点的评价进行了比较，需要首先找到相关的信息并判断是否有这种比较，文章第七段提到了 social proof，并举了一个例子，说明可以通过同事的帮助来解决问题，这是为了突出来自同事的评价，而在本段最后一句则说到 peer power, used horizontally not vertically, is much more powerful than any boss's speech，可见题目中提到的两者之间是存在比较关系的，因此本题不是 NOT GIVEN，并且题目中所说的比较关系与原文呈现的内容相反，因此本题答案为 NO。

参考译文

创新心理学

为什么没有多少公司真正具有创造力？

创新是企业生存的核心，公司投入大量资源鼓励员工产生新的想法。一些工作中心被设计得奢华，设施先进，专门用做激发创新的地点，然而，在其中工作的人却发现这种环境并没有让他们感到任何创新性。还有一些人没有预算，没有大的空间，却在创新方面很成功。

亚利桑那大学的心理学教授 Robert B. Cialdini 认为，公司没有获得应有的成功，其中一个原因是创新始于招聘。研究表明，员工价值观与公司价值观之间的相符程度影响他们做出何种贡献，以及两年后他们是否依然在公司。哈佛商学院的研究表明，尽管一些人或许比其他人更具创造力，但在正确的环境下，几乎每个人都能成为有创造性的个体。

摇滚乐历史中最著名的照片之一证实了 Cialdini 的观点。1956 年的一张照片中，在孟菲斯的太阳工作室里，歌手 Elvis Presley, Carl Perkins, Johnny Cash 和 Jerry Lee Lewis 在钢琴前陷入困扰。这幅照片呈现了一个不为人知的故事。太阳工作室的 "million-dollar quartet" 本可以是五重奏。没有出现在照片上的是 Roy Orbison，他是一名比 Lewis, Perkins 或者 Cash 更加伟大的天生歌者。太阳工作室的拥有者 Sam Phillips 想通过融合黑人及白人音乐、乡村音乐以及布鲁斯的音乐形式来改革流行乐。Presley, Cash, Perkins 和 Lewis 本能地理解 Phillips 的抱负并且相信它。Orbison 并没有被这一目标所鼓舞，只在唱片公司进行了一次演出。

Cialdini 说，价值观契合非常重要，因为在某种程度上，创新是一种改变的过程，并且在那种压力下，我们作为同一群体，会有不同的行为。"当事情发生变化时，我们本能地谨慎行事。" 因此管理者们应当采取一种看上去非直觉性的方法——他们要解释如果公司没能抓住某一特定机会，会蒙受怎样的损失。研究表明，相比获得奖励，我们总是在被威胁会蒙受损失时更乐于冒险。

管理创新是一门微妙的艺术。当市场、产品开发以及财务部门分别在不同人群中获得不同的反馈时，公司很容易陷入一种相互矛盾的境地。缺少公司内部的协作交换机制，也很容易让小的创新项目消失。创新是一项有接触的活动，仅仅通过说"我们要往这个方向走，你们要随我前往"，你无法获得他人的信赖。

Cialdini 认为这种"追随领导综合征"是危险的，尤其是这鼓励了老板们独断专行。"科学研究已经表明，在解决问题方面，三个人比一个人更好，即使那一个人是该领域中最聪明的。" 为了证明其观点，Cialdini 引用了与分子生物学家 James Watson 的访谈。DNA 是一切生命体遗传信息的载体，Watson 与

Francis Crick 一同发现了其结构。“当问到他是如何在一些极具才华而立场不同的调查者之前破解密码时，他的回答令我很吃惊。他说他和 Crick 能够成功是因为意识到他们在寻找答案的科学家中并不是最聪明的。Watson 说，最聪明的科学家叫 Rosalind Franklin，‘她非常机智，向来不寻求他人的建议。’”

合作是人类行为的基本驱动力之一。“社会认同的原则如此普遍，甚至于不会被我们发现，” Cialdini 说。“例如，如果你的项目被一些资深的员工拒绝，那就争取到一个资历更老的人的支持。” Cialdini 并不是唯一宣扬这一策略的人。研究表明，横向而非纵向使用伙伴力量，要比任何老板的话语更加有力。

写作、想象和原型描述都可以激发新的想法。Cialdini 引用大量研究论文和历史事件来证明，即使写作也会加深每一个体在项目中的参与度。他说，这就是为什么那些早餐麦片的竞争商家都会鼓励我们以不超过 10 个字写出“我喜欢凯洛格玉米片因为……”这一写作行为使我们更可能相信它。

权威并不是抑制创新，但实际上却经常如此。错误的领导方式会导致一种现象，Cialdini 称之为“机长症候群，即团队成员令人遗憾地倾向于选择不承担本应属于他们的团队责任。”他说自己将其称为机长症候群是因为“当机长做出错误的决定时，多飞行员驾驶的飞机的机组成员有时会表现出一种致命的被动性。”他说，这种行为并非只在航空业出现，当管理者过于专制时，这种情况可以在任何工作情境中发生。

完全相反情况的是 20 世纪 80 年代孟菲斯的设计团队，他们是一群年轻的设计师，对他们而言“唯一的规则就是没有规则”。这种环境鼓励思想的自由交换，激发了在形式、功能、颜色以及材料方面更多的创造性，这种创造性颠覆了家具设计的理念。

许多理论家认为，理想的老板应当在幕后进行领导，为团队成就感到自豪并在恰当时给予赞扬。Cialdini 说：“领导者应当鼓励每一个人做出贡献，同时向每位成员确保：每一个建议对于做出正确决策都是重要的，会得到充分的关注。”令人沮丧的是，创新有许多种方法，但并不存在神奇的公式。但是，通过认识到这些心理层面的真相，希望创立真正创新文化的管理者就可以使自己的工作更为轻松。

Task 1

题目要求

（见“剑 10” P30）

审题

题目翻译：下面的第一张图显示的是澳大利亚普通家庭的能源使用情况。第二张图显示的是此能源使用产生的温室气体排放。选取并汇报主要特征，总结信息，并在相关处进行对比。

能源具体用途：照明 lighting，冷却 cooling，供暖 heating，热水 water heating，制冷 refrigeration，其他电器 other appliances。

写作思路

本题由两幅饼状图组成，写作时可以分为四段。第一段通过改写题目的说明性文字交代两幅图的主要内容。第二段和第三段分别描写图一、图二的情形，注意描写时要进行比较和对比，既要进行两图的内部比较，也要对两图之间的异同进行说明。第四段总结两幅图的主要特征。

考生作文

（见“剑 10” P161）

参考译文

本图显示了澳大利亚一个普通家庭的能源消费情况以及每种活动的温室气体排放比例。

首先，区别最大的信息是使用供暖和其他电器，分别为 42% 和 15%，但它们在气体排放方面倒过来了，为 15% 和 28%。

其次，照明和制冷的能源使用在温室气体排放方面变化相似。前者使用了 4% 的能源，产生双倍的排放，达到 8%。后者情况类似，能源使用 7% 但排放温室气体 14%。

最后两部分是能源使用量排第二的热水，以及消耗能源最少的一项——冷却。事实上，温室气体排放方面变化极小，分别从 30% 增加到 32% 以及从 2% 涨到 3%。

考官点评

（见“剑 10” P161）

参考译文

这篇文章大体上回应了题目的要求，但缺少明确的概述。两幅饼状图的主要特征得到呈现，但涵盖不全，并且文章倾向于专注细节而没有提及更加整体的情况。文章组织清晰。观点之间的关系比较明确（and, First, but, Secondly, The former, The latter），但句子之间的衔接并不流畅。词汇量有限，但足以完成题目要求。简单词的使用准确，但词汇量少导致表达上没有太多变化。拼写错误明显，虽然不影响理解。语法结构的使用范围有限；很少使用从句，绝大多数是简单句。即使是简单句也经常有错（The latter have），因此语法错误频繁，会对读者造成理解上的严重困难。对句子的组织能力较弱。

分析

本文得分 4.5 分。

接下来我们从雅思图表作文评分的四个评分方面（任务的完成情况、连贯与衔接、词汇、语法）进行详细分析。值得注意的是，本文在评分标准的四个方面中前三个方面都为 5 分，而第四方面为 4 分，最后得分 4.5 分。可见，雅思作文要想提高成绩，不能在四项的任何一项有明显的软肋。

任务完成情况

本文在任务完成方面为 5 分。5 分作文的特点是大体上符合题目要求，机械描述细节而缺少明确的概述，有对于主要特征的描述但涵盖不全，并且倾向于专注细节。

内容方面最大的问题在于缺少对于趋势的概述（clear overview）。这两幅图表明澳大利亚普通家庭的能源主要用在供暖和热水方面，而家庭温室气体的排放则主要由热水和其他电器构成。本文的 overview 可以这样写：The pie charts indicate that heating and water heating represent two most common ways of energy use in an average Australian household while the majority of greenhouse gas emitted comes from water heating and other appliances. 这句话可以写在文章的开头段或结尾段。

文章在具体描述各个组成部分的时候比较机械且缺乏章法。非时间性饼状图的描述通常应该根据占比大小的顺序来，而本文的描述顺序比较混乱。虽然图中所有的数字都提到了，但缺少逻辑性和对主要特征的概述。

连贯与衔接

本文在连贯与衔接方面为 5 分。连贯与衔接指的是信息的连接、连贯性和衔接手段的运用等等。这篇文章组织结构清晰，但与 6 分作文的差距在于句子之间连接不畅。

连接词：and 而且，First 首先，but 但是，Secondly 其次，The former 前者，The latter 后者

句子之间连接的问题：

以最后一段为例：

The last two parts of things are water heating which is second large source of using energy and the smallest cumsuming energy one = cooling.

本句中 the last two parts of things 中的 things 不能指代 energy use，而且 the smallest cumsuming energy one = cooling 中等号前后的内容应该反过来——等号本身也是不规范的写法。

Indeed, there are just a marginally change in greenhouse gas emittions which grow from 30% to 32% and rise from 2% to 3%.

本句中 30% 和 2% 并不是 greenhouse gas emission 而是 energy use 的比例变化，所以也谈不上 grow 和 rise。这句话并没有正确地体现两组数据之间的关系。

用词

本文在词汇方面为 5 分。词汇量有限，多使用简单词，但词汇量制约了在表达方式上的表现。有几处明显的拼写错误，但不影响理解。

词汇量：本文词汇量有限，比如“占比”只会用is，“使用”只会用use，但也有几个较为成功的改写：energy use改成了energy comsuption (energy consumption)，greenhouse gas emissions改成了emitting greenhouse gas。

拼写错误：comsuption—consumption; propotion—proportion; emittion—emission; cumsum—consume等。

语法

本文在语法与句型方面为4分。语法结构有限，很少使用从句，绝大多数是简单句。4分与5分作文的一个重要区别是复杂句的使用。4分作文是很少使用从句，而5分则是尝试使用复杂句，虽然复杂句的准确性不如简单句。这篇文章中的简单句也经常有错（The latter have... 主谓不一致，应为The latter has...）。事实上，图表作文可以使用的复杂句型很多，比如现在分词和过去分词结构作主语和状语、限定性和非限定性定语从句、条件和时间状语从句、形式主语句等。大家可以参见同为两个柱状图的《剑桥雅思全真试题集7》中Test 4 Task 1的考官范文。此外，文章语法错误多，对读者造成理解上的严重困难，这是4分作文标志之一；5分作文是一定程度上造成理解上的困难。

Task 2

题目要求

（见“剑10”P31）

审题

题目翻译：对小孩来说，从小学会分辨对错很重要。有必要用惩罚手段帮助他们学会这种区分。你在何等程度上同意或者不同意这一观点？应该允许家长和老师使用哪种惩罚措施来教小孩学习端正的行为？

本题在题材上属于教育类话题，题型为同意/不同意类。

考官范文

（见“剑10”P162）

参考译文

孩子成长的一个重要阶段无疑是良知的培养，而良知与辨别是非的能力相关。这一技能的培养需要时间，以及家长对孩子的良好养育，而且我坚信惩罚在其中起不了太大的作用。因此，我几乎完全不同意题目的观点。

在某种程度上，这个问题取决于孩子的年龄。惩罚特别年幼的孩子既错误又愚蠢，因为婴儿不理解发生了什么也不知道为什么会受处罚。不过一旦孩子到了懂事的年龄，可以奖赏其好的行为并劝阻其不好的行为。这种和善但坚定的做法将比严苛惩罚有效得多，因为后者可能会带来家长预期之外的很多负面的结果。

为了帮助孩子学会区分对错，老师和家长应该首先通过自己的行为提供好榜样。接下来如果需要惩罚措施的话，也不应该用体罚，因为这么做只会传达出这样的信息，即大个子的人是可以打小个子的——这样做很有可能会导致孩子开始欺负别人。惩罚也不应该采用任何残忍的方式。

当然，老师和家长可以使用各种方法来管教孩子，例如课后留校，撤销优待，以及隔离处分。处罚与过错相称是种有用的概念，可以让孩子把丢的垃圾捡起来，清洗他们的涂鸦，或者向他们伤害过的某个人道歉等。如此就培养了孩子的责任感，这样所导致的孩子在未来的行为方式会比惩罚能带来的更好。

分析

文章架构

文章第一段交代题目的背景并提出观点。本文指出明辨是非对孩子的重要性，同时提出不同意使用惩罚的手段。

第二段讲述不应使用惩罚的理由。首先特别小的婴幼儿还不懂事，其次当孩子长大后有奖有罚要比单纯的惩罚更有效。

第三段和第四段回答题目的第二个问题，即应该采取的措施。第三段作者提出老师和家长应该为孩子树立榜样，而且即便要处罚，也不应体罚，更不能残酷处罚。第四段作者具体举例说明可以采用的各种有效措施，关键是根据犯错的不同程度进行区别对待，目的是培养孩子的责任心。

连贯与衔接

一篇优秀雅思作文的连贯与衔接是通过段落之间的逻辑性和段落内部的连贯性达成的。

段落之间的逻辑性主要通过分段和段首逻辑词实现。这篇文章的结构非常清晰。第一段回答第一个问题，结尾直接用了 Therefore I have to disagree almost entirely with the given statement 来表明观点。第二段分析不应该惩罚的理由。第三、四段分别从反面和正面的角度说明应该采取的措施，中间通过 Rather 作为段首词来体现对比的逻辑关系。

段落内部的连贯性主要靠衔接词和指代词。这篇文章用到的连接词有 which，as，once，however，firstly，after，rather 等，指代词有 this，that，their，these 等。

指代关系的使用

第一段：第一句中的 which 引导非限定性定语从句，修饰 conscience。第二句开头的 This skill 指的是上一句中的 the ability to tell right from wrong。第二句结尾的 this 指的是上一句的 the development of a conscience。第三句的 the given statement 指的是题目中的观点，即 Punishment is necessary to help them learn this distinction。

第二段：第四句的 This kind but firm approach 指的是上一句中的 be rewarded for good behaviour and discouraged from bad。

第三段：第二句 After that 中的 that 指的是上一句的 good role modelling; as that 中的 that 指代 punishment of a physical nature。

第四段：第三句 In these ways 中的 these ways 指的是上一句 children being made to... 的种种做法。

难词

单词	释义	单词	释义
conscience	*n.* 良知，道德心	harsh	*adj.* 严厉的，无情的
parenting	*n.*（父母）对孩子的养育	entail	*v.* 使人承担，导致
conviction	*n.* 确信，深信	sanction	*n.* 奖惩
punishment	*n.* 处罚，惩罚	merely	*adv.* 仅仅，只
approach	*n.* 方式，方法	bully	*v.* 威吓，欺侮

discipline	*v.* 管教，惩罚	privilege	*n.* 优待
charge	*n.* 被照管的人	time-out	*n.*（对顽皮孩子的）隔离处分
detention	*n.* 监禁，课后留校	graffiti	*n.* 乱涂乱画
withdrawal	*n.* 收回，撤销		

复杂句的使用

形式主语句：第三段第二句（it is...to...）

同位语从句：第三段第二句（the message that）

原因状语从句：第二段第二句，第三段第二句（as）

条件状语从句：第二段第三句（Once），第三段第二句（if）

限定性定语从句：第三段第二句（which），第四段第二句（省略了 that 或 which）

非限定性定语从句：第一段第一句（which），第二段第四句（which）, 第四段第二、三句（which）

表语从句：第一段第二句（that）

难句分析

1. This kind but firm approach will achieve more than harsh punishments, which might entail many negative consequences unintended by the parents.

   翻译：这种和善但坚定的做法将比严苛惩罚有效得多，因为后者可能会带来家长预期之外的很多负面的结果。

   分析：This kind but firm approach 指的是上一句中的 be rewarded for good behaviour and discouraged from bad，而 which 引导的非限定性定语从句修饰 harsh punishments；unintended 为过去分词短语，修饰 consequences。

2. After that, if sanctions are needed, the punishment should not be of a physical nature, as that merely sends the message that it is acceptable for larger people to hit smaller ones—an outcome which may well result in the child starting to bully others.

   翻译：接下来如果需要惩罚措施的话，不应该用体罚，因为这么做只会传达出这样的信息，即大个子的人是可以打小个子的——这样做很有可能会导致孩子开始欺负别人。

   分析：After that 中的 that 指的是上一句的 good role modelling；as that 中的 that 指代 punishment...of a physical nature；the message 后的 that 引导同位语从句。

Part 1

在第一部分，考官会介绍自己并确认考生身份，然后打开录音机 / 笔，报出考试名称、时间、地点等考试信息。考官接下来会围绕考生的学习、工作、住宿或其他相关话题展开提问。

话题举例

Weekends

1. **How do you usually spend your weekends? [Why?]**

Well, ***it depends***. If weather permits, I will go jogging or go out with friends. In contrast, if the weather is bad, I will stay indoors and read novels. I enjoy doing what I feel like doing and not ***being restricted by errands***.

it depends 视情况而定	be restricted by errands 受差使的限制

2. **Which is your favourite part of the weekend? [Why?]**

I love Friday evenings when everyone is ***laid back***, because the entire weekend is waiting ahead. On Friday evenings, I usually ***eat out*** with friends and then ***stay up*** for a movie or a TV show, knowing that I'll be able to ***sleep in*** the next morning.

laid back 放松的	eat out 出去吃饭
stay up 熬夜	sleep in 睡懒觉

3. **Do you think your weekends are long enough? [Why/Why not?]**

No, I wish I had more spare time to entertain myself and ***loosen up*** after a whole week's ***toil***. If I had longer weekends, I would be able to exercise ***on a weekly basis***. I might ***take up*** swimming and cycling or join the gym to ***work out***.

loosen up 放松	toil 辛苦
on a weekly basis 每周	take up 开始做某事
work out 锻炼	

4. **How important do you think it is to have free time at the weekends? [Why?]**

It is absolutely essential. First of all, I can spend some ***quality time*** with my family. In addition, a good weekend can help me ***unwind mentally and physically***. I usually find myself more efficient and ***productive*** in the following week if I've had enough quality sleep on the weekend. I guess it's probably because our brains need rests in order to memorise and process things better.

quality time 品质时间（指和家人共度的愉快时光）	unwind mentally and physically 放松身心
productive 高效的	

Part 2

考官给考生一张话题卡（Cue Card）。考生有 1 分钟准备时间，并可以做笔记（考官会给考生笔和纸）。之后考生要作 1 ~ 2 分钟的陈述。考生讲完后，考官会就考生的阐述内容提一两个相关问题，由考生作简要回答。

> Describe someone you know who does something well.
> You should say:
> Who this person is
> How you know this person
> What they do well
> and explain why you think this person is so good at doing this.

答题卡说明

人物简介	The person I'm going to tell you about is someone I've ***admired*** for a long time. He was my high school English teacher, one of the most ***respected*** teachers among the students. He was extremely talented in teaching and ***proficient in*** English.
认识经历	My first impression with him was when he came into our classroom to teach the first lesson. We all liked him immediately because of his ***cheerful*** and ***radiant charisma***. His class was pretty ***impressive*** as well, as he ***demonstrated*** his ***professional knowledge***, ***engaging personality*** and ***a strong sense of humour***.
才能介绍	He has all the ***distinctive characteristics*** of a good foreign language teacher. I remember at that time, he adopted a ***communicative teaching method*** to ***interact with*** the students and organised classroom activities. He covered a lot of knowledge points during class, not only language and ***linguistics***, but also history, culture and arts. He was also good at ***putting theories into practice*** and turning complicated problems into interesting or even ***inspiring*** stories.
解释原因	I highly regard him as an excellent teacher, not only because of the practical language skills he taught us or the ***thought-provoking*** lectures he gave, but also because he helped us ***achieve insight into the world*** and ***maintain a healthy outlook on life***.

重点词句

admire 钦佩
respected 受到尊敬的
be proficient in 精通某事
cheerful 快乐的
radiant 光芒四射的
charisma 魅力
impressive 给人印象深刻的
demonstrate 展现
professional knowledge 专业知识
engaging personality 迷人的个性
a strong sense of humour 很强的幽默感
distinctive characteristics 特色

communicative teaching method 交际教学法
interact with 和…互动
linguistics 语言学
put theories into practice 把理论运用到实践中
inspiring 具有启发性的
thought-provoking 发人深省的
achieve insight into the world 得到对世界的见解
maintain a healthy outlook on life 保持积极的人生观

Part 3

第三部分：双向讨论（4～5分钟）。考官与考生围绕由第二部分引申出来的一些比较抽象的话题进行讨论。第三部分的话题是对第二部分提示卡内容的深化和拓展。

话题举例

Skills and abilities

1. **What skills and abilities do people most want to have today? Why?**
It seems that the most ***desirable*** skill for many people at present is the ability to earn more money, because money is ***fundamental*** for a better life. In order to make more money, people attend classes on how to do well in the ***stock market*** or ***make profitable investments***. From my perspective, however, the most important skills should be getting to know yourself and managing your time efficiently to learn, create and contribute. If you acquire enough skills in that, you don't have to worry about your finances because money will keep ***flowing into your bank account***.

desirable 想要得到的
fundamental 基本的
stock market 股票市场
make profitable investment 做有利可图的投资
flow into your bank account 流进你的银行账户

2. **Which skills should children learn at school? Are there any skills which they should learn at home? What are they?**
The most important skills are those that prepare children to become independent and productive citizens when they grow up. Therefore, the aims of school education should not be restricted to the development of ***academic skills***, but ***communication skills***, ***teamwork ability***, ***logical reasoning methods*** and ***learning capacity***, which are essential for working in the society. Additionally, ***life skills*** are often learned through the examples set by parents and teachers. These skills include being responsible and being respectful. This should be done both at home and at school.

academic skill 学术技能
communication skill 交流能力
teamwork ability 团队合作能力
logical reasoning method 逻辑推理能力
learning capacity 学习能力
life skill 生活技能

3. **Which skills do you think will be important in the future? Why?**
I'm not sure, but I'd hazard a guess that the future world would demand more abilities to ***keep up with*** the latest ideas and technology. To be more specific, we need to be ***adaptable***, ***quick-thinking*** and always ***ready for changes***, because ***it is conceivable that scientific breakthroughs*** will drive

forward the human society at an amazing speed. Having said that, the basic requirements on human beings will never change, namely, ***a sense of responsibility***, kindness to help and willingness to cooperate.

keep up with 跟上	adaptable 能适应（社会）的
quick-thinking 反应快的	be ready for changes 随时能应对改变
it is conceivable that 可想而知	scientific breakthrough 科学突破
a sense of responsibility 责任感	

Salaries for skilled people

1. **Which kinds of jobs have the highest salaries in your country? Why is this?**
Well, we often ***picture*** rich people ***as*** business leaders, doctors or lawyers, because these occupations require more ***professional knowledge***, ***qualifications*** and ***expertise***. However, the amount of salaries people receive for a certain job changes with the times. For example, when there is an ***economic boom***, ***financial advisors*** and ***stock brokers*** may expect a salary raise. During ***peak holiday seasons***, tour guides can also earn a very decent salary.

picture...as... 把…想象成…	professional knowledge 专业知识
qualification 资格	expertise 专业资历
economic boom 经济繁荣期	financial advisor 金融咨询师
stock broker 股票经纪人	peak holiday season 高峰度假期

2. **Are there any other jobs that you think should have high salaries? Why do you think that?**
To be honest, I can't think of any job in particular right now, but I believe salary has ***something to do with*** the responsibilities you take. People who ***shoulder*** more responsibilities should receive higher salaries. For instance, if you are an engineer ***in charge of*** the research and development of a key product in the company, you should receive far more money than some of your co-workers.

has something to do with 和…有关	shoulder 肩负，承担
in charge of 管理	

3. **Some people say it would be better for society if everyone got the same salary. What do you think about that? Why?**
I don't think so. People are engaged in different industries and contribute differently to the society. Even in a small company, each employee should receive salary ***commensurate with*** their performance. Only in this way will the staff get ***fair treatment*** and ***become highly motivated*** to work efficiently and happily.

commensurate with 和…相匹配的	fair treatment 公正的待遇
become highly motivated 有充足的动力	

Section 1

场景介绍

本篇是在街边发生的对当地交通状况的调研。市政厅希望通过调研了解百姓对当地交通状况有什么意见反馈和改进建议。受访者 Luisa 对道路照明、步行道等都给出了自己的想法。

本节必背词汇

spare	*v.* 分出，匀出	arrangement	*n.* 安排，规划
survey	*n.* 调研，调查	shift	*n.* 轮班，轮值
council	*n.* 议会，委员会	lighting	*n.* 照明
improvement	*n.* 提高，改进	footpath	*n.* 步行道
hairdresser	*n.* 理发师，发型师	cycling	*n.* 骑车，骑行
section	*n.* 部分，环节	drive	*n.* 机动车道
dentist	*n.* 牙医	uphill	*adv.* 上坡地，上山地
facility	*n.* 设备，设施	sweaty	*adj.* 流汗的，多汗的

词汇拓展

consultation	*n.* 咨询	outskirts	*n.* 郊区
council	*n.* 理事会，立法委	pavement	*n.* 便道
councilor	*n.* 官员	pedestrian	*n.* 行人
intersection	*n.* 十字路口	resident	*n.* 居民
metropolis	*n.* 大都市	residential area	居民区，住宅区
monument	*n.* 纪念碑	shopping centre	商业区
municipal	*n.* 市的，市政的	suburb	*n.* 近郊区
municipality	*n.* 市政当局	urban	*n.* 市区的
national highway	国道	vehicle	*n.* 汽车

文本及疑难解析

1. Well, something I've thought about for some time is that when I do walk and I'm doing a later shift, I think the lighting should be better. 有一件我想了很久的事情是：当我下班晚而且走路的时候，我觉得道路照明应该更好一些。

2. And also, I'd have to cycle uphill and on a hot day I'd arrive at work pretty sweaty so I think I'd need a shower somewhere at work. 我必须骑上坡路，而且在天热时，到办公室会一身是汗，所以我觉得在上班的地方需要有地方冲澡。

题目解析

本节为典型的个人信息表，难度低。

1. 本题为直叙。无难度。
2. 本题为直叙。无难度。
3. 本题出现混淆信息 GT7，但立即修正为 GT8。考生需了解并注意英国邮编为字母与数字的组合。
4. 本题题干词 occupation 与原文中的 job 同义替换。答案直叙 hairdresser 无难度。
5. 题干词 reason 原文重现，较易定位。可预测这里需要填名词。shopping 是陷阱信息，且同时被 not for 否定，后出现答案 dentist.

6~7. 分别由 improvement 和 footpath（均为题干已知信息）定位，且通过题干形式可判断需要填两个名词。lighting，trains 符合含义及词性。

8. cycling 一词帮助定位。可预测本题填名词或形容词。原文 safe places to leave your bikes 符合含义。
9. 题干词 at work 原文重现。可预测填名词。答案为直叙。
10. 题干词 busy roads 原文重现。可预测填名词。答案为直叙。

Section 2

场景介绍

本篇是对城市内两个重要的公共设施进行提升改建的介绍。一个是 Brackenside 露天游泳池，一个是儿童冒险游乐园。这两个改建方案的想法来源于民众，现在已经完成并实现了。两处公共设施分别有诸多特别之处。

本节必背词汇

initiative	*n.* 提议，倡议	press	*n.* 媒体，出版物
consultation	*n.* 商议，磋商	deceptive	*adj.* 骗人的，欺诈的
council	*n.* 议会，委员会	rigorous	*adj.* 严密的，缜密的
conduct	*v.* 安排，实施	budget	*n.* 预算；预算拨款
secure	*v.* 争取到	testimony	*n.* 证明，证据
renowned	*adj.* 有名的，有声望的	contractor	*n.* 承包商，运营商
charming	*adj.* 吸引人的，迷人的	award-winning	*adj.* 获奖的
up-to-the-minute	*adj.* 最新的，新式的	concept	*n.* 概念，观念
recycling	*n.* 再循环	fauna	*n.* 动物群

Antarctic	*n.* 南极洲	precious	*adj.* 珍贵的，珍惜的
ice rink	溜冰场	medieval	*adj.* 中世纪的
opt	*v.* 选择，挑选	fortification	*n.* 设防，防御工事
glacier	*n.* 冰川，冰河	mosaic	*n.* 马赛克
literal	*adj.* 照字面的，原义的	vary	*v.* 变化，不同
theme	*n.* 主题，题目	continent	*n.* 大洲，大陆
replicate	*v.* 复制，复写	magnificent	*adj.* 壮丽的，宏伟的
mine	*n.* 矿，矿井	amenity	*n.* 愉快；礼仪，礼节

词汇拓展

auditorium	*n.* 听众席，观众席	insulation	*n.* 绝缘
backstage	*n.* 后台	layer	*n.* 层
box office	售票处	premises	*n.* 生产场所，经营场址
corridor	*n.* 走廊	redevelopment	*n.* 再开发
domestic	*adj.* 国内的；家庭的	reoriented	*adj.* 重新定位的
electronic	*adj.* 电子的	repainted	*adj.* 重新油漆的
energy-efficient	*adj.* 节能的	rural	*adj.* 乡村的，田园的
environmentally-friendly	*adj.* 环保的	slope	*n.* 斜坡
foyer	*n.* 门厅，走廊	utilize	*v.* 利用，使用
install	*v.* 安装		

文本及疑难解析

1. For the design of this new heated pool, we were very happy to secure the talents of internationally renowned architect Ellen Wendon, who has managed to combine a charming 1930s design, which fits in so well with many of the other buildings in the area, with up-to-the-minute features such as a recycling system—the only one of its kind in the world—which enables seawater to be used in the pool. 对于这个新型可加热游泳池的设计，我们非常高兴地请到非常有才华的国际著名建筑师 Ellen Wendon，她设法将一种 20 世纪 30 年代的设计（同这个区域的许多其他建筑完美地融合在一起）与一些最新的特色相结合，例如再循环系统，此举在全世界都是唯一的，它让我们可以在游泳池中使用海水。本句结构非常复杂，出现了多个定语从句、插入语及其他修饰成分，要注意修饰的层次，把握各层修饰的对象。
2. Now, there has been quite a bit a discussion in the local press about whether there would be enough room for the number of visitors we're hoping to attract, but the design is deceptive and there have been rigorous checks about capacity. 现在，在当地媒体上有很多关于（泳池）是否有足够的空间来吸纳我们希望吸引到的参观者数量的讨论，但（泳池的）设计具有欺骗性（指看上去显小），而且我们已经在容量方面进行了缜密的核查。
3. Also, just in case you were wondering, we're on schedule for a June 15th opening date and well within budget: a testimony to the excellent work of local contractors Hickman's. 另外，你们知道吗，我们在预

算之内按期在 6 月 15 日开业：这是我们当地承包商 Hickman's 出色工作的证明。

4. The unique design is based on the concept of the Global Village, with the playground being divided into six areas showing different parts of the world—each with a representative feature. 这独一无二的设计基于地球村的概念把游乐园分成六个不同的区域，每一个以不同的主题特色代表了世界上的一个不同地区。
5. For example, there is a section on Asia, and this is represented by rides and equipment in the shapes of snakes, orang-utans, tigers and so on—fauna native to the forests of the region. 比如，有一个亚洲区，由设计成蛇、灵长目猩猩、老虎等形状的骑乘设备来表现——这些动物都是当地有代表性的物种。
6. Moving south to the Antarctic—we couldn't run to an ice rink I'm afraid but opted instead for climbing blocks in the shape of mountains—I thought they could have had slides for the glaciers but the designers did want to avoid being too literal! 向南到了南极，我们恐怕无法用溜冰场来表现，而是选择了攀爬山状障碍物。我本来觉得可以多少弄点冰川来表现，但设计者确实想要避免太直白。
7. And then moving up the North America, here there was considerable debate—I know the contribution of cinema and jazz was considered but the designers finally opted for rockets and the International Space Station. 向北到了北美洲，之前对是否使用对北美文化有巨大贡献的电影业和爵士乐有着大量的争论，但最终设计者们还是选择了火箭和国际空间站。
8. Then last, but not least, moving south to Africa and a whole set of wonderful mosaics and trails to represent the great rivers of this fascinating and varied continent. 最后但并非最不重要的一点，向南到了非洲，一整片非常美的马赛克式镶嵌图案和小径表现了这片奇异的、令人着迷的大陆的河流。

题目解析

本节由单选题和配对题组成，题型及原文词汇、语法的难度都较高。

11. 本题可以由题干词 idea 定位，选项 A 中的 local people 与原文 public 同义替换。City Council 组织了调研，SWRDC 提供了资金支持，因此选项 B、C 都不对。
12. 本题题干专有名词 Brackenside 原文重现，易定位，但答案句结构非常复杂，提及了选项 A 中的 architectural style（建筑风格）、选项 B 中的 Heating system（加热系统），而最后出现的原文 feature 一词符合题干 unusual 所指。选项 C. its method of water treatment 在原文中表述为 which enables seawater to be used in the pool，为答案。本题难度非常高。
13. 本题题干词 Local newspapers 与原文 press 对应，后出现 enough room 与 C. the size of the facilities 吻合。原文随后又提及 on schedule，否定了选项 A；提及 well within budget，否定选项 B。
14. 通过题干时态 has not yet been made（现在完成时）及否定词 not，考生需要领会题目所指是"尚未做的"、"即将做的"，原文中 decide 一词与题干词 decision 呼应，考生需把握 sculpture, figure 与选项 A 中的 statue 为相关信息。

15~20. 搭配题重点考词汇同义替换，无方法技巧。本题题干词均为专有名词，定位较容易。考生必须把握同义替换词如下：

		选项	原文
15.	E	local animals	fauna native to the forests of the region
16.	F	mountains	climbing blocks in the shape of mountains
17.	D	jewels	mines full of precious stones
18.	H	space travel	rockets and International Space Station
19.	A	ancient forts	medieval castles and other fortifications
20.	B	waterways	mosaics and trails to represent the great rivers

Section 3

场景介绍

两名学生 Victor 和 Olivia 在讨论一个报告演讲的内容。该演讲的话题是 Thor Heyerdahl（挪威考古学家）的冒险经历、他的研究以及他对考古学发展的贡献。两名学生分工合作，分别负责讲述 Heyerdahl 的少年经历和成年经历。

本节必背词汇

presentation	*n.* 演讲，报告
harsh	*adj.* 困难的，艰难的
shape	*v.* 塑造，形成
survival	*adj.* 生存的，幸存的
shelter	*n.* 居所，庇护所
remote	*adj.* 遥远的，远程的
inhabitant	*n.* 居民，住户
radical	*adj.* 激进的
mysterious	*adj.* 神秘的，诡秘的
carving	*n.* 雕刻
migration	*n.* 移民，移居
stretch	*n.* 伸展，延伸
ocean current	洋流
coastal	*adj.* 沿海岸线的
canoe	*n.* 小木舟
raft	*n.* 小竹筏
undertake	*v.* 承担，从事
spectacular	*adj.* 壮观的，壮丽的
epic	*n.* 叙事诗，史诗
reed	*n.* 芦苇
disprove	*v.* 反驳，证明…虚假
archaeology	*n.* 考古学
originate	*v.* 起源，来自
discredit	*v.* 使…被怀疑（败坏名声）
acknowledge	*v.* 承认，认可
overall	*adj.* 全部的，全面的
revise	*v.* 修订，修正
edition	*n.* 版本

词汇拓展

assessment	*n.* 评估
audio-visual	*adj.* 视听的
certificate	*n.* 证书
defend	*v.* 答辩
diploma	*n.* 学位
eligible	*adj.* 合格的
essay	*n.* 论文
field study	实习
journal	*n.* 期刊
mandatory course	必修课
optional course	选修课
presentation	*n.* 论文陈述
prospectus	*n.* 创立计划书
qualified	*adj.* 有资格的
seminar	*n.* 研讨会
supervise	*v.* 监督，监管
thesis/dissertation	*n.* 论文
tutorial	*n.* （导师带领的）讨论小组
workshop	*n.* 学术专题讨论

文本及疑难解析

1. I guess they needed that knowledge in order to live wild in a remote location with few inhabitants, cut off by the sea, which is what they were aiming to. 我想他们在被大海封闭的遥远无人的野外生存时需要（有关泳道的）那些知识，这正是他们想实现的。从句 which 指代前面的完整内容，非仅指代 the sea。
2. Yes, they thought that travel from the east was impossible, because of the huge empty stretch of ocean that lies between the islands and the nearest inhabited land. 是的，他们认为从东方旅行（到西方世界）是不可能的，因为岛屿和最临近的可居住土地间伸展着空旷浩瀚的大海。
3. Yes, but Heyerdahl spent ages studying the cloud movements, ocean currents and wind patterns to find if it was actually possible. 是的，但 Heyerdahl 花了许多年研究云的动向、洋流和风向，试图发现这是否确实会成为可能。
4. And another argument was that there was no tradition of large ship-building in the communities lying to the east of Polynesia. But Heyerdahl knew they made lots of coastal voyages in locally built canoes. 另一个争论是在 Polynesia 东边的部落没有大规模造船的传统。但 Heyerdahl 知道他们（指 communities）已经用当地制造的小木舟进行过很多次沿海岸的航行了。
5. I think it was more a matter of simply trying out his idea, to see if migration from the east was possible. 我觉得这应该只是他（Heyerdahl）想验证他的想法，看看从东方迁移是否可能。
6. But what he wanted to do was talk to the local people about their old stone carvings and then make one himself to learn more about the process. 但他想做的是向当地人询问关于他们的古老石雕，然后自己再做一个以更好地了解制造过程。
7. To my mind, he was the first person to establish what modern academics call practical archaeology. I mean, that they try to recreate something from the past today, like he did with his raft trip. 在我看来，他是建立了现代学术界称为"实用考古学"的第一人。我的意思是，他们（指 modern academics）试图基于过去的发现创造新的东西，就像他（Heyerdahl）通过竹筏旅行所做的那样。此处 recreate 不表示"消遣、娱乐"，指"再造"。

题目解析

本节由多选题（21~24）和单选题（25~30）组成。难度适中。

21~22. 本题通过题干词 hobbies, youth 进行定位，与原文中的 passion for, early life, boy 相呼应。两个答案相隔较远，但不难听到。答案 B. climbing，C. collecting 原文重现，未被替换。camping, hunting 均为混淆信息，原文中均被否定。原文中 read 的动作发出者是 mother, 并非 Heyerdahl。

23~24. 本题答案与 21~22 题答案位置非常接近，可能造成漏听，且题干定位不明显。考生在听到 experience, island 时知道此处与 23~24 题相关，但第一个答案正是 experience living on a small island. 考生有可能反应不过来。考生必须把握 isolated（孤独的、隔离的），符合 island 的地形。紧随其后，选项 E 中的 extreme environment 与原文中 harsh weather condition 同义替换。本题较难。

25. 本题较易定位，academics, Polynesian migration, east, impossible 均在原文中出现。考生需有能力理解答案句才能找出匹配的概括性选项。

26. 本题可以用 raft 定位。选项 B. to demonstrate a personal quality 在原文中确实提及：To show others that he could have spectacular adventures 但随后被 Olivia 否定。Olivia 并提出了新的观点：simply trying out his idea，选项 C 中的 test 与 try out 为同义替换。

27. 题干词 important 原文重现，易定位。考生需要把握选项 C 中 authentic, construction 的含义与原文 local materials, build 相呼应。选项 A 为混淆信息，与本题内容无关。

28. 本题题干词 Easter Island 原文重现，易定位。选项 A 中的 stone statue 和原文 stone carvings 同义替换。选项 B 中的 reed boat 确实提及，但既不是去 Easter Island 的原因，也不是发生在 Easter Island trip 期间。
29. 本题题干词 influence 与原文 lasting impression 同义替换，后面接着提到 to establish...practical archaeology，与选项 B 中的 archaeological methodology 相呼应。选项中"起源"的概念在原文中提及但被否定。选项 C 指 Heyerdahl 建立了考古学，显然概念过大，与原文不符。
30. 本题题干中专有名词 William Oliver 可用来定位。选项 A 中 out of date 与原文 old-fashioned 同义替换。其他选项未提及。

Section 4

场景介绍

本篇是一段关于商业管理的方式、风格及其未来发展、变化的演讲报告。报告称未来十年市场会发生巨大变化，并且商业行为也会在许多方面受到外部因素的影响而产生变化，随之发生的是企业管理构架及管理人员风格的转变。

本节必背词汇

seminar	*n.* 讨论会，研讨会	efficiency	*n.* 效率，效能
statistical	*adj.* 统计的；统计学的	leadership	*n.* 领导力
merger	*n.* 合并；联合体	initiate	*v.* 发起，创始
takeover	*n.* 接管，接收	potential	*adj.* 潜在的，可能的
exert	*v.* 发挥，运用	predominant	*adj.* 主要的，占优势的
external	*adj.* 外部的，外面的	consultative	*adj.* 咨询的，顾问的
consult	*v.* 向…请教	collaborative	*adj.* 合作的，协作完成的
lifecycle	*n.* 生命周期	service sector	服务行业
regulation	*n.* 规则，规章	overlook	*v.* 忽视，忽略
strengthen	*v.* 加强，变强大	property	*n.* 资产，财产
specific	*adj.* 具体的，特定的	generate	*v.* 生产，产生
disband	*v.* 解散，散去	enormous	*adj.* 巨大的，极大的
workforce	*n.* 劳动力，全体员工	trend	*n.* 趋势，走向
applicant	*n.* 申请人，求职者	self-employed	*adj.* 自己经营的
remote	*adj.* 远离的，遥远的		

词汇拓展

branch	*n.* 分支机构	personnel department	人事部门
conflict	*n.* 冲突	priority	*n.* 优先，优先权
conformity	*n.* 一致性	promising future	光明的前途
consistency	*n.* 持续性	promotion opportunity	提升机会
cooperation	*n.* 合作	psychological	*adj.* 心理学的，心理上的
corporate crime	商业犯罪	sense of responsibility	责任感
diversity	*n.* 差异，多样性	social recognition	社会认可
fraud	*n.* 欺骗，诈骗	team-work spirit	团队合作精神
individuality	*n.* 个性，个人特征	work overtime	加班
multinational	*n.* 跨国公司	workaholic	*n.* 工作狂
parent organisation	母公司	working environment	工作环境
personality	*n.* 个性	workplace	*n.* 工作地

文本及疑难解析

1. A third point I want to make about markets is that in the rapidly expanding economies, such as India, China, Brazil and Russia, demand is growing very fast. This is putting pressure on resources all over the world. 关于市场我想说的第三点是：在诸如印度、中国、巴西和俄罗斯这样高速发展的经济体中，需求增长十分迅速。这给全世界的资源都带来了巨大压力。put pressure on 为固定搭配。
2. I think businesses are becoming more open to external influences. In particular, companies are consulting customers more and more before making their business decisions. 我认为商业对外部因素的影响更加开放了。特别是公司在作出商业决策前会更多地咨询顾客的意见。
3. Another influence is that concerns about the environment will force manufacturers to extend product lifecycles to reduce the amount of pollution and waste. And in some cases, regulation will need to be strengthened. 另一个影响因素是：对环境的忧虑会迫使生产商延长产品生命周期，从而减少污染和浪费。而且在很多情况下，规章制度是需要加强的。
4. Many societies are much more fluid and democratic, and the structure of companies is changing to reflect that. I think we're going to see a greater emphasis within companies on teams created with a specific project in mind. And when they're completed, the teams will be disbanded and new ones formed. 许多社会团体更灵活、更民主，而且现在很多公司的构架也在改变以体现这一点。我认为我们会看到公司将更加重视以具体项目而组建的团队。当项目完成时，团队解散，又会有新的团队组成。本句中 fluid 本意为“液体的、流动的、不固定的”，此处理解为“灵活的”。
5. Typical examples that will attract and retain staff are traditional ones like flexible hours and—something that has been made possible by advances in technology—remote working, with people based at their home, abroad, or almost anywhere they choose. 能够吸引且留住员工的传统典型因素是类似灵活上班时间这类的，另外还有一种是人们可以在家、在国外或在任何他们选择的地方进行远程工作——这因技术的进步才得以成为可能。

6. Above all they'll need great skills in leadership, so that their organisation can initiate and respond to change in a fast-moving world, where they face lots of competing requirements and potential conflicts. 除此之外，他们将需要领导力方面的强大技能，这样才能使其机构在快速发展的世界中面对大量竞争要求和潜在冲突时能够迅速反应。
7. The predominant style of management will almost certainly become more consultative and collaborative, caused above all, by more women moving into senior management positions. 最占优势的管理风格几乎无疑将会更多融入沟通和合作。最重要的原因是有更多的女性参与到了高层管理。

题目解析

本节为典型的学术报告填空（连续填空，以句子或笔记形式呈现）。整体难度适中。

31. 本题题干词 Business markets 原文重现，易定位。题干中的 greater 与原文 increase 同义替换，后随即出现答案 competition。
32. 本题题干词 power 为定位重要线索。可预测需要填名词或形容词。考生需要把握 company 与 corporation 为同义词。
33. 本题题干中的 certain countries 与原文列举的 India, China, Brazil, Russia 相呼应。可预测需要填名词，意为“增长的 _____”，原文 demand is growing very fast 符合含义。
34. 本题可以由小标题中的 external influences 定位。可预测需要填名词，表示可沟通、协商的对象。customers 符合含义，而后 before making business decisions 原文重现更确定了答案的位置。
35. 本题题干词 environmental, concerns 原文重现。可预测需要填名词，意思符合“更多的 _____”。原文此处涉及变多、增强的仅有 regulation。考生需要把握 strengthen 指增强。
36. 本题可以通过小标题中的 structures 进行定位。teams 一词在题干及原文中均有呼应。可预测需要填名词。project 符合含义。
37. 本题需要充分理解题干含义，可预测需要填形容词修饰 hours，表示工作时间能够如何。原文 flexible hours 符合含义。本题定位较难。
38. 本题可以通过小标题 management styles 进行定位。可预测需要填名词，表示需要“更好的 _____”。此处原文提及两个名词：efficiency 和 leadership，又解释了前者是基本要素，更需要的是 leadership。
39. 本题题干词 senior roles 与原文 senior management positions 相呼应。可预测需要填名词，且表示人。仅有 women 一词符合词性及含义。
40. 本题题干词 service sector, intellectual property 原文重现，较易定位，且 more and more 在题干及原文中均出现，随即出现 self-employed。本题难度较低。

Reading Passage 1

篇章结构

体裁	论说文
主题	茶与工业革命
结构	A 段：工业革命发生的时间和地点 B 段：工业革命发生所需要的条件 C 段：茶和啤酒是工业革命的关键要素 D 段：人口迅速增加的原因 E 段：英国人饮品习惯的改变 F 段：同日本情况的比较 G 段：日本没有发生工业革命的原因

解题地图

难度系数： ★★★

解题顺序： LIST OF HEADINGS（1~7）→ TRUE/FALSE/NOT GIVEN（8~13）

友情提示： 本文重点讨论了英国工业革命发生的原因，并以 Macfarlane 的观点作为主要论述内容，全文结构明确，表达清楚，对阅读本身而言不会造成特别大的困难。从题目角度而言，考生可以首先完成针对每段大意的 LIST OF HEADINGS 题型，然后根据 TRUE/FALSE/NOT GIVEN 题型中每道题对应的段落完成后面的题目。

必背词汇

1. affluent *adj.* 富裕的，丰富的

   Most people in the world are not *affluent*, and their food budgets are limited.
   事实是，世界上大多数人并不富裕，他们的食物预算还很拮据。
   Luxury cars are targeted towards the *affluent* segment of a population.
   豪华轿车是以人口中的富裕阶层为销售对象的。

2. ingredient *n.* 元素，要素

   I think the union movement is going to be a critical *ingredient* in that process.
   我认为工会运动将是此进程中的重要元素。
   Of course, it's not as if history is an entirely new *ingredient* in economic study.
   当然，历史并不是经济学研究中全新的元素。

3. notable *adj.* 著名的；显著的

The most *notable* thing about him is in fact, his creative approach to any problem.

事实上，他最显著的特点是能创造性地解决问题。

She became quite a *notable* director in the thirties and forties.

她在三四十年代成了一位名导演。

4. appraisal *n.* 评价，评估

The higher education *appraisal* is the important means of the higher education development. 高等教育评价是促进高等教育发展的重要手段。

One of the most important tools for organizational improvement is the performance *appraisal*.

组织改进的最重要手段之一是业绩评估。

5. static *adj.* 静止的，稳定的

Film divides motion up into a series of *static* images.

电影将动作分解为一系列静态画面。

The number of young people obtaining qualifications has remained *static* or decreased.

获得各种资格证书的年轻人的数量一直保持不变或者已经减少。

6. incidence *n.* 发生率

The *incidence* of this disease has dropped considerably in the past few years.

近几年这种疾病的发生率大大降低了。

Diligence and discipline can reduce the *incidence* of these errors to near zero.

勤奋和自律可以让这些错误的发生率降至最低限度。

7. prevalence *n.* 流行，盛行

The *prevalence* of a global culture is no doubt harmful to any local culture and mores.

全球文化的盛行毫无疑问是对任何当地文化和风俗不利的。

With increasing *prevalence* of mobile devices, the IrDA communications have come into a golden age of development. 随着移动设备的盛行，红外数据通信已经进入了黄金发展时期。

8. essence *n.* 本质，实质；精髓

The *essence* of his argument was that education should continue throughout our lives.

他的论点的精髓是教育应当贯穿我们的一生。

The bank's ability of financial innovation in *essence* is the ability of system construction.

银行金融创新的能力在本质上就是制度建设的能力。

认知词汇

revolution	*n.* 革命
anthropological	*adj.* 人类学的
wrestle with	解决，努力克服
enigma	*n.* 谜，不可思议的东西
criteria	*n.* 标准，规范（criterion的复数）
sufficient	*adj.* 足够的，充分的
cupboard	*n.* 碗柜
antiseptic	*adj.* 防腐的，杀菌的
flourish	*v.* 兴旺，繁荣
succumb	*v.* 屈服
eccentric	*adj.* 古怪的
deduction	*n.* 推论
skepticism	*n.* 怀疑，怀疑的态度
admiration	*n.* 赞赏，赞同
distinguished	*adj.* 著名的；杰出的
alight on	偶然发现
burst	*n.* 爆发，突发
mortality	*n.* 死亡数，死亡率
virus	*n.* 病毒
sanitation	*n.* 环境卫生，公共卫生

dig	*v.* 探究，挖掘	clipper	*n.* 帆船
antibacterial	*adj.* 抗菌的	forge ahead	取得进展，获得领先
preserve	*v.* 维持，保持	literacy	*n.* 读写能力
coincidence	*n.* 巧合，一致	unemployment	*n.* 失业
relatively	*adv.* 相对地	suitable	*adj.* 适当的；相配的

佳句赏析

1. For industry to take off, there needs to be the technology and power to drive factories, large urban populations to provide cheap labour, easy transport to move goods around, an affluent middle-class willing to buy mass-produced objects, a market-driven economy and a political system that allows this to happen.
   - **参考译文：**要让工业飞速发展，需要有技术和能源来运作工厂，需要大量的城市人口以提供廉价劳动力，需要便利的交通以运送货物，需要富裕的中产阶级，他们愿意购买大批量生产的产品，以及由市场驱动的经济和允许这种革命发生的政治制度。
   - **语言点：**本句是成分比较复杂的并列句，其中每个并列成分之后都有后置定语对之前的名词进行修饰，面对这类句型时，考生需要首先确定整体结构，然后逐一分析并列成分。

2. The antiseptic properties of tannin, the active ingredient in tea, and of hops in beer—plus the fact that both are made with boiled water—allowed urban communities to flourish at close quarters without succumbing to water-borne diseases such as dysentery.
   - **参考译文：**茶的有效成分单宁酸的防腐性，以及啤酒中的有效成分蛇麻子——加上两者都是用开水制成这一要素——使得现代城市能够近距离地发展繁荣，而不需要受制于水源性疾病，例如痢疾。
   - **语言点：**本句的主语部分比较复杂，分别是 The antiseptic properties of tannin, and of hops in beer, plus the fact that both are made with boiled water 几个部分，其中 the active ingredient in tea 作为同位语对之前的内容进行修饰，这几个并列的主语部分之后出现谓语动词 allowed，最后在句子结尾有 without+doing 结构。

3. Macfarlane notes that even though 17th-century Japan had large cities, high literacy rates, even a futures market, it had turned its back on the essence of any work-based revolution by giving up labour-saving devices such as animals, afraid that they would put people out of work.
   - **参考译文：** Macfarlane 指出，尽管 17 世纪日本有大城市、高受教育率，甚至期货市场，但日本放弃了节省劳动力的设备，例如动物，担心它们会使人失业，从而违背了一切以工作实践为基础的革命的核心。
   - **语言点：**本句 notes that 之后的部分是完整的宾语从句，其中 even though 17th-century Japan had large cities, high literacy rates, even a futures market 为让步状语从句，之后的部分为宾语从句中的主句部分，考生需要关注对这类句型的拆分和理解。

试题解析

Questions 1–7

- **题目类型：**LIST OF HEADINGS

- **题目解析**：i. 寻找人口增长的原因
  ii. 工业化及对失业的恐慌
  iii. 日本城市的发展
  iv. 工业革命的时间和地点
  v. 荷兰、法国和中国的例子
  vi. 英国饮品习惯的改变
  vii. 英国工业革命的两个关键
  viii. 工业化所需要的条件
  ix. 同日本的比较带来答案

题号	定位词	文中对应点	题目解析
1	time and place, Industrial Revolution	A 段第二句	A 段中首先引入话题，提出 Alan Macfarlane 教授致力于对工业革命的研究，之后使用了两个问句，一是为什么工业革命发生在英国，二是为什么工业革命发生在 18 世纪末？选项中只有 iv The time and place of the Industrial Revolution 能够概括本段的内容。 因此，本题答案为 iv。
2	conditions	B 段第二、三句	B 段中，Macfarlane 将工业革命的发生比作密码锁，并表示需要大约 20 种不同的因素才能够引发工业革命。而本句中的 factors 正是 viii 选项中 conditions 的同义替换。在本段第三句中具体列举了一些工业革命发生所需要的因素：For industry to take off, there needs to be the technology and power to drive factories, large urban populations to provide cheap labour, easy transport to move goods around, an affluent middle-class willing to buy mass-produced objects, a market-driven economy and a political system that allows this to happen，这些关键要素都是 viii 选项中 conditions 的具体体现。之后解释了为什么其他一些国家没有发生工业革命。 因此，本题答案为 viii。
3	two keys	C 段第二句	C 段首句写到了 missing factors，之后第二句很明确地指出 Tea and beer, two of the nation's favourite drinks, fuelled the revolution，说明 tea and beer 就是首句中的 missing factors，也就是促进工业革命出现的因素，之后在本段中具体解释为什么茶和啤酒是工业革命发生的重要因素，而这与选项 vii 的表述是一致的。 因此，本题答案为 vii。
4	search, increase in population	D 段第四句	D 段说到了英国 18 世纪中叶的一种现象，即 1650 年到 1749 年之间，人口非常稳定，但之后出现了人口数量的激增。并且人们提出了四种可能的原因。本段内容与 i 选项的概括相一致，其中本段第四句的 population growth 与 i 选项 increase in population 含义一致，而第六句中的 possible causes 则对应 i 选项中的 reasons。 因此，本题答案为 i。
5	changes, drinking habits	E 段第六、七、八句	E 段提到了英国人的饮品习惯和疾病之间的关系，其中第六、七、八句写到英国人饮用啤酒，但之后随着费用的增加，穷人转而选择其他饮品，这与 vi 选项 Changes in drinking habits in Britain 的含义一致。 因此，本题答案为 vi。

6	Japan	F 段第一句、二句	F 段开头便指出 Macfarlane 关注日本的情况，并在随后的论述中对日本当时的情况进行了具体的描述，如 also developing large cities, also had no sanitation，随后 Macfarlane 进一步分析了英国人饮茶的历史背景并找到了英国与其他欧洲国家的差异，因此实际上是通过与日本的比较，最终得到结论，这与 ix 选项的表述一致，即 Comparisons with Japan lead to the answer。 因此，本题答案为 ix。
7	unemployment	G 段第二句	G 段提出为什么日本没有在工业革命中实现突破，并在第二句对具体原因进行了分析：Macfarlane notes that even though 17th-century Japan had large cities, high literacy rates, even a futures market, it had turned its back on the essence of any work-based revolution by giving up labour-saving devices such as animals, afraid that they would put people out of work. 从中可以看出，由于担心造成失业而放弃了节省劳动力的设备是重要原因，其中 afraid that they would put people out of work 即 ii 选项 fear of unemployment 的同义替换。 因此，本题答案为 ii。

Questions 8–13

- **题目类型**：TRUE/FALSE/NOT GIVEN
- **题目解析**：

8. China's transport system was not suitable for industry in the 18th century.

参考译文	在 18 世纪时，中国的交通运输系统不适合工业。
定位词	China
解题关键词	not suitable for industry
文中对应点	本文中关于 China 的内容出现在原文 B 段，因此首先在 B 段中找到对应信息，然后判断有没有提及关于中国的交通运输系统是否适合工业的内容。通过阅读原文可以发现，并未提及这一信息，因此本题答案为 NOT GIVEN。

9. Tea and beer both helped to prevent dysentery in Britain.

参考译文	在英国茶和啤酒都有助于预防痢疾。
定位词	tea and beer
解题关键词	prevent dysentery
文中对应点	本文关于 tea and beer 的描述出现在原文 C 段，其中第三句话写到 The antiseptic properties of tannin, the active ingredient in tea, and of hops in beer—plus the fact that both are made with boiled water—allowed urban communities to flourish at close quarters without succumbing to water-borne diseases such as dysentery. 也就是说茶和啤酒对于痢疾等疾病是有预防作用的，这与题目的表达相一致，因此本题答案为 TRUE。

10. Roy Porter disagrees with Professor Macfarlane's findings.

参考译文	Roy Porter 不同意 Macfarlane 教授的发现。
定位词	Roy Porter, Macfarlane
解题关键词	disagrees with
文中对应点	本题出现了人名 Roy Porter 和 Macfarlane，需要首先在原文中找到对应处。可以看到文章 C 段后半部分提到 Macfarlane 的推断虽然听上去有些古怪，但人们的态度从怀疑到接受，随后 Roy Porter 在本段末句出现：Macfarlane's case has been strengthened by support from notable quarters—Roy Porter, the distinguished medical historian, recently wrote a favourable appraisal of his research. 他对于 Macfarlane 观点的态度是 a favourable appraisal，说明其态度是非常赞同，这与题目中 disagrees with 相反。因此，本题答案为 FALSE。

11. After 1740, there was a reduction in population in Britain.

参考译文	在 1740 年之后，英国人口数量出现了减少。
定位词	1740, population in Britain
解题关键词	reduction
文中对应点	本文 D 段中出现了 1740，因此需要首先阅读文中的内容，判断有关人口变化的问题是否提及，如果提及，是否人口如题目所言是减少的，原文中的表述为：Between about 1650 and 1740, the population in Britain was static. But then there was a burst in population growth. 说明 1650 到 1740 年间人口是稳定的，随后人口数量出现了激增，这与题目中 a reduction 相反。因此，本题答案是 FALSE。

12. People in Britain used to make beer at home.

参考译文	英国人曾经在家制作啤酒。
定位词	people in Britain
解题关键词	make beer at home
文中对应点	本题在 11 题之后，因此答案位置在 D 段中间部分之后，而第 13 题中关于 tax on malt 的表述位于原文 E 段倒数第三行，因此 12 题位于这部分之前，在这个区域中，关于英国人和 beer 主要出现在 E 段中下部分，通过阅读可以发现文中并未涉及英国人在什么地方制作啤酒的问题。因此，本题答案为 NOT GIVEN。

13. The tax on malt indirectly caused a rise in the death rate.

参考译文	麦芽的税收间接引发了死亡率的上升。
定位词	tax on malt
解题关键词	indirectly caused a rise in the death rate
文中对应点	本文 E 段倒数第三行出现了 a tax was introduced on malt，通过对上下文的阅读我们可以看到，英国人由于长期以来饮用啤酒，受到了其中抗菌成分的保护，但随着啤酒中主要成分麦芽的税收有所增加，一些人转而饮用其他饮品，随后 18 世纪 70 年代时死亡率再次上升。说明由于税收的增加，导致饮品的改变，进而导致死亡率上升，因此可以说题目中的 tax on malt 间接引发了死亡率上升。因此，本题答案为 TRUE。

参考译文

茶与工业革命

一名剑桥大学的教授认为饮品习惯的改变是英国工业革命的原因。Anjana Abuja 报道。

A 像其他人类学家一样，剑桥大学国王学院的人类科学教授 Alan Macfarlane 花了几十年时间研究工业革命之谜。为什么这一特大爆发性事件(带来世界性改变的工业启蒙)发生在英国？又为什么发生在18世纪末？

B Macfarlane 将这一问题比作密码锁。"大约有 20 种不同的因素，这些因素都需要在工业革命发生前出现，"他说。要让工业飞速发展，需要有技术和能源来运作工厂，需要大量的城市人口以提供廉价劳动力，需要便利的交通以运送货物，需要富裕的中产阶级，他们愿意购买大批量生产的产品，以及由市场驱动的经济和允许这种革命发生的政治制度。这是英国的情况，其他国家，诸如日本、荷兰以及法国同样符合这些标准中的一些，但并没有出现工业化。Macfarlane 说，"这所有因素对于引发工业革命都是必要而非充分的。""毕竟，荷兰拥有一切却没有煤炭，而中国同样具有这些因素中的许多。多数历史学家相信仍然有一两种打开这把密码锁的要素是缺失的。"

C 他提出，这些缺失的因素可以在几乎每个厨房的碗柜上被找到。茶和啤酒，这两种在英国最受欢迎的饮品，促进了工业革命。茶的有效成分单宁酸的防腐性，以及啤酒中的有效成分蛇麻子——加上两者都是用开水制成这一要素——使得现代城市能够近距离地发展繁荣，而不需要受制于水源性疾病，例如痢疾。这一理论听上去非常古怪，但是当他开始解释得到这一推断的研究过程时，审慎思考下的认可取代了人们的怀疑。Macfarlane 的说法由于名人的支持而更加有力——著名的医学历史学家 Roy Porter 最近对其研究给予了非常正面的评价。

D 关于工业革命是如何发生的，Macfarlane 思考了很久。历史学家们偶然发现了 18 世纪中叶一个需要解释的有趣要素。在大约 1650 年到 1740 年之间，英国的人口非常稳定。但随后出现了人口数量的激增。Macfarlane 说："在 20 年的时间里婴儿死亡率减半，在乡村地区和城市都是如此，在各个阶层也都是如此。人们提出了四种可能的原因。是周围的病毒和细菌发生了突变吗？未必。是医学科学发生了革命吗？但这处于 Lister 医学革命之前一个世纪（Joseph Lister 是第一位将抗菌技术用于手术过程以防止感染的医生）。是环境条件发生了改变吗？农业的进步消灭了疟疾，但这仅仅是很小的成就。公共卫生直至 19 世纪才变得广泛。剩下的唯一可能性就是食物。但身高和体重数据有所下降。因此食物因素一定是变差了。解释儿童死亡率突然减少的努力似乎一无所获。"

E 人口激增似乎发生在了合适的时间，来为工业革命提供劳动力。"当你开始走向一场工业革命时，人们住得很近在经济上讲是高效的，"Macfarlane 说。"但随后你会经历疾病，尤其是来自人类垃圾的疾病。"一些研究历史记录的人指出当时水源性疾病的发生率出现了改变，尤其是痢疾。Macfarlane 推断，英国人正在饮用的东西对于控制疾病一定非常重要。他说，"我们饮用啤酒。长久以来，英国人受到了蛇麻子中强抗菌剂的保护，添加蛇麻子是为了保存啤酒。但是 17 世纪晚期麦芽的税收有所增加，它是啤酒的基本成分。穷人转而饮用水和杜松子酒，到了 18 世纪 20 年代，死亡率再次上升。之后再次突然下降。是什么引发了这种情况？"

F Macfarlane 关注了日本的情况，当时日本同样是在发展大城市，并且同样没有建立公共卫生系统。水源性疾病对于日本人的影响比对英国人小。是因为在他们的文化中茶更盛行吗？Macfarlane 随即指出英国的茶历史存在时间上的巨大巧合。茶是相对昂贵的，直至 18 世纪早期英国同中国建立了直接的帆船贸易。到 18 世纪 40 年代，大约在婴儿死亡率降低的时代，这种饮品很普遍。Macfarlane 猜测水需要煮开，且茶中含有净化胃的物质，这意味着母乳比之前任何时候都更加健康。没有任何其他欧洲国家像英国一样喝茶，按照 Macfarlane 的逻辑，这使其他国家没有进入工业革命的竞争行列。

G 但是，如果茶是解开密码锁的要素的话，为什么日本自己没有在一个茶起重要作用的工业革命中取得进展？Macfarlane 指出，尽管 17 世纪日本有大城市、高受教育率，甚至期货市场，但日本放弃了节省劳动力的设备，例如动物，担心它们会使人失业，从而违背了一切以工作实践为基础的革命的核心。因此，我们如今认为是技术最先进国家之一的日本进入19世纪时“放弃了车轮”。

Reading Passage 2

篇章结构

体裁	说明文
主题	高智商儿童与学习
结构	A段：儿童智力情况的测试方法 B段：儿童如何通过适当的学习方法促进学习 C段：高成就者擅于使用学习策略 D段：过多的指导会影响儿童的自主性 E段：一些特质对专业领域内的学习作用很大 F段：情绪对学习的影响

解题地图

难度系数： ★★★

解题顺序： SENTENCE COMPLETION（23~26）→ MATCHING（18~22）→ MATCHING（14~17）

友情提示： 本文重点讨论了有天赋的儿童的学习，文章介绍了智商测试的方法、有天赋的儿童在学习方法上的特点以及各种因素对于学习的影响。本文共包含三组题目，其中前两组均为MATCHING，之后的23~26题为顺序出题，解题时需要注意的是18~22题由于选项中是人名，因此直接用选项在原文中定位即可，然后再进行观点的匹配。

必背词汇

1. frequently *adv.* 频繁地，经常地

   Shareholders have *frequently* been caught up in the manias of the moment, along with everyone else.

   股东常常会和其他人一样，陷入一时的狂热。

   For most people who work outside of academia, the question of "grading" software developers in an organisation is *frequently* relevant. 对于工作于学术界之外的大多数人来说，在一个组织里为软件开发人员“评分”的问题通常是类似的。

2. backup *n.* 支持；备份

   The system is highly secure database *backup* programme, easy to use.

   本系统具有非常安全的数据库备份方案，简单易用。

   There is no emergency *backup* immediately available. 没有立即就能获得的后备。

3. identify *v.* 识别，确定

There are a number of distinguishing characteristics by which you can *identify* a Hollywood epic.

通过其诸多与众不同的特点，你可以识别出好莱坞的史诗影片。

She wore a little nurse's hat on her head to *identify* her.

她头上戴了一顶小护士帽，这使她易于辨认。

4. compensate *v.* 补偿

The company agreed to keep up high levels of output in order to *compensate* for supplies lost.

该公司同意保持高产出水平以补偿损失的供应品。

Their sense of humour and ability to get along with people are two characteristics that *compensate* for their lack of experience. 他们的幽默感和与人相处的能力是弥补他们经验不足的两个特质。

5. diminish *v.* 减少

The threat of nuclear war has *diminished*. 核战的威胁变小了。

Federalism is intended to *diminish* the power of the central state. 联邦制度旨在削弱中央政府的权力。

6. reflect *v.* 反映；思考

A newspaper report seems to *reflect* the view of most members of Congress.

报纸的一篇报道似乎反映了国会多数议员的观点。

We should all give ourselves time to *reflect*. 我们都应该给自己时间来思考。

7. facilitate *v.* 促进

The new airport will *facilitate* the development of tourism. 新机场将促进旅游业的发展。

Deregulation and liberalisation took place in many economies in this region to *facilitate* international trade and capital flows. 解除管制和贸易自由化在这个地区很多经济体中促进了国际贸易和资本流动。

8. domestic *adj.* 家庭的；国内的

It was a scene of such *domestic* bliss. 这是一幕家庭美满的场景。

Like international trade, *domestic* trade in farm produce is often highly distorted.

像国际贸易一样，国内农产品贸易往往受到严重扭曲。

认知词汇

giftedness	*n.* 天赋异禀，天才
verbal	*adj.* 言语的，口头的
age-norm	*n.* 年龄常模
manipulate	*v.* 操纵，操作
emerge	*v.* 出现
exceptionally	*adv.* 非常地
qualitative	*adj.* 质的，本质的
metacognition	*n.* 元认知
evaluation	*n.* 评估
curiosity	*n.* 好奇心
strategy	*n.* 策略
transfer	*v.* 转移
overview	*v.* 概览
succinctly	*adv.* 简洁地
adjustment	*n.* 调整，调节
conversely	*adv.* 相反地
autonomy	*n.* 自主性
motivation	*n.* 动机
fundamental	*adj.* 基本的，根本的
competent	*adj.* 有能力的
deprived	*adj.* 缺乏教育的，贫困的
specific	*adj.* 特殊的，特定的
domain	*n.* 领域
expertise	*n.* 专门知识，专业技术
harness	*n.* 控制
efficiency	*n.* 效率
reliance	*n.* 信赖，依靠
relative	*n.* 亲戚
considerable	*adj.* 相当的
availability	*n.* 可用性

佳句赏析

1. Because IQ tests are decidedly influenced by what the child has learned, they are to some extent measures of current achievement based on age-norms; that is, how well the children have learned to manipulate their knowledge and know-how within the terms of the test.

• 参考译文：由于智力测验受到儿童已学习内容的绝对影响，他们一定程度上是对基于年龄常模的当前成就进行测量；也就是说，在测评范围内，儿童已经学会多好地运用知识和技巧。

• 语言点：本句首先出现了原因状语从句 Because IQ tests are decidedly influenced by what the child has learned，之后出现主句部分 they are to some extent measures of current achievement based on age-norms，在主句之后以 that is 这个结构解释，对前面的内容进行了具体说明。

2. There appears to be a qualitative difference in the way the intellectually highly able think, compared with more average-ability or older pupils, for whom external regulation by the teacher often compensates for lack of internal regulation.

• 参考译文：智力较高的儿童和能力一般或是年龄更大的儿童的思维方式看上去存在着质的差异，对后者而言老师进行的外部调节一般会补偿缺少的内部调节。

• 语言点：本句中需要考生注意两个结构，一是比较结构 compared with more average-ability or older pupils，二是在之后的部分中出现的从句 for whom external regulation by the teacher often compensates for lack of internal regulation。

3. Given that a fundamental goal of education is to transfer the control of learning from teachers to pupils, improving pupils' learning to learn techniques should be a major outcome of the school experience, especially for the highly competent.

• 参考译文：由于教育的基本目标是将对学习的管控从教师转移至学生，将学生的学习提升为学习技巧就应成为学校经历的主要结果，尤其是对于高能力者。

• 语言点：本句首先以 Given that 这一结构指出了原因，即 a fundamental goal of education is to transfer the control of learning from teachers to pupils，之后出现主句，其中主句主语为 improving pupils' learning to learn techniques，此处为动名词结构作主语，主句宾语为 a major outcome of the school experience。

试题解析

Questions 14–17

- **题目类型：** MATCHING
- **题目解析：** 这种“考查细节信息位于正文中哪一段”的搭配题型难度较高，但切记不可因为担心时间不足而匆匆略读题干后就开始画定位词并回到原文定位。有时某个题干的整句意思并不是单独某个词可以承担的，需要读懂题干的真正意思（包括词组的固定搭配和特殊用法等）才有可能准确定位。

14. a reference to the influence of the domestic background on the gifted child

参考译文	提到家庭背景对有天赋的儿童的影响
定位词	domestic background

文中对应点	A 段： For example, a very close positive relationship was found when children's IQ scores were compared with their home educational provision (Freeman, 2010). The higher the children's IQ scores, especially over IQ 130, the better the quality of their educational backup, measured in terms of reported verbal interactions with parents, number of books and activities in their home etc. 例如，当儿童的智商分数与家庭教育情况进行比较时，人们会发现一种非常密切的正相关（Freeman，2010）。通过测量所报告的同父母间的言语交流、阅读数量和家庭活动等方面，儿童的智商分数越高，尤其是达到智商 130 以上的时候，他们得到教育保障的质量越好。 本题问家庭环境的影响，在文章 A 段中有对该内容的表述，其中题目中 domestic background 在原文中的同义替换为 home educational provision 以及 educational backup。因此本题答案为 A。

15. reference to what can be lost if learners are given too much guidance

参考译文	提到如果学习者获得过多指导，会失去哪些东西
定位词	lost, too much guidance
文中对应点	D 段： Conversely, teachers who have a tendency to 'overdirect' can diminish their gifted pupils' learning autonomy. Although 'spoon-feeding' can produce extremely high examination results, these are not always followed by equally impressive life successes. Too much dependence on the teacher risks loss of autonomy and motivation to discover. 相反地，倾向于"过分指导"的教师会减少有天赋儿童的学习自主性。尽管"填鸭式灌输"可以带来非常高的考试分数，但这并不总是伴随着之后同样令人满意的生活上的成功。过于依赖老师存在自主性和探索的动机消失的风险。 本题首先需要在原文中找到 too much guidance，通过对文章的阅读，这一信息出现在文章 D 段，本段第二句和第四句的'overdirect'和 Too much dependence on the teacher 都分别表达了这一含义，而两句话中 diminish their gifted pupils' learning autonomy 和 loss of autonomy and motivation 都表达了题目中 what can be lost 的含义。因此本题答案为 D。

16. a reference to the damaging effects of anxiety

参考译文	提到焦虑的负面效果
定位词	damaging effects of anxiety
文中对应点	F 段： Positive emotions facilitate the creative aspects of learning and negative emotions inhibit it. Fear, for example, can limit the development of curiosity, which is a strong force in scientific advance, because it motivates problem-solving behaviour. 积极情绪促进学习的创造性而消极情绪会抑制创造力。比如，好奇心是科学进步的重要动力，因为它会促进问题解决的行为，而害怕则会限制好奇心的发展。 关于焦虑的负面效果，需要在文中找到关于 anxiety 的内容，并且此处同时出现关于其造成的负面影响。F 段中第二句提到消极情绪会带来负面影响，随后以 fear 为例进行了具体说明，此处 fear 相当于题目中的 anxiety。因此本题答案为 F。

17. examples of classroom techniques which favour socially-disadvantaged children

参考译文	关于课堂技术的例子，这些技术对落后社会的儿童有利
定位词	classroom techniques, socially-disadvantaged children
文中对应点	D 段： There are quite a number of new methods which can help, such as child-initiated learning, ability-peer tutoring, etc. Such practices have been found to be particularly useful for bright children from deprived areas. 有相当多新的有效方式，例如儿童发起的学习，同等能力辅导等。人们发现这类活动对于来自教育落后地区的聪明儿童非常有效。 本题问到关于 classroom techniques 的例子，在文章 D 段中，methods 是对 techniques 的同义替换，而之后的 child-initiated learning, ability-peer tutoring 是具体的例子，之后的 Such practices 指代的也是以上具体的例子，本段尾句后半部分 be particularly useful for bright children from deprived areas 是对题目中的 which favour socially-disadvantaged children 的同义替换。因此本题答案为 D。

Questions 18–22

- **题目类型**：MATCHING
- **题目解析**：

题号	解题关键词	题目解析
18	Less time, accurate work	**题目：对于完成精确任务的有天赋的学生，可以花费更少的时间练习。** 本句表达的内容在原文 C 段出现，即 'If they (the gifted) merely think more quickly, then we need only teach more quickly. If they merely make fewer errors, then we can shorten the practice.' 此处的 make fewer errors 与题目中 produce accurate work 是同义替换，而文中 less time can be spent on exercises 相当于文中 shorten the practice，这部分内容是 Shore 和 Kanevsky 的观点。因此本题答案为 B。
19	self-reliance	**题目：自主性是一种有价值的工具，可以帮助有天赋的儿童达到他们的目标。** 本题重点强调了 self-reliance 的作用，在文章 E 段出现了相关的信息：Research with creative scientists by Simonton (1988) brought him to the conclusion that above a certain high level, characteristics such as independence seemed to contribute more to reaching the highest levels of expertise than intellectual skills, due to the great demands of effort and time needed for learning and practice，其中 independence 与题目中 self-reliance 是同义替换，对应人名 Simonton。因此本题答案为 D。
20	feelings, assist their learning	**题目：有天赋的儿童知道如何运用自己的情绪来辅助他们的学习。** 本题说到通过情绪来帮助学习，首先需要在文中找到相关的说法，关于通过情绪帮助学习的表述出现在文章结尾处：In Boekaerts' (1991) review of emotion in the learning of very high IQ and highly achieving children, she found emotional forces in harness. They were not only curious, but often had a strong desire to control their environment, improve their learning efficiency, and increase their own learning resources，可见，情绪可以有助于学习效率的提高以及获取更多学习资源，此处对应的人名是 Boekaerts。因此本题答案为 E。

21	support from close relatives	**题目：有天赋的儿童受益于亲属给予的适当支持。** 本题说到来自于亲属的支持，在原文第一段中出现了相关的内容，即 For example, a very close positive relationship was found when children's IQ scores were compared with their home educational provision (Freeman, 2010)，此处的 home educational provision 即 support from close relatives，而在原文随后一句也提到了 educational backup，这一表达是 Freeman 的观点。因此本题答案为 A。
22	a considerable amount about their subject	**题目：真正成功的学生已经学会大量关于他们专业的知识。** 本题提到关于 a considerable amount about their subject 的内容，因此需要在文章明确标注人名的观点处寻找与专业知识相关的内容，文中 E 段说到 But scientific progress is not all theoretical, knowledge is also vital to outstanding performance: individuals who know a great deal about a specific domain will achieve at a higher level than those who do not (Elshout, 1995)，其中 a great deal about a specific domain 正是题目中 a considerable amount about their subject 的同义替换，对应人名选择答案即可。因此本题答案为 C。

Questions 23–26

- **题目类型：** SENTENCE COMPLETION
- **题目解析：**

题号	定位词	文中对应点	题目解析
23	at home	A 段： For example, a very close positive relationship was found when children's IQ scores were compared with their home educational provision (Freeman, 2010). The higher the children's IQ scores, especially over IQ 130, the better the quality of their educational backup, measured in terms of reported verbal interactions with parents, number of books and activities in their home etc.	本题问到儿童的智商分数和家庭中某些内容的联系，根据原文我们不难判断这一内容出现在原文 A 段，题目中的 at home 这一部分在原文中的对应内容是 reported verbal interactions with parents, number of books and activities in their home etc.，而本题需要填入的是两个并列的名词，根据本句和原文句子在含义和内容上的对应，此题答案应为 books 和 activities。
24	children of average ability, more direction	B 段： There appears to be a qualitative difference in the way the intellectually highly able think, compared with more average-ability or older pupils, for whom external regulation by the teacher often compensates for lack of internal regulation.	本题问能力一般的儿童需要来自教师的更多指导是因为他们缺少什么，原文中关于 children of average ability 的内容出现在 B 段，从对应位置来看，由于缺少 internal regulation（也就是之后提到的 self-regulation），这些儿童更需要老师给予 external regulation，因此本题答案为 internal regulation / self-regulation。

25	Metacognition	B段： To be at their most effective in their self-regulation, all children can be helped to identify their own ways of learning—metacognition—which will include strategies of planning, monitoring, evaluation, and choice of what to learn. Emotional awareness is also part of metacognition, so children should be helped to be aware of their feelings around the area to be learned, feelings of curiosity or confidence, for example.	本题问的是 metacognition 包括什么，其中出现了并列结构 as well as，并且已经给出了并列的两个内容中的一个，即 understanding their own learning strategies，根据文章B段的内容，可以看到 metacognition 之后出现了 which will include 这一内容，因此将之后的内容与题目对应即可，可以看到文中明确出现了并列结构 Emotional awareness is also part of metacognition，因此本题答案为 emotional awareness。
26	impressive grades	D段： Although 'spoon-feeding' can produce extremely high examination results, these are not always followed by equally impressive life successes.	本题问的是教师依赖什么可以获取 impressive grades in class tests，因此需要在原文中找到好的考试成绩相关的内容，在文中D段可以看到 produce extremely high examination results 这一表达，因此可以首先确定答案所在句，然后在句中寻找具体符合题目要求的名词表达，可以看到 spoon-feeding 这种方式会获得好的考试分数，因此本题答案为 spoon-feeding。

参考译文

天才儿童与学习

A 在国际上，“天赋异禀”最常通过在一般智力测验，即智商测验中的得分来界定。即分数高于某个选定的分界点，通常在大约前2%至5%。儿童的教育环境会提高智商分数以及智力被应用的方式。例如，当儿童的智商分数与家庭教育情况进行比较时，人们会发现一种非常密切的正相关（Freeman，2010）。通过测量所报告的同父母间的言语交流、阅读数量和家庭活动等方面，儿童的智商分数越高，尤其是达到智商130以上的时候，他们得到教育保障的质量越好。由于智力测验受到儿童已学习内容的绝对影响，他们一定程度上是对基于年龄常模的当前成就进行测量；也就是说，在测评范围内，儿童已经学会多好地运用知识和技巧。比如，词汇方面的测试依赖于听到过那些词。但是智商测验既不能识别学习和思维过程，也无法预测创造力。

B 没有恰当的帮助，很难成就优秀。为了在任一领域达到非常高的水准，高能力的儿童需要学习方法，这包括用来学习的材料和专注有挑战的指导，以及对他们追逐梦想的鼓励。智力较高的儿童和能力一般或是年龄更大的儿童的思维方式看上去存在着质的差异，对后者而言老师进行的外部调节一般会补偿缺少的内部调节。为了达到最有效的自我调节，可以帮助所有儿童确定他们自己的学习方式，即元认知，包括规划、监督、评估的策略以及选择学什么。情绪意识同样是元认知的一部分，因此应当帮助儿童意识到自己对即将学习的内容的感受，例如感到好奇或自信。

C 人们发现相比低成就者，高成就者更频繁且更有效地使用自我调节的学习策略，并且更能够转换这些策略来处理不熟悉的任务。这在一些儿童身上发生的比例如此之高以至于他们在某些领域显得很有天赋。纵览对高能力儿童思维过程的研究，Shore 和 Kanevsky（1993）简要地说明了教师的问题：“如果他们（有天赋者）仅是更迅速地思考，那么我们只需要教得更快。如果他们只是不怎么犯错误，那么我们可以缩短练习。”但是很显然事情并非完全如此；需要对学习方法和教学方法作出调整，以考虑到个体多种多样的思维方式。

D 但是为了进行自主学习，有天赋的儿童很需要一些来自其教师的支持。相反地，倾向于“过分指导”的教师会减少有天赋儿童的学习自主性。尽管“填鸭式灌输”可以带来极高的考试分数，但这并不总是伴随着之后同样令人印象深刻的生活上的成功。过于依赖老师存在自主性和探索的动机消失的风险。然而，当教师帮助学生们思考自己的学习和思维活动时，他们会增加学生的自我调节。对小孩子而言，或许仅仅是“你今天学了什么”这样的简单问题就可以帮助他们认识到自己正在做什么。由于教育的基本目标是将对学习的管控从教师转移至学生，将学生的学习提升为学习技巧就应成为学校经历的主要结果，尤其是对于高能力者。有大量新的有帮助的方式，例如儿童发起的学习，同等能力辅导等。人们发现这类活动对于来自教育落后地区的聪明儿童非常有效。

E 但是科学进步并不都是理论方面的，知识对于出色的表现也很关键：对于某一特定领域了解很多的人与那些没有太多了解的人相比会获得更高水平的成就（Elshout, 1995）。Simonton（1988）对有创造力的科学家所作的研究使其得出结论：在某一较高水平之上，相比知识技能，如独立性这样的特质似乎在达到最高的专业水平方面作用更大，这是由于需要大量的努力和时间进行学习和练习。一切形式的创造力可以被看做结合了高动机水平的专业技能（Weisberg, 1993）。

F 总之，学习会受到个人和其他重要人员情绪的影响。积极情绪促进学习的创造性而消极情绪会抑制创造力。比如，好奇心是科学进步的重要动力，因为它会促进问题解决的行为，而害怕则会限制好奇心的发展。在Boekaerts（1991）对高智商者和高成就儿童学习情绪的评述中，她发现了情绪在控制方面的力量。他们并不仅仅是好奇，而经常有很强的渴望去控制他们的环境，提高他们的学习效率，并增加他们自身的学习资源。

Reading Passage 3

篇章结构

体裁	说明文
主题	艺术博物馆中艺术品的展示方式
结构	第一段：人们虽然对复制品很熟悉，但依然会去参观原画 第二段：人们对小说与绘画的欣赏方式不同 第三段：技术发展使复制品仿真度很高 第四段：博物馆依然宣传原始版本的地位 第五段：游客的体验方式会受到限制 第六段：展示的环境和展品价值给游客带来压力 第七段：参观者对作品的解读受到限制 第八段：参观者在同一环境中面对大量展品 第九段：欣赏艺术作品与其他艺术形式的不同之处 第十段：艺术史学家们的研究方法会限制大众进行自发的解读 第十一段：建议通过复制品让大众可以轻松地欣赏艺术作品

解题地图

难度系数： ★★★★

解题顺序： SUMMARY（27~31）→ MULTIPLE CHOICE（32~35）→ YES/NO/NOT GIVEN（36~40）

友情提示： 本文重点讨论了艺术博物馆中艺术品的展示方式及其对参观者的影响，虽然段落较多，但全文脉络清晰，几个关键段落的观点表达也比较明确，整体来看可读性比较强。本文涉及三个题型，第一个题型 SUMMARY 对应原文的前半部分，题目在第二至六段出现，第二个题型 MULTIPLE CHOICE 对应文章中间部分，题目分布在文章第六到九段，而最后的 YES/NO/NOT GIVEN 题目分布在文章最后的几个段落。因此解题时建议考生按照出题顺序解答。

必背词汇

1. assumption *n.* 假设

   This project was predicated on the *assumption* that the economy was expanding.
   这一计划是以经济发展的设想为依据的。
   Well in this specific case I am going to disprove your *assumption*.
   在这样特殊的情况下，我打算对你的假设提出反证。

2. interpret *v.* 解释

   The fact that they had decided to come was *interpreted* as a positive sign.
   他们已经决定要来的事实可被解释为一个积极的信号。
   The judge quite rightly says that he has to *interpret* the law as it's been passed.
   法官很有理地说他必须按照法律被通过时的意义进行解释。

3. reliable *adj.* 可靠的

   There is no *reliable* information about civilian casualties. 还没有关于平民伤亡的可靠信息。
   It is difficult to obtain *reliable* evidence. 很难获得可靠的证据。

4. reinforce *v.* 加强，强化

   I hope this will *reinforce* them to deal with this kind of threat. 我希望这会加强他们对付这类威胁的决心。
   Eventually, they had to *reinforce* the walls with exterior beams. 最后，他们不得不用外梁来加固那些墙壁。

5. numerous *adj.* 大量的

   Numerous factories have sprung up in this once desolate area.
   过去这一带荒无人烟，现在涌现出无数的工厂。
   There are *numerous* methods in which to do this. 可以通过许多方法来完成这项任务。

6. approach *n.* 方法

   We will be exploring different *approaches* to gathering information. 我们将探索收集信息的不同方法。
   However, we find that there are some issues with such as *approach*.
   不过，我们发现使用这样的方法存在一些问题。

7. accessible *adj.* 可获得的

   The centre is easily *accessible* to the general public. 该中心对于广大公众来讲很便利。
   The aim of any reform of legal aid should be to make the system *accessible* to more people.
   任何法律援助改革的目标都应该是让该体系服务于更多的人。

8. scheme *n.* 计划

They would first have to work out some *scheme* for getting the treasure out.
他们首先得想出某种计划把珍宝取出。
I really think that this interesting *scheme* will work out. 我确实认为这个有趣的方案会成功。

认知词汇

original	*adj.* 原始的，最初的	spontaneous	*adj.* 自发的
reproduction	*n.* 复制，复制品	duration	*n.* 持续，持续时间
rewardingly	*adj.* 值得做的	superficially	*adv.* 表面地
manuscript	*n.* 手稿	dominant	*adj.* 占主导的
signify	*v.* 表示，代表	dedicate	*v.* 致力于
facsimile	*n.* 拓本，复印本	authentic	*adj.* 真正的，真实的
assign	*v.* 分配	abundance	*n.* 丰富，充裕
apprentice	*n.* 学徒	suppress	*v.* 压制
incomparably	*adv.* 无比地	permanently	*adv.* 永久地
reprographic	*adj.* 复印的；复制的	high-fidelity	*n.* 高保真
duplication	*n.* 复制	replication	*n.* 复制
exhibit	*n.* 展品	regrettable	*adj.* 可惜的，令人遗憾的
attendant	*n.* 服务员	mechanical	*adj.* 机械的
monetary	*adj.* 金钱的，货币的	conflict with	冲突，与…相抵触
deter	*v.* 阻止		

佳句赏析

1. This might be explained by the fact that the novel has evolved precisely because of technological developments that made it possible to print out huge numbers of texts, whereas oil paintings have always been produced as unique objects.
    - **参考译文：**这或许会被如下事实所解释：小说得以准确地传承是由于技术的发展使得印刷出大量的文本成为可能，而油画一直以独特的形式被创造。
    - **语言点：**本句中出现了 the fact + that + 同位语从句的结构，同位语从句本身是一个完整的句子，属于名词性从句。在本句中 because of 结构引导的部分作为原因状语进行解释说明，之后出现了 that made it possible to 这一结构，作为定语从句对 technological developments 进行进一步解释说明。在句子的后半部分中，通过 whereas 连接第二个分句。

2. And today the task of reproducing pictures is incomparably more simple and reliable, with reprographic techniques that allow the production of high-quality prints made exactly to the original scale, with faithful colour values, and even with duplication of the surface relief of the painting.
    - **参考译文：**如今，复制图画的任务无比地简单和可靠，复印技术允许高品质印刷的复制品精确到原画的规模，有可靠的色值，甚至能复制图画表面的凹凸纹理。
    - **语言点：**本句的主句部分为 the task of reproducing pictures is incomparably more simple and reliable，说明如今复制图画的技术很高，之后进行了进一步解释说明，重点展开介绍了 reprographic techniques，句子末尾的并列结构重点介绍了复制品具体在哪些方面与原画类似。

3. Evidently, nothing the viewer thinks about the work is going to alter that value, and so today's viewer is deterred from trying to extend that spontaneous, immediate, self-reliant kind of reading which would originally have met the work.

- **参考译文：**很明显，参观者关于藏品的任何想法都不会改变这种价值，因此如今的参观者不会像最初看到展品时那样试图延展这种无意识的、即时的、自主的解读。
- **语言点：**本句第一个分句中，主语为 nothing the viewer thinks about the work。第二个分句中，需要注意的是由于动词结构是 is deterred from，因此之后的部分需要用 doing 的形式来呈现。最后在句子结尾处的 which 引导定语从句，对之前的内容进行进一步解释。

试题解析

Questions 27–31

- **题目类型：**SUMMARY
- **题目解析：**本题标题为 The value attached to original works of art，小短文共分为三个段落，并且这是本篇文章出现的第一个题型，解题时需要以句子为单位，在原文中确定考查的区域。通过与原文的对应，本部分可以确定在文章前五段。

A. institution　　B. mass production　　C. mechanical processes
D. public　　E. paints　　F. artist
G. size　　H. underlying ideas　　I. basic technology
J. readers　　K. picture frames　　L. assistants

题号	定位词	文中对应点	题目解析
27	availability of novels, so long	第二段第二句	题目问的是人们到博物馆并不需要读到小说最初的手稿，这是由于小说长久依赖依靠什么。这一信息在文章第二段中有涉及，可以看到句中说到 the novel has evolved precisely because of technological developments that made it possible to print out huge numbers of texts，也就是说这是由于技术发展使得人们可以 print out huge numbers of text，因此在选项中寻找这一表达的同义替换，可以看到 B 项的 mass production 与其含义一致，因此本题答案为 B。
28	novels, the most important thing	第二段第三、四句	本题问到对于小说而言最重要的是什么。文章第二段第三、四句的表述说明很重要的是如何 interpreting 或是 reading 作品，同时人们主要关注 the meaning of words。按照这一含义分析选项，可以看到 H 项 underlying ideas 符合含义，因此本题答案为 H。
29	Leonardo, happy to instruct, produce copies	第三段第二句	本题出现的结构为 instruct ____ to produce，因此判断此处需填入的内容可能是表示身份的名词。在原文中可以看到第三段第二句的含义与题目所在句一致，都是表达艺术家将作品复制品的工作分配给一些人，原文中使用了 apprentices 一词，在选项中对应 L 项 assistants，因此本题答案为 L。
30	surface relief features, colour	第三段第三句	本题问的是新的复制技术使复制品在哪些方面非常出色，并且题目中已经给出了 surface relief features 和 colour 两个并列的信息，在原文第三段第三句中寻找相关的要素即可。可以看到句中说到 the original scale，因此在选项中寻找同义替换可以看到 size 一词，因此本题答案为 G。

题号	定位词	文中对应点	题目解析
31	regrettable, museums still promote	第四段、第五段	本题问到宣传艺术品原始版本的优势所带来的问题。句首的 It is regrettable 与第五段的 Unfortunately 相对应，而本段后面的指代词 this 实际上就是指上段中的 museums continue to promote the special status of original work，根据第五段的句型和题目中的表达，可知体验受到限制的人群是 visitors，而本题空前有 the 这个词，因此可以找到 D 项，通过 the + adj. 来表示一类人。题目中 the public 与 visitors 同义替换。

Questions 32–35

- **题目类型**：MULTIPLE CHOICE
- **题目解析**：

题号	定位词	题目解析
32	London's National Gallery	题目：作者提到伦敦国家美术馆是为了说明 ________。 **A** 一个国家不值得花费如此多成本来维护如巨量的艺术品。 **B** 社会上可能出现的财政和艺术价值之间的冲突。 **C** 博物馆可能存在的关于参观者对自身态度上的负面作用。 **D** 相比大规模的艺术品，更需要关注个体的感受。 本题首先可以通过题目中的 London's National Gallery 在原文中确定考查区域，之后在这一信息所在的第六段中，分析 London's National Gallery 出现的目的。通过上下文的分析，可以看到由于艺术品展出的形式以及其价值，参观者会对自身产生负面的感觉，也就是本段最后一句中的"worthlessness"。这与 C 项中的表达一致。 因此本题答案为 C。
33	unwilling to criticise	题目：作者说，如今参观者或许不希望评论一件作品是因为 ________。 **A** 他们缺少支持观点所需要的知识。 **B** 他们担心作品有经济意义。 **C** 他们对作品的价值没有真正的概念。 **D** 他们感到自己的个人反应并不重要。 关于参观者不愿意评论作品的原因出现在文章第七段，其中说到 Evidently, nothing the viewer thinks about the work is going to alter that value, and so today's viewer is deterred from trying to extend that spontaneous, immediate, self-reliant kind of reading which would originally have met the work，可见，由于作品的价值很高，人们认为自己的想法和评论不会产生任何影响，因此 unwilling to criticise，这与 D 项的表述一致。 因此本题答案为 D。

题号	定位词	题目解析
34	'displacement effect'	**题目：根据作者的观点，参观者的"位移效应"是由 ________ 引起的。** **A** 展出艺术品的种类以及它们被放置的方式。 **B** 不可能长时间观赏特定的艺术作品。 **C** 图画近似的性质以及缺少伟大作品。 **D** 作品不适合被选择进行展出。 题目中的 'displacement effect' 出现在文章第八段第二句话，本句开头使用 This 'displacement effect' is further heightened by 这一结构，因此需要在上下文中分析相关的表达，可以看到，这种情况的产生是由于大量的作品在并非为它们创造的环境中同时被展示，选项中 A 的表述与之一致。 因此本题答案为 A。
35	unlike other forms of art	**题目：作者说不像其他艺术形式，一幅绘画作品不会 ________。** **A** 包含与观众的直接接触。 **B** 要求特定的展出地点。 **C** 需要包含其专业性。 **D** 有特定的开始和结束。 关于美术作品与其他艺术形式的差别出现在文章第九段，即 A fundamental difference between paintings and other art forms is that there is no prescribed time over which a painting is viewed，之后又进行了具体的解释，这与 D 项的表述一致， 因此本题答案为 D。

Questions 36–40

- **题目类型：** YES/NO/NOT GIVEN
- **题目解析：**

36. Art history should focus on discovering the meaning of art using a range of media.

参考译文	艺术史应当关注使用各种媒介发现艺术品的意义。
定位词	art history
解题关键词	a range of media
文中对应点	本题关注的是 art history 通过 a range of media 来发现艺术品的意义，在文中的表述中，只在第十段说到艺术史学家使用的方法是一种 a specialised academic approach devoted to 'discovering the meaning' of art within the cultural context of its time，而并没有出现 art history 借助 a range of media，因此本题答案为 NOT GIVEN。

37. The approach of art historians conflicts with that of art museums.

参考译文	艺术史学家的方法与艺术博物馆的方法相矛盾。
定位词	approach, art historians, art museums
解题关键词	conflicts with

文中对应点	本题问的是艺术史学家的方法和艺术博物馆的方法是否矛盾。艺术史学家的方法在文章第十段有明确的表述：Consequently, the dominant critical approach becomes that of the art historian, a specialised academic approach devoted to 'discovering the meaning' of art within the cultural context of its time，后文接着说：This is in perfect harmony with the museum's function，其中 in harmony with 意思是"与……协调、一致"，所以二者是一致的，并非相互矛盾，因此本题答案为 NO。

38. People should be encouraged to give their opinions openly on works of art.

参考译文	应当鼓励人们对艺术作品开放性地给出自己的观点。
定位词	give their opinions
解题关键词	openly
文中对应点	从本文最后几段表达的观点来看，由于 art historian 和 art museum，人们的 spontaneous, participatory criticism 受到了限制，而作者认为，人们应当更开放地表达自己的观点，其中第十一段写到 The museum public, like any other audience, experience art more rewardingly when given the confidence to express their views，这与题目的表达一致，因此本题答案为 YES。

39. Reproductions of fine art should only be sold to the public if they are of high quality.

参考译文	如果具备很高的品质，艺术品的复制品应当仅仅售卖给人们。
定位词	reproduction of fine art
解题关键词	only be sold
文中对应点	本题问到是否高品质的复制品只应该售卖给人们，通过对第 38 题出题位置之后部分的阅读可知，文中并没有表达是否售卖的问题，也就是说作者并没有就这个问题表达明确的观点，因此本题答案为 NOT GIVEN。

40. In the future, those with power are likely to encourage more people to enjoy art.

参考译文	将来，那些有权势的人很有可能去鼓励更多的人欣赏艺术。
定位词	those with power
解题关键词	enjoy art
文中对应点	本题重点问的是 those with power，因此需要找到这类人对于艺术的态度，看他们是否鼓励更多的人欣赏艺术。根据文章最后一段的表述，可以看到实际上那些希望维持和控制艺术的人并没有意愿让更多的人欣赏艺术：If appropriate works of fine art could be rendered permanently accessible to the public by means of high-fidelity reproductions, as literature and music already are, the public may feel somewhat less in awe of them. Unfortunately, that may be too much to ask from those who seek to maintain and control the art establishment. 此处 Unfortunately 起到了转折的作用，之后的表达比较明确地说明了这类人的态度。 因此本题答案为 NO。

参考译文

艺术博物馆及其受众

人们去往巴黎卢浮宫参观《蒙娜丽莎》的原画，而他们本可以在任何地方看到其复制品，这一事实使得我们质疑一些有关艺术品博物馆在当今世界中所起作用的假设。

世界上最著名的艺术作品之一是 Leonardo da Vinci 的《蒙娜丽莎》。几乎每位去参观原画的人都已经从复制品上对其非常熟悉，但是他们认为艺术品更值得观赏其最初的形式。

然而，如果《蒙娜丽莎》是一部著名的小说，那么没有多少人会费力去博物馆阅读作者真正的手稿，而更倾向于阅读印刷的复制品。这或许会被如下事实所解释：小说得以准确地传承是由于技术的发展使得印刷出大量的文本成为可能，而油画一直以独特的形式被创造。此外，也可以说解释或“解读”每一种媒介的行为遵循不同的传统。对于小说，读者主要关注文字的意义而非它们被印制在页面上的方式，而一幅画的“读者”必然密切关注图画中的标记和形状的材料形式，及其在图片中所表示的各种意义。

但是制作出几乎任何艺术品的准确复制品一直是有可能的。在 16 世纪，艺术家似乎非常愿意将他们作品的复制工作分配给工作室学徒作为常规的谋生工作，《蒙娜丽莎》留存下来的七个版本见证了这一事实。如今，复制图画的任务无比地简单和可靠，复印技术允许高品质印刷的复制品精确到原画的规模，有可靠的色值，甚至能复制图画表面的凹凸纹理。

但是尽管人们隐隐地意识到好的复制品的传播在文化上是有价值的，博物馆依然宣传原始版本的特殊地位。

可惜的是，这似乎会严重限制游客获得体验的方式。

第一个限制与博物馆呈现展品的方式有关。作为独特历史物品的存储处，艺术博物馆通常被称为“藏宝室”。即使在我们看到藏品之前，这一点也通过为了使我们远离展品而出现的安保人员、服务人员、绳索和展示柜提醒着我们。在很多情况下，建筑物的建筑风格进一步强化了这种观念。此外，主要的展品，像在伦敦国家美术馆中的那些，被收藏在许多房间中，每一间都有数十件艺术品，而其中任意一件的价值都有可能超过了所有参观者的平均财富水平。在一个在如此大程度上通过物质价值评估个人地位的社会中，人们很难在这种环境中不感受到自己相对“一文不值”。

此外，对博物馆中原版艺术品“价值”的考虑会让来访者感到由于这些艺术品是原版，它们已经被一些人或是比自己更有权力的机构赋予了巨大的经济价值。很明显，参观者关于藏品的任何想法都不会改变这种价值，因此如今的参观者不会像最初看到展品时那样试图延展这种无意识的、即时的、自主的解读。

参观者看到如此多样的油画、素描以及雕塑被放置在同在一个最初并非为其创造的环境中时会产生陌生感。这种“位移效应”会进一步被展品的巨大数量提升。在一个大型展览中，相比我们实际上能够在几个星期或几个月中看到的数量，或许会有更多艺术品被展示。

这尤其令人苦恼，因为欣赏所有的艺术形式时，时间似乎都是一个关键因素。绘画作品和其他艺术形式的一个根本区别在于欣赏一幅绘画作品没有既定时间。相反地，观众会在一个特定的时间欣赏一出歌剧或戏剧，也就是演出的持续时间。类似地，小说和诗歌也需要在一个既定的时间顺序下阅读，而一幅画并没有清晰的开始欣赏或结束的地方。因此，艺术作品本身鼓励我们通过外表来欣赏它们，而非欣赏其中涉及的丰富的细节和劳动。

因此，占主导地位的批判法成为艺术史学家们使用的方法，这是一种专业性的学术方法，它关注于发现艺术品在其所处时代的文化背景下的意义。这与博物馆的功能完全一致，因为这种方法专注于找出并保存对展品“真正的”、“原始的”解读。再一次，这似乎结束了那种自发的、参与性的批判，它们大量出现在对经典文学作品的评论中，但是在多数艺术史中并不存在。

艺术博物馆中的展出可以作为一种警示，提醒人们在自发的评论受到压制时，会出现怎样的评论行为。像其他所有观众一样，当给予表达其观点的自信时，博物馆的受众在鉴赏艺术时会更加受益。如果通过高保真度的复制品，使得恰当的艺术作品让大众能够一直接触到，就像文学和音乐已经做到的那样，那么人们对艺术作品可能会稍微感到不那么敬畏。遗憾的是，对于那些希望维持和控制艺术领域的人而言，询问这些似乎太过多余了。

Notes

Task 1

题目要求

（见“剑 10” P54）

审题

题目翻译：下面的表格给出了1999年和2004年公平贸易类咖啡和香蕉在五个欧洲国家的销售情况。选取并汇报主要特征，总结信息，并在相关处进行对比。

本题由两个表格构成，分别为咖啡和香蕉的销售额。两图的横坐标为1999年和2004年的销售额，纵坐标为英国、瑞士、丹麦、比利时、瑞典这五个国家。

写作思路

表一和表二的结构相同，分别体现五个欧洲国家在1999年和2004年咖啡和香蕉的销售额变化情况。需要注意的是，既有变化又有比较的时候，通常以变化为主；在比较时则强调总体趋势和最突出的特征。

考官范文

（见“剑 10” P163）

参考译文

这两个表格包含了1999年和2004年公平贸易类咖啡和香蕉在五个欧洲国家的销售数据。

第一个表格显示所有五个国家低水平的咖啡销售额都增加了，尽管增加的幅度大有不同。有两个地方的销售额增长相同：丹麦从180万欧元增长到200万欧元，瑞典从80万欧元增长到100万欧元。比利时的增长幅度稍大，从100万欧元增长到170万欧元。与此同时，瑞士的销售额翻了一番，从300万欧元增长到600万欧元。最后，英国的销售额增长巨大，从150万欧元增长到2000万欧元。

在第二个表格中，瑞士最为突出，所购买的公平贸易类香蕉比其他四个国家多得多。瑞士的销售额在这五年里从1500万欧元猛增至4700万欧元，而英国和比利时的销售额仅从100万欧元和60万欧元分别增至550万欧元和400万欧元。瑞典和丹麦显示出不一样的模式，香蕉的销售额分别从180万和200万欧元下降到100万和90万欧元。

比较这两个表格我们可以清晰地发现，这五个国家1999年的公平贸易类咖啡销售额在80万到300万欧元不等，而香蕉的销售额也大多集中在60万到200万欧元之间，只有瑞士与众不同，高达1500万欧元。到2004年两种产品的销售数字都增加了，除了瑞典和丹麦的香蕉销售额有所下降。

分析

首段分析

本篇首段用一句话介绍了图表的核心信息：时间、地点和研究对象。我们看考官是怎么改写（paraphrase）的。

题目原文：The tables below give information about sales of Fairtrade-labelled coffee and bananas in 1999 and 2004 in five European countries.

范文开头段：The two tables contain sales data for Fairtrade coffee and bananas in 1999 and 2004, in five nations of Europe.

题目中的动词用的是 give，范文里用了同义词 contain。关于销售信息，题目为 information about sales，范文改为 sales data。地点为五个欧洲国家，题目表述为 five European countries，范文是 five nations of Europe，分别用了同义词和词性变化两种手段。

主体段落分析

在第二段，作者并没有机械地按照上下顺序分别描写五个欧洲国家咖啡销售额从 1999 年到 2004 年的变化情况，而是进行了归类（grouping）。先描述五个国家的共同趋势——销售额都有所增加，然后分析不同之处。本段对于增长趋势按照增长幅度从小到大的顺序进行描述，而且不仅描述趋势，还有具体数字的支持。

第三段描述香蕉销售趋势。作者先介绍增长幅度最大的瑞士，然后是增长较少的英国和比利时。最后描述销售额下降的瑞典和丹麦。同样值得注意的是，每个国家都没有遗漏，而且有具体数据的呈现。

结尾段分析

图表作文结尾不能照抄题目原文，也不能完全重复主体段落的内容。相反，结尾应该总结（summarise）主体段落中的核心信息，并且对两个表格进行对比，既指出静态的对比（1999 年各个国家的咖啡和香蕉销售额对比），也有动态的变化（1999 年和 2004 年之间的变化）。

连贯与衔接

文章分段合理，连贯性很强，衔接手段非常丰富，涉及指代（reference）、省略（ellipsis）、和连接（conjunction）。

指代：

- 第三段第二句的 these five years 指的是题目中的 1999 年至 2004 年，为指示指称（demonstrative reference）。
- 第二段第二句的 same 体现了比较指称关系（comparative reference）。

省略：

- 第二段第一句提到 coffee sales，第二句和第四句省略了 coffee，直接说 sales。
- 第三段第一句提到 Fairtrade bananas，第二句说 sales figures 意为 Fairtrade banana sales figures，省略了 Fairtrade bananas，而第三句用了 banana sales 省略了 figures。

连接：

- 顺承关系：第二段的 Meanwhile，Finally。
- 对比关系：第三段的 while，第四段的 except for。

用词

多样化的用词，比如：

表示增加：动词和名词 increase，名词 increment，动词 jump，动词 grow，动词 rise

表示减少：名词 falls，名词 drops

表示幅度：slightly（略微），enormous（巨大的）
同义替换：range from...to... 和 cluster between...and...，以及 countries 和 places
体现词汇量范围的难词，比如：
albeit：尽管，即使
increment：增加，增长
stand out：突出
respectively：分别，各自
range：变化，显示不等
cluster：集中，成群
outlier：异类

复杂句型

第二段第一句 The first table shows low-level coffee sales increasing in all five countries, albeit to widely varying degrees. 其中 increasing 为现在分词短语作状语。

第三段第一句 In the second table, it is Switzerland which stands out as buying far more Fairtrade bananas than the other four countries. 为强调句，which 指代被强调的 Switzerland，as 引导现在分词短语，补充说明瑞士突出的特点。

第三段第二句和第四段第一句的 while 都引导比较状语从句。

第四段第二句 By 2004, sales figures for both products had risen across the board, except for Sweden and Denmark which recorded drops in bananas sales. 其中 except for 引导的对比状语包含了一个 which 引导的定语从句，修饰 Sweden and Denmark。

Task 2

题目要求

（见“剑 10”P55）

审题

题目翻译：一些人认为所有的大学生应该喜欢什么就学什么。其他人则认为应该只允许大学生学习在将来有用的科目，比如那些与科学和技术相关的科目。讨论双方观点并给出你的看法。

本题在题材上属于教育类话题，为 Discuss 类题型。

写作思路

Discuss 类文章一般有三种写法。一种是同意题目观点（agree），在文章开头段明确表示同意，用两到三个主体段落从不同角度论证同意的理由，结尾再次表明态度。另一种是不同意题目观点（disagree），文章主体段落可以从不同角度论证为什么不同意，也可以采用让步反驳的模式（concession and refutation），先让步分析为什么持同意观点的人有一定的道理，然后提出自己的理由进行反驳。第三种写法是分类（classification），提出并论证在什么条件下持同意观点，在什么情况下持不同意观点。本文采用的是第一种写法。

考生作文

（见“剑 10”P164）

参考译文

我们都同意所有大学生都应该有想法，可以用来思考和选择生活方式。政府需要在未来做得更好。

大问题？我们怎么才能找到实现学生兴趣和政府的答案？

首先，一些人认为所有大学生应该想学什么就学什么。有专家。专家可以给我们适合学生的合适结果，给他们制定好选择。而且，政府应该为将来做计划，比如国家需要多少飞行员、多少老师等。此外，学校帮助学生选择他们喜欢的工作。还有，把这些综合起来（一起好多了）。

另一方面，我觉得为学生划一条路不好。比如，让学生学习我们喜欢而不是他们喜欢的科目，我也是一样的。我当学生的时候，老师告诉我“请学习计算机科学”，而我不喜欢学。现在，我要学另一门科目。我有目标，我能做我喜欢的。我同意那些认为应该学将来有用科目的人。

总之，我想说学生有想法。他们有我们给他们的推荐。他们会在国家过上一种好日子，而且科技在我们生活中扮演重要角色。

我希望你。

考官点评

（见“剑 10”P164）

参考译文

本文太短，只有 232 个词，因此并不满足 Task 2 作文的最低字数要求。作者立场不明，很难理解他/她试图说什么。观点看上去相关，但写作的诸多问题意味着题目的任何部分都没有得到足够的回答。虽然使用了一些连接词和词组，纸上的分段看起来也有所帮助，但信息的顺序不连贯，文章未能顺利成文。词汇量很初级，作者对于词形的控制有限。拼写错误给读者造成障碍。从作文题目照抄了两个长的词组。试图使用一些复杂的语法结构但都是错的。一些简单结构是对的，但总体上到处是错误。标点有错，全篇可见逗号、句号和大写的误用。

分析

首段分析

本文得分 3.5 分。

接下来我们从雅思图表作文的四个评分方面（任务完成情况、连贯与衔接、用词、语法）进行详细分析。

任务完成情况

本文内容方面得分为 3 分。4 分作文内容离题较远，有立场但不清晰，而 3 分作文题目的任何部分都没有得到足够的回答。而且这篇文章没有满足字数最低不得少于 250 字的要求。

本文需要讨论大学生到底应该是学习自己感兴趣的科目还是学习科技等能对未来有用的科目。作者的确试图在讨论这个话题，但逻辑比较混乱。在讨论学习自己想学的科目的时候，第二段提到了专家和政府，但这些都不是大学生应该学习自己喜欢的科目的理由。在第三段讨论学生不应该盲从老师的建议并举自己不喜欢老师推荐的计算机专业为例，但这并不构成学生不应该学自己喜欢的而选择将来有用的科目的理由。接下来的结论部分模糊，并没有明确回答题目的问题。

连贯与衔接

这篇作文使用了一些连接词和词组，这是 4 分作文的标志，甚至具备作为 5 分作文特征的分段。但问题在于信息的顺序不连贯，观点之间缺乏逻辑性，导致连贯与衔接方面只能得 3 分。

词汇

文章在词汇方面得 4 分。本文只具备初级词汇量，作者对于词形的控制有限。拼写错误给读者造成障碍。从作文题目照抄了两个长的词组（第三段第一句和第四段最后一句的词组分别照抄自题目第一句和第二句）。我们知道题目原文是不应该照搬的，而应改写。

构词法（Word Formation）方面的错误略举几例：第四段 when I was student, me tuter told me "please studey computer science", and my do not like computer science. 其中，句首单词没有首字母大写，"我的老师" my tutor 写成了 me tuter，第一人称代词的所有格形式写成了宾格形式，而"我" I 写成了 my，第一人称代词的主格形式误写为所有格形式。

拼写错误极多，仅略举几例：maind (mind), qistion (question), fuind (find), relaize (realize), pailot (pilot), tuter (tutor)。

语法

本文在语法和句型方面得 4 分。和 3 分作文相比，能写出一些正确的、简单的句子，但与 5 分作文的差距是，5 分作文中的复杂句正确度不如简单句，但 4 分作文要么极少写从句，要么尝试写的复杂语法结构都是错的。这篇作文对于逗号、句号和大写的用法存在大量错误。

Notes

Part 1

在第一部分，考官会介绍自己并确认考生身份，然后打开录音机 / 笔，报出考试名称、时间、地点等考试信息。考官接下来会围绕考生的学习、工作、住宿或其他相关话题展开提问。

话题举例

Music

1. **What types of music do you like to listen to? [Why?]**
   In general, I would say that I'm not ***picky with*** the ***genre*** of music. I mean, I love any type of songs with ***catchy tunes*** or ***thoughtful lyrics***. To ***keep up with*** the latest trend, I would listen to the songs that are ***on the top of the charts***.

be picky with 对…挑剔	genre 类型
catchy tunes 引人注意的	thoughtful lyrics 动人的歌词
keep up with 跟上，赶得上	on the top of the charts 高居排行榜

2. **At what times of day do you like to listen to music? [Why?]**
   I would have to say that it really depends. If I have some free time in the evenings, I will turn on the CD player and ***sound box*** and ***hum*** along with the singer. If I'm fairly busy, then it's more likely that I will only listen to music on my smartphone when I'm on the subway.

sound box 音箱	hum 发出低哼声，哼歌

3. **Did you learn to play a musical instrument when you were a child? [Why/Why not?]**
   Yes, I began to learn piano when I was five. The teacher said that music was in my blood, so my mom ***saved every penny to*** pay for my tuition, hoping that I could become a musician, but I was young and ***carefree*** at that time, and didn't work very hard.

save every penny to 省下每分钱去做…	carefree 无忧无虑的

4. **Do you think all children should learn to play a musical instrument? [Why/Why not?]**
   In fact, I guess that in many ways learning to play a musical instrument is beneficial for the kids, because it ***cultivates*** their ***artistic taste*** and ***enhances*** their ***mental development***. But you also have to understand that not all kids are interested in music; instead, they might be more into ***handicrafts***, painting or sports, so it will be better if they follow their own heart.

cultivate 培养，陶冶	artistic taste 艺术品位
enhance 提高，加强	mental development 心智的发展
handicraft 手工艺，手工艺品	

Part 2

考官给考生一张话题卡(Cue Card)。考生有 1 分钟准备时间，并可以做笔记(考官会给考生笔和纸)。之后考生要作 1 ~ 2 分钟的陈述。考生讲完后，考官会就考生的阐述内容提一两个相关问题，由考生作简要回答。

Describe a shop near where you live that you sometimes use. You should say What sorts of product or service it sells What the shop looks like Where it is located And explain why you use this shop.

话题卡说明

商店简介	I'd like to talk about a ***convenience store*** which is only 5 minutes' walk to my community. It's a nice place with a variety of ***daily essentials*** such as ***sauces***, ***toiletries*** and ***skincare products***. It also sells ***household items*** like cleaning supplies, ***hardware*** and ***kitchen utensil***.
商店陈设	The ***decor*** of the shop is ***hideous***—ugly pictures on the wall and plastic flowers on the ***counter***. However, the ***setting*** is orderly and the ***shelves*** are well-organised. There are three main ***aisles*** in the shop and when you walk by the shelves, you'll find that all the goods ***are categorised into*** specific groups. Next to the counter, there are big containers of candies and nuts. It is very convenient for you to pick up some candies and weigh them on the ***scales*** on the counter.
地理位置	The shop is located in the middle of my residential area, among some restaurants and cafes. So it is a perfect place for you to take an ***after-meal walk*** while picking up your favourite goods.
解释原因	The main reason why I'm so fond of this little shop is that you can always ***get some good deals*** in it. Besides, the shop assistants are very smart, friendly and ***attentive***.

重点词句

daily essential 生活必需品
sauce 调料
toiletry 洗漱和化妆用品
skincare product 护肤品
household item 家居用品
hardware 五金

kitchen utensil 厨房用具
decor 装饰
counter 柜台
setting 环境，布置
shelf 货架
aisle 走廊

be categorised into 被分成…类
scale 秤
after-meal walk 餐后散步
get some good deals
买到便宜的好货
attentive 殷勤的

Part 3

第三部分：双向讨论（4～5分钟）考官与考生围绕由第二部分引申出来的一些比较抽象的话题进行讨论。第三部分的话题是对第二部分提示卡内容的深化和拓展。

话题举例

Local business

1. **What types of local business are there in your neighbourhood? Are there any restaurants, shops or dentists for example?**

   Yes, the place where I live is a large ***community*** with hundreds of ***residents***. There are ***convenience stores*** offering ***daily necessities***. There are also small department stores selling ***household supplies***. But what I like best are the ***fruit stands*** on the two sides of the streets, which provide fruits that are fresh and ***in season***. As for restaurants, ***you name it***! There are all kinds of hot pot restaurants, cafeterias, fast food chains for you to ***grab a bite***.

   community 小区
   resident 居民
   convenience store 便利店
   daily necessity 日常必需品
   household supply 家居用品
   fruit stand 水果摊
   in season 当季的
   You name it! 表示应有尽有
   grab a bite 吃点东西

2. **Do you think local businesses are important for a neighbourhood? In what way?**

   Well, certainly in some ways, the running of local businesses is ***mutually beneficial*** for the residents and the business owners. Some earn money by providing services. Others spend money and enjoy a convenient life. But we also have to be aware that some local businesses are ***unlicensed and illegal***, like ***refreshment stations*** that have ***hygiene*** problems or retailers that sell fake goods.

   mutually beneficial 互利的
   unlicensed and illegal 未经许可和非法的
   refreshment station 小吃饮料店
   hygiene 卫生

3. **How do large shopping malls and commercial centres affect small local businesses? Why do you think that is?**

   I think there are several reasons why people choose to go to large shopping malls instead of small shops. Firstly, there is a variety of choice for ***quality items*** in the shopping malls, so you can always ensure the quality of the things you buy. Secondly, shopping malls offer ***holiday sales*** when everyone can ***hunt for a bargain***. Last but not least, if you are not satisfied with a product you bought from the shopping malls, you can always take it back and ***get a refund*** as long as you keep the ***receipt***. But if you go to traditional markets, you can't try the clothes on to see if they fit you or not.

   quality item 高质量的产品
   holiday sale 假期打折活动
   hunt for a bargain 讨价还价
   get a refund 退货
   receipt 收据

People and business

1. **Why do some people want to start their own business?**

   In my view, there are probably a number of factors involved. The chief cause might be that people ***are motivated by*** their dreams and want to do what they like. As well as this, people always believe that ***being self-employed*** means earning a lot of money, though in reality it is not that easy, especially for first year ***start-ups***. Additionally, there are people who become their own boss because they don't want to be controlled by others.

be motivated by 得到…的鼓舞	be self-employed 个体经营
start-ups 新兴公司	

2. **Are there any disadvantages to running a business? Which is the most serious?**

   I am sure most people would agree that there are some negative aspects. I guess the most adverse feature would be that you have to ***assume heavy responsibilities*** and ***be prepared for any possible risks***. For example, you need to sit down and think about all of the costs of doing and administering the business, making sure that it is profitable. Another trouble may be that you have to ***work around the clock*** and ***burn the midnight oil*** every day, unless you can find some really good employees whom you can trust while you are away.

assume responsibilities 承担责任	be prepared for risks 做好应对危机的准备
work around the clock 夜以继日地工作	burn the midnight oil 开夜车，熬夜工作

3. **What are the most important qualities that a good business person needs? Why is that?**

   A good business person should be ***versatile***. The first important quality I can think of is the ability to ***deal with people*** effectively. Different people have ***diversified needs*** which should be well-considered and taken care of. Besides, a good business person also needs to be ***visionary*** and ***down to earth*** at the same time. Other qualities include being ***conscientious***, ***broad-minded***, ***self-assured*** and ***collaborative***.

versatile 多才多艺的	deal with people 和人打交道
diversified needs 多样化的需求	visionary 有远见的
down to earth 脚踏实地的	conscientious 认真尽责的，小心谨慎的
broad-minded 心胸宽广的	self-assured 自信的
collaborative 合作的，协作的	

Section 1

场景介绍

本部分是咨询早教看护中心相关信息的场景。这类话题在近年雅思考试中出现频率比较高，在剑桥真题系列中就出现过，机经中更多。这类话题一般涉及花费、适合群体、时间、地点以及中心相关设备和设施等等。

本节必背词汇

enrol	*v.* 登记，使入学	asthma	*n.* 哮喘
cater for	提供饮食及服务	emergency	*n.* 紧急事故
flexible	*adj.* 灵活的	invoice	*n.* 发票，记账单
drop...off	送…下车	budget	*v.* 预算

词汇拓展

register	*v.* 登记，注册	medication	*n.* 药物治疗
facility	*n.* 设备	baby-sitter	*n.* 保姆
receipt	*n.* 收据		

文本及疑难解析

1. ...we cater for children from three to five years old. 我们接待三到五岁大的孩子。
2. ...we do offer flexible start and finish times. 我们确实提供机动灵活的开始和结束时间。注意 do 的强调用法。
3. I need to get to work in the city by 9:00 so I'll drop her off at 8:30. 我需要 9 点钟赶到城里工作，因此我会在 8 点半的时候把她送到这儿。这句话有出题点，注意填入正确的时间。
4. I'll make a note of that. 我会把这个记下来。make a note of 意为“记录；留意”。
5. Just the name and number of a friend or family member we can contact in case we can't get hold of you at any time. 就是我们能够联系到的一个家庭成员或者朋友的名字和电话，以便我们在联系不到你的时候可以联系他们。这是一个带有长长的修饰成分的名词短语，we can contact... 为定语从句修饰 friend or family member。

题目解析

第 1~10 题都属于简单的提纲填空题。

1. 注意迷惑信息，原文先说了三岁，又说下个月满四岁，后面中心负责人说 I'll put four down because that's how old she'll be when she starts，意为按四岁算。
2. 人名和地名的拼写是雅思常考内容。大家要注意三方面：（1）先听单词的发音。（2）再听字母的拼读；有些字母的发音比较接近，会导致听不清，但是如果注意听单词的发音，就比较容易听清楚是哪些字母了。（3）平时练习容易听错的四组字母发音：g/j，m/n，o/l，a/e。
3. Monday 定位容易，Wednesday 被否定，后面女士直接确定了 Thursday。
4. 同样包含迷惑信息，中心开门的时间是 7:30，不过女士把小孩送到的时间是 8:30，考查词组 drop off，意思是“送到”。
5. 本题考查发音。虽然前面有 green group，容易排除，但是 red group 的发音有吞音现象，增加了难度。考生要在平时增加音变方面的练习，提高敏感度。
6. 本题比较简单，she'll only needs lunch 直接给出答案。
7. medical conditions 定位简单，后面女士用强调语气说出需戴眼镜，所以答案容易捕捉到。提醒考生的是一般带 do 的表示强调语气的句子往往是答案句。
8. 人名拼写类题目要先听单词的发音，再听字母的拼读。
9. 本题没有迷惑信息，直接问了是否 aunt，接着给出肯定信息
10. 注意上下文的联系，男士先说 if you pay every month, 女士接着就说：I'll do that then, 即女士同意按月支付。

Section 2

场景介绍

本篇介绍了一个海豚保护信托基金的活动，主要说明了其宗旨、活动方式、工作内容，以及部分海豚的特征。

本节必背词汇

dolphin	*n.* 海豚	hooked	*adj.* 被…迷住的
conservation	*n.* 保护	adopt	*v.* 收养
marine	*adj.* 海生的	scheme	*n.* 计划
charity	*n.* 慈善机构	sponsor	*v.* 赞助
campaign	*n.* 运动	elusive	*adj.* 逃避的，难找的
expertise	*n.* 专家	sight	*v.* 看见
haven	*n.* 庇护所	in force	大批地，大规模地
exploration	*n.* 勘探，探测	curve	*v.* 沿曲线运动
come across	碰到，偶然遇见	vigour	*n.* 精力，活力

词汇拓展

Conservation Trust	保护信托基金会	shark	*n.* 鲨鱼
Charity Commission	慈善事务署	mission	*n.* 使命
whale	*n.* 鲸鱼	remit	*v.* 传送
crocodile	*n.* 鳄鱼	conservation	*n.* 保护

文本及疑难解析

1. The charity uses its money to support campaigns—for example, for changes in fishing policy and so forth. 该慈善机构的费用用来支持一些运动，比如渔业政策的改变等等。
2. I should also tell you about the award we won from the Charity Commission last year—for our work in education. 我还应该告诉你去年我们在教育方面的工作得到了慈善事务署的奖励。
3. ...it has made our activities even more widely publicised and understood. 它使我们的活动被更多的人知道和理解。
4. I couldn't put the book down—I was hooked. 我对这本书爱不释手——被深深地吸引住了。

题目解析

第 11~12 题是多选题。

B 项首先被提到，也最先被排除，因为原文直接提到 it's still fairly small compared with the big players。接着提到的是 A 项，虽然原文说百分之三十五是儿童，但没提最多；另外，含有最高级的选项通常不选。C 项原文直接提到。D 项时间不对，原文说希望不久之后能雇到专家，而不是现在。E 项也能够比较清晰地听到。

第 13~15 题是单选题。

13. 特征词 Charity Commission 定位容易，better known 被听力原文中的 widely publicised 完美改写。同义改写能力一般是单选题考查的重点。
14. exploration 定位容易，直接带出答案是水下噪音，对应 A 项。本题比较简单。
15. interested 定位还是比较容易的。本题主要考查对句子的理解。短语 put down 意为“放下”；hooked 在此意思是“被吸引”。

第 16~20 题是搭配题。

16. 同义改写，题干中的 seen = 原文中的 sighted。
17. 同样是简单的同义改写，photographed more than others 对应原文中的 we've captured her on film hundreds of times。
18. energetic 被原文中的 a lot of energy 所改写，不过改写力度不大，比较简单。
19. newest 对应原文中的 latest 替换。
20. unusual shape 对应原文中的 has a particularly large fin on her back, which makes her easy to identify。

总体而言，搭配题相对于单选题来说同义改写力度不大。

Section 3

场景介绍

两个学生 Rob 和 Mia 讨论他们的 Theatre Studies（戏剧研究）课。Rob 主要讲了自己在学期结束时扮演医生的经历，Rob 就如何写报告给出了建议，后面 Rob 还就一年的国外学习向 Mia 进行了咨询，Mia 给出了自己看法和建议。讨论课程是近些年常见的热门话题，主要是关于课程学习、讲授的方法、难点和目标的讨论。

本节必背词汇

in-depth	*adj.* 彻底的，深入的	frustrated	*adj.* 沮丧的，泄气的
authority	*n.* 权威	emerge	*v.* 出现
capture	*v.* 捕获，得到	spotlight	*n.* 聚光灯
visualise	*v.* 使可见	module	*n.* 课程学习单元
consulting room	诊疗室	coordinator	*n.* 协调员
function	*v.* 起作用		

词汇拓展

compulsory	*n.* 必修课	course delivery	课程讲授
elective	*n.* 选修课	dissertation	*n.* 毕业论文
mentor	*n.* 指导者	presentation	*n.* 展示
tutor	*n.* 导师		

文本及疑难解析

1. He has a sort of authority though. 他有一种权威感。though 在此是语气词，没有实际意义。
2. I'd visualise what he must have been like in the past, when he was sitting in his consulting room listening to his patients. 我应该呈现他过去的样子，也就是他坐在诊室里倾听病人（陈述病情）的样子。
3. ...everyone wore grey and brown, and just sat in a row. 每个人都穿着灰色和棕色的衣服，并坐成一排。
4. So did one person emerge as the leader? 那后来有人出现成为领导者吗？
5. Well, she found these articles from the 1950s about how relationships between children and their parents, or between the public and people like bank managers or the police were shifting. 她发现了这些来自 20 世纪 50 年代的文章，讨论子女和父母、公众和诸如银行家或者警察之类的人们之间关系的变化。
6. ...one spotlight—that stuck somehow so it was shining on the wrong side of the stage. 那个聚光灯好像被卡住了，在舞台错误的一方闪烁着。
7. I had a friend who missed the deadline and didn't get her first choice, so you do need to get a move on at

that stage. 我有一个朋友错过了截止日期，没有得到她的第一选择，因此在那种情况下你确实需要快速行动。

题目解析

第 21~25 题是单选题。

21. 原文中出现了三个选项中的相关内容，但是只有选项 C 是正确的。原文提到 ...but he never says much about his work...，由此可以排除 A；原文提到 I'd visualise what he must have been like in the past, when he was sitting in his consulting room listening to his patients. "我应该呈现他过去的样子"，也就是他坐在诊室里倾听病人的样子，跟 C 项的意思最贴合。B 项是干扰项，visualise 是"使呈现"的意思，容易错误理解为 watched 的同义改写。
22. 题目问的是如何体现 the boredom of village，原文中的 we needed to know how boring life was in... 提示下文即是答案所在。接着说 people kept saying the same thing over and over，对应 A 项中的 repetition。
23. 题目中的 in a group 定位简单，后面 Rob 说，I was so frustrated at times, when we couldn't agree，根据这句话可以排除选项 B 和 C。后面接着说 she helped us work out exactly what to do, for the production. And that made me feel better，正好对应 A 项的内容。
24. research 在原文可以听到，定位较容易，接下来没有提到跟政治、经济相关的内容，可以排除选项 A 和 C。要注意 B 项作了改写，shifting=changing。本题难度较大。
25. final rehearsal 定位容易，关键是把后面的答案句听懂。原文中提到 one spotlight—that stuck somehow so it was shining on the wrong side of the stage，即设备故障，选 B。

第 26~30 题是搭配题。整体而言搭配题相对于单选题更容易定位，一般题干词在原文都会直接出现。选项即便有同义改写也力度不大。考生注意到这些特征就更容易提高成绩。

26. second year 定位简单，之后原文中说 you need to work really hard in all your theatre studies modules...you have to prove that you know your subject really well，直接对应 E 项。
27. choosing where to go 原文中直接提到，好定位。后面的 emphasis 对应选项 D 中的 focus。
28. choices 定位也容易，后面的内容提到：missed the deadline and didn't get her first choice，对应选项 A。
29. 定位词 personal statement 在原文中直接出现，定位容易。后面紧接着说 I'll get some of the final year students to give me some tips，对应选项 G。
30. 原文 while you are abroad 对应题干中的 when doing the year abroad；原文中接着说，I forgot all about making arrangements for when I came back here for the final year，对应选项 C。

Section 4

场景介绍

本部分主要介绍了自我调节重点理论，以及不同的领导方式导致的员工的不同行为模式。自我调节重点理论有两种模式，即提升目标模式和预防目标模式。提升目标模式在于取得成就，预防目标模式在于规避惩罚。人们在不同的环境下倾向采取不同的目标行为模式。

本节必背词汇

self-regulatory	*adj.* 自我调节的	inspire	*v.* 鼓舞，激励
approach	*v.* 处理	obligation	*n.* 义务，责任
motivation	*n.* 动机	adopt	*v.* 采取
oriented	*adj.* 以…为方向的	transformational leader 变革型领导者	
promotion	*n.* 促进，提升	transactional leader 交易型领导者	
chronic	*adj.* 长期的	vision	*n.* 愿景，前景
personality	*n.* 性格，素质	innovation	*n.* 改革，创新
context	*n.* 背景，环境	appropriate	*adj.* 合适的
aspiration	*n.* 强烈的愿望		

词汇拓展

discipline	*n.* 纪律	introvert	*n.* 内向者
incentive	*n.* 刺激，动机	extrovert	*n.* 性格外向者
leadership	*n.* 领导力	strain	*n.* 负担
asset	*n.* 资产	attitude	*n.* 态度

文本及疑难解析

1. These are two basic motivations that each and every one of us has, and they cause us to have different kinds of goals. 这是我们每个人都有的两个基本动机，并且它们让我们有着不同的目标。
2. Promotion goals in different life situations emphasise achievement. Prevention goals are oriented towards the avoidance of punishment. 在不同的人生境况中的提升目标强调成绩。预防目标则以规避惩罚为方向。
3. Second, there is a situational factor which means that the context we are in can make us more likely to focus on one set of goals or the other. 其次，还有情境因素，就是说我们所处的环境让我们更可能选择其中的一组目标或者另外一组。
4. ...when focusing on promotion goals, people consider their ideal self, their aspirations and gains. 当以提升目标为关注点时，人们考虑的是其理想的自我，以及他们的抱负和收获。
5. ...I want to look at the idea that the way leaders behave, or their style of leading, can affect the focus that followers adopt in a specific situation. 我想讨论的观点是领导者的行为方式，或者他们的领导风格，会通过何种方式影响其下属在某个具体情境下的关注点。
6. Their speech is passionate and conveys a definitive vision. 他们的语言充满激情，并传达一个明确的愿景。
7. In contrast, transactional leaders focus on developing clear structures that tell their followers exactly what is expected of them. 与此相反，交易型领导者专注的是发展清晰的架构，以此告知对其下属的确切预期。

题目解析

第 31~40 题都是提纲填空题。

31. promotion goals 定位简单。原文提到：Promotion goals in different life situations emphasise achievement，其中 emphasis 对应题目中的 focus on。本题答案比较容易听出，难点在于答案词拼写。本题答案单复数形式都可以，因为语法上都正确。
32. 题干中的 Chronic Factor 在原文中容易定位：...there is a chronic factor. This factor is connected to a person's personality... 注意答案字数要求一个词，所以只能填 personality。题干中的 comes from 对应原文中的 connected to，难度不大。另外答案词可以进行同义改写，character 也可以当做答案。
33. 原文提到 Second, there is a situational factor，顺序词 second 指示明显，直接引出答案。后面的 factor 与原文用词一模一样，确定了答案。
34. 原文说 ...we are more likely to be thinking about pleasure and to have promotion goals when we are spending time with a friend. 题干中的 focus on promotion goals 容易在原文定位，后面 with a friend 直接给出，答案词本身又简单，本题不难。
35. 原文说 ...when focusing on promotion goals, people consider their ideal self, their aspirations and gains. 空格前后定位词都一样，本题难点在于答案词本身，难度较大。
36. 原文说 ...the way leaders behave, or their style of leading, can affect the focus that followers adopt in a specific situation, behave 对应题干中的 behaviour，可以清晰定位，题干中空格前后的核心词在原文都容易听到，加上答案要求一个词，容易确定 style 为答案词。
37. 原文说 Transformational leaders, when interacting with their followers, focus on their development. 空格前后定位容易，题干中的 pay attention to 被 focus on 替代，改写力度不大。
38. 原文说 Their speech is passionate and conveys a definitive vision. 题干中的 passionately 做了词形转换，不过比较容易听出，clear 被 definitive 取代有一定难度，答案词难度不大。
39. 原文说 ...transactional leaders focus on developing clear structures that tell their followers exactly what is expected of them. 本题定位容易，虽然句子复杂，但核心词 structures 还是比较容易听到。
40. 本题定位词 promotion 在原文中出现在答案词的后面。原文说 For a designer who works in a field where a lot of innovation is needed, a promotion focus is probably better. 在此需要提醒考生的是后置的定位词与答案词一般都在一句话内，不会太远，所以不用太担心。本题难点在于答案词本身，属于考查词汇题。

Reading Passage 1

篇章结构

体裁	说明文
主题	旅游观光业的影响力与问题
结构	A 段：旅行和旅游的历史 B 段：大众旅游观光业的发展 C 段：旅游业在经济和社会方面的重要性 D 段：认证旅游业影响力的困难 E 段：旅游业在世界范围内的影响

解题地图

难度系数： ★★★

解题顺序： LIST OF HEADINGS（1~4）→ TRUE/FALSE/NOT GIVEN（5~10）→ SENTENCE COMPLETION（11~13）

友情提示： 遇到选择段落大意题，可以考虑先完成它。待到对每段大意有了梗概性的认识，在做后面的所有细节题时就会更加容易定位了。本文中的判断题答案比较奇葩，六道题中有一半都选 NOT GIVEN。这些题的定位并不困难，但这样的答案配比可能会对一些习惯了雅思考试中 TRUE 选项占优势的考生造成一定的心理挑战。好在这是一套试题中的第一篇文章，解题时间相对比较充分，只要认真定位原文、对比题干，不难得出正确的答案。由此我们也要再次温馨提醒考生：一切规律都存在例外，读懂原文内容并据此解题才是正道！

必背词汇

1. **mass** *n.* **大众；大量；质量** *adj.* **集体的**

   She has a *mass* of auburn hair. 她有一头浓密的棕发。

   His music is commercial. It is aimed at the *masses*. 他的音乐很商业化，针对的是一般大众。

2. **segment** *n.* **部分**

   The pie chart is divided into equal *segments*. 饼状图被分成数等分。

   Three–to–five day cruises are the fastest-growing *segment* of the market.

   三五天的游轮旅行是市面上发展最为迅猛的部分。

3. **measure** *v.* **衡量** *n.* **程度；措施**

   I continued to *measure* his progress against the charts in the doctor's office.

我继续根据医生办公室里的图表来估量他的进展。

That is a *measure* of how bad things have become at the bank.

那就是银行局面何其糟糕的真实表现。

4. profound *adj.* 深刻的；极大的

The overwhelming feeling is just deep, *profound* shock and anger.

强烈地感受到的只有深深的震惊和愤怒。

This is a book full of *profound*, original, and challenging insights.

这是一本充满高深、新颖且富有挑战性见解的书。

5. obscure *adj.* 隐晦的 *v.* 使变得模糊不清

The contracts are written in *obscure* language. 那些合同是用晦涩难懂的语言写的。

Trees *obscured* his vision; he couldn't see much of the square's southern half.

树木遮住了他的视线，他不怎么能看见广场的南半部。

6. diversity *n.* 多样性；形容词形式为 diverse

Forslan's object is to gather as great a *diversity* of genetic material as possible.

Forslan 的目标是尽可能收集各种不同的基因物质。

Studies of *diverse* populations have reached similar conclusions.

对不同人群的研究得出了相似的结论。

7. fragmentation *n.* 分裂，分化；零散性

This is a time of social *fragmentation*, when communal and family bonds have eroded.

这是一个社会分化的时期，社区和家庭纽带已遭受破坏。

If the rock is homogeneous, the large size *fragmentation* can generally be attained more easily.

如果是均质岩石，一般可以比较容易地获得大块料石。

8. overlook *v.* 忽视，忽略；俯瞰

We *overlook* all sorts of warning signals about our own health.

我们会忽视关于自身健康的各种预警。

Pretty and comfortable rooms *overlook* a flower-filled garden.

那些漂亮、舒适的房间俯瞰着一个花团锦簇的花园。

9. amorphous *adj.* 无固定形状的；不规则的

The starch-containing cells may also contain *amorphous* protein known as gluten.

含淀粉的细胞可能也含有无定形的蛋白质即谷蛋白，俗称面筋。

Naturally, extremely transparent colours are only possible in *amorphous* resins.

自然，只有无定形树脂才能呈现极度透明的颜色。

认知词汇

scope	*n.* 范围，范畴
traverse	*v.* 穿过，横渡
game	*n.* 此处不是“游戏”而指“猎物”（尤指大型猎物）
conviction	*n.* 转换；（宗教）皈依
migration	*n.* 迁徙；移民
compelling	*adj.* 强烈的，不可抗拒的
aristocrat	*n.* 贵族
resort	*n.* 度假胜地；高级旅馆
vacation	*n.* 假期
villa	*n.* 别墅
distinctly	*adv.* 明显地，确定无疑地
advent	*n.* 到来，出现
jet	*n.* 喷气式飞机
aircraft	*n.* 飞行器，飞机
exchange	*n.* 交换，兑换

foreign exchange	外汇；外汇交易
entity	*n.* 实体
virtually	*adv.* 几乎；实际上
capital	*n.* 资本
investment	*n.* 投资
contribution	*n.* 贡献
gross	*adj.* 全部的
estimate	*v.* 估计；预计
trillion	*n.* 万亿
excess	*n.* 超过，多出
motel	*n.* 汽车旅馆
accommodation	*n.* 住宿
facility	*n.* 设备，设施
enterprise	*n.* 企业；买卖
resident	*n.* 居民，住民
analyst	*n.* 分析家
reliable	*adj.* 可靠的
credible	*adj.* 可信的；有信誉的
regional	*adj.* 地区的；地方上的
ideal	*adj.* 完美的；理想的
vehicle	*n.* 载体；交通工具
exclusive	*adj.* 排他的；唯一性的
province	*n.* 领域，范围；省份
institutionalised	*adj.* 制度化的；约定俗成的，惯例的
commodity	*n.* 商品
rank	*v.* 排名
statistical	*adj.* 数据的，统计的
precise	*adj.* 精确的；准确的
valid	*adj.* 有效的
participation	*n.* 参与，参加
domestic	*adj.* 国内的；家庭的

佳句赏析

1. Travel, except during the Dark Ages, has continued to grow and, throughout recorded history, has played a vital role in the development of civilisations and their economies.
    - **参考译文**：旅游业，除了在中世纪的黑暗时期以外，一直在持续发展壮大并且贯穿有记录以来的历史，始终在各文明及其经济的发展中扮演着至关重要的角色。
    - **语言点**：

      句型分析：此句的主干为同一个主语发出两个并列的动作，即 Travel...has continued to grow and...has played a vital role...。本句之所以略显复杂，是因为插入了两个补充说明的部分，分别是 except during the Dark Ages 和 throughout recorded history。这两个插入内容都担当时间状语成分，如果觉得影响理解，可以先忽略不看，看懂主干成分后再补充进来理解细节。

2. In turn, international tourism became the concern of a number of world governments since it not only provided new employment opportunities but also produced a means of earning foreign exchange.
    - **参考译文**：而反过来看，国际旅游业也成了众多国家政府的关注点，因为它不仅提供了新的就业机会，而且还创造出一条赚取外汇的途径。
    - **语言点**：

      ① 句型分析：

      本句的主干并不复杂，为 international tourism became the concern，更长的是后面用以解释原因的、由 since 引导的原因状语从句。这个从句中出现了一个由 not only...but also... 构成的常见结构，表明旅游业同时具备的两种功能。

      ② not only...but also... 不但……而且……

      He not only writes his own plays, he also acts in them.

      他不仅自编剧本，还饰演其中的角色。

3. However, the major problems of the travel and tourism industry that have hidden, or obscured, its economic impact are the diversity and fragmentation of the industry itself.

- **参考译文：** 然而，旅游观光业存在着一些重大问题，掩盖或者模糊了其经济影响力，即此行业自身的多样性和分化性。
- **语言点：**

  句型分析：本句的难点在于定语从句并不紧挨着从句所修饰的名词，而从句本身又有插入语。句子主干为 the major problems...are the diversity and fragmentation，that 引导的定语从句修饰的是 problems，而非 that 后面的 industry；插入的 or obscured 与从句主干中的 hidden 担当同样的功能，表示"是这样的问题掩盖或模糊了旅游观光业的经济影响力"。

4. However, because of problems of definition, which directly affect statistical measurement, it is not possible with any degree of certainty to provide precise, valid or reliable data about the extent of world-wide tourism participation or its economic impact.

- **参考译文：** 但是，由于定义困难的问题直接影响了数据的衡量，很难用任何定论来为全球范围内旅游业的涉业范畴和其经济影响力给出确切、有效和可靠的数据。
- **语言点：**

  句型分析：本句的主干其实很简单：...it is not possible...to provide...data，但由于加入了大量插入和修饰成分，这样一个主干容易被淹没在细节的"海洋"中。先是 because of 引导的原因状语插入，再是 which 引导的定语从句进一步说明这样一个原因所造成的结果就是"直接影响数据的衡量"，然后形式主语 it 才"姗姗来迟"。可是即使这样作者还不消停，偏要在给出真正主语 to provide 之前先来个状语修饰 with any degree of certainty，表明"即使给出了数据，也是不能确定其精确性、有效性和可靠性的"。至于 data 后面的部分则很好理解，表明是关于哪些方面的数据。

试题解析

Questions 1–4

- **题目类型：** LIST OF HEADINGS
- **题目解析：**

1. The development of mass tourism

参考译文	大众旅游业的发展
定位词	development, mass
文中对应点	B 段：实际上，本段第一句话就开宗明义，点明此段主要谈及 tourism in the mass form，我们今天所熟知的大众旅游是 20 世纪的产物，接下来各句逐步展开，分别提到它的源起、促成因素、发展过程和影响等。 需要特别注意的是，本段中两次提及"飞行"在大众旅游业的发展中所起作用，因此 vi 项"航空旅行对旅游业的贡献"容易被误选为正确答案。但浏览完全段内容后就不难看出："航空旅行"只是大众旅游业发展进程中的许多因素之一，并不能代表本段的主旨内容，因此 vi 项是在以偏概全。正确选项为 ii。

2. Economic and social significance of tourism

参考译文	旅游观光业在经济和社会方面的重要性
定位词	economic, social, significance

文中对应点	C 段：本段是一个极其规则的“总分总”结构的段落。段首第一句话提纲挈领地指出“今日的旅游业在经济和社会方面都已成为举足轻重的因素”，段尾最后一句话又重申“旅游业对经济和社会本身都具有深远影响力”。中间部分则是举出种种数据的实例来支持这一论点，对于考生来说，选出正确答案 i 项应当不是难事。

3. Difficulty in recognising the economic effects of tourism

参考译文	认证旅游业所具经济影响力的困难性
定位词	difficulty, recognising, economic effects
文中对应点	D 段：本段的解题难度依然不高，因为基本遵循了“总分”+“过渡句开启下段内容”的常见划段模式。段首第一句即点明了：旅游业自身的多样性和分化性造成了很难评估其影响力的问题。接下来的行文分别给出了具体解说并引用人言来支持此论点。结尾句话锋一转指出：虽然这些属性造成了问题，但同时也是机遇。这句话为下文继续论述旅游业的优势开启了话端。 纵观全段内容，主体在于强调此行业的问题，因此正确答案为 v。

4. The world impact of tourism

参考译文	旅游观光业在全球的影响力
定位词	world impact
文中对应点	E 段：此篇的选择段落大意题从总体上说都不困难，E 段仍然沿用了“总分”的段落结构，段首的两句即点明主旨：旅游观光已经成为大多数人的生活方式之一，此行业在大多数国家中的重要性排名都可跻身前三。接下来段落列举了大量国家名称作为佐证，强调旅游业在全球范围内的巨大影响。正确答案为 vii。

Questions 5–10

- **题目类型**：TRUE/FALSE/NOT GIVEN
- **题目解析**：

题号	定位词	文中对应点
5	largest employment figures, world	**题 目**：The largest employment figures in the world are found in the travel and tourism industry. **译文**：全球最大的就业数字出现在旅游观光业。（即旅游观光业的从业人数是全球所有行业中排名第一的。） C 段：The travel and tourism industry is the world's largest employer with almost 130 million jobs, or almost 7 per cent of all employees. 其实这道题只需看懂题干就不难定位，题目只是把原文中的 largest employer 替换为 largest employment figures，答案为 TRUE。 需要格外提醒的是：employer 在本篇文章中并非广大考生所熟悉的“雇主”之意，而是借用了构词法 employ+er 的方式，以表示“发出雇用动作者”，结合文意，准确的理解为“雇佣行业”。

题号	定位词	文中对应点
6	six per cent, Australian gross national product	题　目：Tourism contributes over six per cent of the Australian gross national product. **译文：**旅游业对澳大利亚国民生产总值的贡献超过了 6%。 C 段：This industry is the world's leading industrial contributor, producing over 6 per cent of the world's gross national product and... "6%"不难定位，就在文中 C 段紧跟第 5 题后面的位置，且还是比较醒目的阿拉伯数字"6"，但认真看过全句后会发现，这个旅游业对国民生产总值 6% 的贡献是就全球范围而言，原文中并未明确说到在全球的每一个国家都超过了 6%。更加谨慎的考生可能会继续向下追踪两句，但再无信息提及"澳大利亚"或"国民生产总值"，因此答案为 NOT GIVEN。这是一道典型的"缩小原文所指范围"的题目，相当于原文说"他是中国人"而题干说"他是北京人"，两者既不相同也不矛盾，属于"there is no information on this"的范畴。
7	social impact, promotes recreation	题目：Tourism has a social impact because it promotes recreation. **译文：**旅游业由于宣传推广娱乐休闲而有着社会影响力。 C 段：Thus, tourism has a profound impact both on the world economy and, because of the educative effect of travel and the effects on employment, on society itself. 此句确实提到了旅游业具有影响社会的力量，也给出了原因是"教育"和"就业"，但"宣传推广娱乐休闲"与此二者并非同类的相似关系，也非相反的矛盾关系，所以答案是 NOT GIVEN。
8	Two main features, economic significance, difficult to ascertain	题　目：Two main features of the travel and tourism industry make its economic significance difficult to ascertain. **译文：**旅游观光业有两个主要特点使得其在经济上的重要性很难得到确认。 D 段：However, the major problems of the travel and tourism industry that have hidden, or obscured, its economic impact are the diversity and fragmentation of the industry itself. 要正确解答此题，主要需看懂句子主干 major problems are diversity and fragmentation，如果不认识"多样性"和"分化性"这两个词，并不影响解题。这是一道常见的同义替换类型的 TRUE。
9	Visitor spending, always greater, residents	题目：Visitor spending is always greater than the spending of residents in tourist areas. **译文：**在旅游区，游客总是比本地居民消费得更多。 D 段：Since many of these businesses also serve local residents, the impact of spending by visitors can easily be overlooked or underestimated. 题干中的 Visitor spending 回到原文只是稍微改换了顺序变成 spending by visitors，定位并不困难。但是原文也并没有将游客消费与本地居民消费进行比较，所以答案为 NOT GIVEN。

题号	定位词	文中对应点
10	easy, statistically, affects, individual economies	题　目：It is easy to show statistically how tourism affects individual economies. **译文：**很容易用数据来显示旅游业是如何影响到各国经济的。 E 段：However, because of problems of definition, which directly affect statistical measurement, it is not possible with any degree of certainty to provide precise, valid or reliable data about the extent of world-wide tourism participation or its economic impact. 本题的难点一来自于对题干中 individual economies 的理解，二来自对应原文的长难句理解。economy 本身是个抽象名词，指“经济”这一领域，world economy 当然指“全球经济”这个总体范围，而 individual economy 却不能简单地累加其中文意思变成“个体经济”，而是指各个国家自己的经济，组合起来也就是原文中 world-wide tourism 在全球范围内对每一个国家的 economic impact。本句的详细解析可以参见前文，大意为很难就其经济影响提供可靠数据，与题干相矛盾，因此答案为 FALSE。

Questions 11–13

- **题目类型：**SENTENCE COMPLETION
- **题目解析：**“完成句子”是填空题的一种类型，一般都定位在文章局部考查细节，通常情况下出题顺序与原文的行文顺序一致。本篇中的填空题比较简单，主要由于前两道题干中都有国名首字母大写，方便定位。又因为前两道题已经将范围锁定在文章最后一段之中，最后一道题虽然没有明显好找的定位词，却也并不难找。另外，还需注意本题字数限制为三个词（含）以内。

题号	定位词	文中对应点	题目解析
11	Greece	For example, tourism is the major source of income in Bermuda, Greece, Italy, Spain, Switzerland and most Caribbean countries.	通过定位词很容易找到文中定位句，此句中的 major 对应 most important，所以答案为 source of income。
12	Jamaica	In addition, Hawkins and Ritchie, quoting from data published by the American Express Company, suggest that the travel and tourism industry is the number one ranked employer in the Bahamas, Brazil, ... , Jamaica, Japan, Singapore, the United Kingdom and the United States.	同样依据 Jamaica 这个定位词很好找到原句，number one ranked 对应题干中的 major，答案为 employer。 再次温馨提示：在本文中“employer”不可理解为“雇主”，而是指需要发生雇佣关系的行业。

题号	定位词	文中对应点	题目解析
13	problems, measuring international tourism, reflected, measurement	However, because of problems of definition, which directly affect statistical measurement, it is not possible with any degree of certainty to provide precise, valid or reliable data about the extent of world-wide tourism participation or its economic impact. In many cases, similar difficulties arise when attempts are made to measure domestic tourism.	此题的定位由于缩小了范围而并不困难，但要成功锁定正确答案则要稍费一番周折。原文中表述“很难衡量国际旅游业影响”的那一句并没有提及这些问题还在哪里被反映了出来，需要考生在确认此句没有正确答案后当机立断，果断再向下看一句，才能顺利找到 measure 后面的正确答案 domestic tourism。

参考译文

旅游业的背景、意义与范畴

A 自古以来就有旅行，当时原始人类出门通常是为了走过漫漫长路来搜寻猎物，它们为他的生存提供了必需的食品与衣物。纵观整条历史长河，人们旅行的目的不一而足：贸易、宗教信仰、经济利益、战争、移民以及其他一些同样强有力的动机。在罗马帝国时代，富裕的贵族和高级政府官员们还为了享乐而出游。位于庞贝和赫库兰尼姆的海滨胜地为公民们提供了休闲度假的世外别墅以供他们躲避罗马的炎炎夏日。旅游业，除了在中世纪的黑暗时期以外，一直在持续发展壮大并且贯穿有记录以来的历史，始终在各文明及其经济的发展中扮演着至关重要的角色。

B 为我们今日所熟悉的大众形式的旅游业毫无疑问是一个具有鲜明 20 世纪特色的现象。历史学家认为，大众旅游业的出现是伴随着中产阶级的上升和价格相对低廉交通方式的发展而在工业革命时期伊始于英格兰。二战结束后商业飞行行业的诞生以及随之而来的 20 世纪 50 年代喷气式飞机的发展则标志着国际旅行的快速发展和扩张。这个进程导致了一个大型新产业的发展：旅游业。而反过来看，国际旅游业也成了众多国家政府的关注点，因为它不仅提供了新的就业机会，而且还创造出一条赚取外汇的途径。

C 旅游业如今在经济和社会方面的重要性都有了长足的发展。过去几年在大多数工业化国家中，最快速的发展都出现在服务领域。虽然在其中一些国家并未作为实体行业而获得认可，而服务产业中最大的组成部分之一正是旅游观光业。根据世界观光旅游委员会（1992）的说法，“旅游观光业无论从哪种经济指标来衡量都是世界上最大的产业，这些指标中包括增值资本投资、就业和税收贡献”。在 1992 年，这个行业的总产值估计达到了 3.5 万亿美元，超过全部消费支出的 12%。旅游观光业也是全球最大的就业行业，提供了约 1.3 亿个职位，或大约相当于所有就业人员人数的 7%。此行业还是世界领先的工业产值创造者，产出超过全球国民生产总值的 6%，每年在直接、间接和个人税收领域创造了超过 4,220 亿的资本投资。由此观之，旅游业不但对世界经济有着重大的影响力，而且由于旅行的教育效用和对就业产生的种种影响，其对社会本身也具有举足轻重的意义。

D 然而，旅游观光业存在着一些重大问题，掩盖或者模糊了其经济影响力，即此行业自身的多样性和分化性。这个行业包括：旅馆、汽车旅馆以及其他形式的住宿；餐厅和其他食品服务；交通服务和设施；娱乐、观光点和其他休闲设施；礼物商店和数量众多的其他买卖。由于这些生意中有许多也同时服务于本地居民，因此游客消费行为所产生的影响很容易被忽视或低估。此外，Meis（1992）指出，旅游业所牵扯到的一些概念对于分析家和决策者来说仍是无法确切定义的。并且，在所有国家中，这一问题使得该产业很难开发出任何类型的可靠或可信旅行信息数据库以评估其对地区、国家和全球经济所作出的贡献。不过，也正是这种多样性的特质使得旅游观光业在许多国家、地区或社区中成为经济发展的完美载体。

E 旅游观光曾一度是富有阶层的专属领域，现在则已成为大多数人习以为常的一种生活方式。实际上，McIntosh 和 Goeldner（1990）曾指出，旅游业在许多国家已经成为其国际贸易中的最大商品，而在数量众多的其他国家里，它的排名也是非二即三。举例来说，旅游业是百慕大、希腊、意大利、西班牙、瑞士和大多数加勒比海沿岸国家的主要收入来源。此外，Hawkins 和 Ritchie 引用了美国运通公司所发布的数据称，旅游观光业在巴哈马、巴西、加拿大、法国、（前）西德、中国香港、意大利、牙买加、日本、新加坡、英国和美国都是排名第一的就业行业。但是，由于定义困难的问题直接影响了数据的衡量，很难用任何定论来为全球范围内旅游业的涉业范畴和其经济影响力给出确切、有效和可靠的数据。很多情况下，在试图对国内旅游业作出评估的时候也会产生类似的困难。

Reading Passage 2

篇章结构

体裁	说明文
主题	关于秋叶变红的研究
结构	A 段：秋叶变色令科学家迷惑 B 段：叶绿素的丧失导致秋叶变黄，但无法解释树叶的红色和紫色 C 段：对花青素的解释及其产生原因的谜题 D 段：几种假设的理论及其缺陷 E 段：另一种“预警昆虫”的理论及其缺陷 F 段：“光屏障”假说 G 段：保护叶绿素是树叶变红的原因 H 段：其他现象也能支持这一理论 I 段：树叶变橙变黄的原因还有待研究

解题地图

难度系数： ★★★★

解题顺序： MATCHING（14~18）→ NOTES COMPLETION（19~22）→ TRUE/FALSE/NOT GIVEN（23~25）→ MULTIPLE CHOICE（26）

友情提示： 问“哪段包含如下细节信息”的 MATCHING 题一向是考生不愿遇到的题型，因为题目中的细节信息在原文中位置顺序混乱、定位没有规律且同义替换幅度很大，由此对考生的阅读和解答能力都构成了较高的挑战。想要完美解题的最好途径就是横下心来，认真通读全文，反而会有意外的收效：由于通读过段落，对文章结构有了整体且较好的把握，后面的细节定位就会变得更加容易。当然，在考场上时间不足的情况下，如果其他题型中包含比较方便定位的数字、大写等明显信息，考生也可选择先跳过此类题目，优先解决其他题型，快速得分。

必背词汇

1. investigate *v.* 调查，研究；名词形式为 investigation

   They're still *investigating* the accident. 他们还在调查这起事故。

   Brain functions are measurable and open to scientific *investigation*.

   脑功能是可测量的并且可对其进行科学研究。

2. mystery *n.* 神秘，秘密；谜题

   She's a lady of *mystery*. 她是一位神秘的女士。

   The source of the gunshots still remains a *mystery*. 枪弹来自何处依然是一个谜。

3. exception *n.* 例外

   Few guitarists can sing as well as they can play; Eddie, however, is an *exception*.

   很少有吉他手能唱歌唱得和弹吉他一样好，而 Eddie 是个例外。

   The law makes no *exception*. 法律没有例外。

4. discard *v.* 丢弃，抛弃

   Read the manufacturer's guidelines before *discarding* the box.

   在扔掉盒子之前请阅读制造商的说明书。

   Every crisis makes us *discard* our traditional way of looking at things.

   每次危机都会使我们抛弃思考事物的传统方式。

5. deplete *v.* 枯竭，减少，被耗尽

   Most native mammal species have been severely *depleted*.

   大多数本土哺乳动物物种已经大大减少。

   Mankind must take care not to *deplete* the earth of its natural resources.

   人类必须注意，切莫耗尽地球上的自然资源。

6. reveal *v.* 显露，透露，泄露

   She has refused to *reveal* the whereabouts of her daughter.

   她已拒绝透露她女儿的行踪。

   A survey of the American diet has *revealed* that a growing number of people are overweight.

   一项有关美国人日常饮食的调查表明越来越多的人超重。

7. plausible *adj.* 可信的，合理的，说得通的

   A more *plausible* explanation would seem to be that people are fed up with the administration.

   一个更合理的解释似乎是人们已经对行政机关感到厌倦了。

   All I can say is that he was so *plausible* it wasn't just me that he conned.

   我只能说，他看上去那么可信，被骗的可不只我一个。

8. paradoxical *adj.* 矛盾的，悖论的；名词形式为 paradox

   Some sedatives produce the *paradoxical* effect of making the person more anxious.

   一些镇静剂的效果适得其反，会加重人的焦虑。

   The *paradox* of exercise is that while using a lot of energy it seems to generate more.

   锻炼的矛盾在于消耗很多能量却似乎又产生更多能量。

认知词汇

captivating	*adj.* 迷人的，有魅力的	puzzle	*v.* 迷惑，使感到奇怪
magnificent	*adj.* 壮观的，华丽的	chlorophyll	*n.* 叶绿素

molecule	*n.* 分子
capture	*v.* 捕捉，抓捕
convert	*v.* 转化，转换
approach	*v.* 接近，靠近
hemisphere	*n.* 半球
solar	*adj.* 太阳的，日光的
available	*adj.* 存在的；可用的
decline	*v.* 下降，减少
considerably	*adv.* 大量地，可观地
strategy	*n.* 策略，方法
photosynthesis	*n.* 光合作用
maintain	*v.* 维持，供养
redundant	*adj.* 冗余的，多余的
dismantle	*v.* 分解，拆分
ship	*v.* 运输，传输
nitrogen	*n.* 氮
twig	*n.* 枝丫，小树枝
dominate	*v.* 统治，占上风
unmask	*v.* 显露，揭示
maple	*n.* 枫树
water-soluble	*adj.* 可溶于水的
pigment	*n.* 色素
visible	*adj.* 可见的，可视的
spectrum	*n.* 光谱，波谱
compound	*n.* 化合物
mint	*v.* 创造
scramble	*v.* 争夺，争抢
withdraw	*v.* 撤退，收回
preserve	*v.* 保留，保持
defence	*n.* 防御，保卫
fungi	*n.*（fungus 的复数形式）真菌，蘑菇
tolerance	*n.* 容忍，耐受力
herbivore	*n.* 食草动物，素食动物
convince	*v.* 说服，使确信
robust	*adj.* 强壮有力的，强健的
mount	*v.* 发起
infestation	*n.* 害虫侵扰；感染
prompt	*v.* 提示；促使
flaw	*n.* 缺点，缺陷
intensity	*n.* 浓度
hypothesis	*n.* 假说，假设
supreme	*adj.* 超级的，最高等的
salvage	*v.* 挽救，打捞
overwhelm	*v.* 淹没，压倒
nutrient	*n.* 营养元素
deficiency	*n.* 缺乏，不足
acute	*adj.* 严重的，剧烈的
internal	*adj.* 内在的
intact	*adj.* 完好无损的
suspect	*v.* 怀疑，不信任
susceptible	*adj.* 敏感，易受影响

佳句赏析

1. However, there are problems with each of these theories, including the fact that leaves are red for such a relatively short period that the expense of energy needed to manufacture the anthocyanins would outweigh any anti-fungal or anti-herbivore activity achieved.
   - **参考译文**：然而，这些理论中的每一种都存在着漏洞，其中之一便是事实上树叶保持红色的时期相对较短，制造花青素所需的能量消耗代价比任何抗真菌或防食草动物行为所取得的成果都要更大。
   - **语言点**：

     1）句型分析：

     本句主干为简单的 there be 句型，难点在于 including 状语中的 the fact 后面还跟着一个比较复杂的同位语从句，即“这些理论的漏洞中有一点是这样一个事实”，由 that 引导的从句来进一步阐明这是一个怎样的事实。需要格外注意的是，从句中还运用了一个 such...that... 的结构，用法类似于 so...that...，表示“如此……以至于……”，区别在于 so 后面跟形容词性质的描述而 such 后面则需使用名词性成分。

     2）such...that... 如此……以至于……

The operation has uncovered such backstreet dealing in stolen property that police might now press for changes in the law.

这次行动发现了这样的地下赃物交易，因此警方现在可能会要求对法律进行修改。

2. It has also been proposed that trees may produce vivid red colours to convince herbivorous insects that they are healthy and robust and would be easily able to mount chemical defences against infestation.

- **参考译文：**还有一种理论认为，也许树木制造出生动的红色是为了使那些食草性的昆虫相信：它们十分健康和强壮，轻而易举就能发起抗害虫侵扰的化学防御。
- **语言点：**

  句型分析：本句的主干为 It has also been proposed，It 是形式主语，真正的主语是 that 后面的整个句子。这个句子之所以略显复杂，是因为它在主干结构 trees...produce colours to convince insects 之后又加了宾语从句，进一步补充说明树木想让昆虫相信的是：1）它们健康强壮；2）它们非常有能力防御虫害。

3. Perhaps the most plausible suggestion as to why leaves would go to the trouble of making anthocyanins when they're busy packing up for the winter is the theory known as the 'light screen' hypothesis.

- **参考译文：**在解释叶片为什么在已经忙着存储能量迎接冬季的时候还要煞费工夫地制造花青素时，也许最令人信服的建议就是"光屏障"假说。
- **语言点：**

  句型分析：句子主干为 ...suggestion...is the theory...，其中最麻烦的部分是 suggestion 后面的 as to why...，说明 suggestion 是为了解释后面这样一个情况的；而同时此部分中还出现了另一个 when 引导的时间状语从句来限定时段，也对考生的理解造成了一定障碍。整个主语部分完整说来也就是：关于树木为什么在这段时间做了这样的事情，最合理的解释就是这样一种理论。至于 theory 后面的 known as，则是长难句中家常便饭的"分词作定语"结构了。因为不熟悉这种形式而觉得费解的考生可以在 theory 后面补充被省略的 which/that is，即 theory which/that is known as... 这种形式就更好理解了。

4. The energy absorbed by the chlorophyll molecules of the unstable autumn leaf is not immediately channelled into useful products and processes, as it would be in an intact summer leaf.

- **参考译文：**此时生存状态并不稳定的秋叶中的叶绿素分子所吸收的那些能量并不会像在一片完好无损的夏日叶片中那样，被立刻输送到有用的生成物和过程当中。
- **语言点：**

  句型分析：主句是被动形式，energy...is not immediately channelled，energy 后面的 absorbed by 是分词作定语，说明是"由不稳定的秋叶中的叶绿素分子所吸收的"能量。本句的重点在于 as 所引导的从句，as 的用法十分多样，在此表示"就像……那样"，但需要注意本句的主干是否定形式，因此正确理解应是：秋天的叶子并不像夏天的叶子那样。

试题解析

Questions 14–18

- **题目类型：**MATCHING
- **题目解析：**这种"考查细节信息位于正文中哪一段"的搭配题型难度较高，但切记不可因为担心时间不足而匆匆略读题干后就开始划定位词并回到原文开始定位。有时某个题干的整句意思并不是单独某个词可以承担的，需要读懂题干的真正意思（包括词组的固定搭配和特殊用法等）才能准确定位。

题号	定位词	文中对应点	题目解析
14	substance, responsible for the red colouration	C 段首句： The source of the red is widely known: it is created by anthocyanins, water-soluble plant pigments reflecting the red to blue range of the visible spectrum.	题目：a description of the substance responsible for the red colouration of leaves **译文：**对一种导致树叶变红的物质的描述 此题干并不难懂，在文中的位置又是全文比较靠前段落的首句，只需认真读懂题目的意思即可较轻松地找到。 还需提醒考生注意的是：虽然这类型题目考查对细节的理解，但并非要求考生非得把题干和对应原文字字都读懂不可。比如此题原文中的“花青素”、“色素”和“光谱”等专业性词汇，即使并不认识也不影响考生对整个句子主干的理解。在此还是要强调一下：句子的整体结构比任何某个单独生词更重要，阅读句子时需要多留心句子的主干结构，即“主谓宾”/“主系表”以及各从句的成分关系。
15	reason, drop...leaves	B 段第二、三、四句： As fall approaches in the northern hemisphere, the amount of solar energy available declines considerably. For many trees....the best strategy is to abandon photosynthesis until the spring. So rather than maintaining the now redundant leaves throughout the winter, the tree saves its precious resources and discards them.	题目：the reason why trees drop their leaves in autumn **译文：**树木到了秋天会落叶的原因 此题的定位处很靠前，在文章的 B 段，有两种解题的切入方式。如果对 discard 这个词不存在认知障碍，则可以直接在第四句中看到 tree...discands them 是题干中 trees drop...leaves 的同义替换，直接得出答案。不认识 discard 这个词的考生，则可以通过结合本段第二、三、四句的叙述逻辑来推导答案：秋天到来光能减弱→许多树木因此选择放弃光合作用（abandon 这个词肯定是认识的）→因此树木不留着树叶而是 discards them，也可解题。
16	evidence to confirm, purpose of the red leaves	H 段第一句： Even if you had never suspected that this is what was going on when leaves turn red, there are clues out there.	题 目：some evidence to confirm a theory about the purpose of the red leaves **译文：**一些证据可以证实关于树叶变红的目的的一个理论 此题的难度一部分来源于定位比较靠后，但无论原文定位句还是题干都并不难理解。即使 H 段第一句没有太明白，接下来的内容都是使用各种实例来进行细节方面的解释，进一步支持首句论点。要在考场上轻松应对这种位置靠后的定位搭配题，最本质的准备方法就是平时加大英文阅读量、从根本上提升自己的阅读速度。

题号	定位词	文中对应点	题目解析
17	function of chlorophyll	B 段第一句： ...chlorophyll, the molecule that captures sunlight and converts that energy into new building materials for the tree.	题目：an explanation of the function of chlorophyll **译文：**对叶绿素功能的解释 此题难度不高，考生也不需要认识“叶绿素”这个相对生僻的单词，看懂题干是在解释“某种东西是用来做什么的”即可。
18	red colouration, warning signal	E 段第一、二句： It has also been proposed that trees may produce vivid red colours to convince herbivorous insects that they are healthy and robust and would be easily able to mount chemical defences against infestation. If insects paid attention to such advertisements, they might be prompted to lay their eggs on a duller, and presumably less resistant host.	题目：a suggestion that the red colouration in leaves could serve as a warning signal **译文：**一种意见认为树叶变红可以作为一个预警信号 此题需要考生对 warning 一词有相对灵活的认识，除了“警告”之外还可以指“提醒、提示”，原文 E 段中树叶变红是为了告诉昆虫“此处树木健康，能防御你们，别来产卵”，正是一种警示。

Questions 19–22

- **题目类型：**NOTES COMPLETION
- **题目解析：**所有的填空类题目都需注意字数限制。

题号	定位词	文中对应点	题目解析
19	most vividly coloured, side, facing	H 段第二句： One is straightforward: on many trees, the leaves that are the reddest are those on the side of the tree which gets most sun.	此题在原文中的对应位置比较靠后，但一经找到对应句即可轻松解题。题干中 most vividly coloured 与原文 reddest 是个简单的同义替换，side 更是原词出现，因此答案为 sun。
20	surfaces, most red pigment	H 段第三句： Not only that, but the red is brighter on the upper side of the leaf.	这几道填空题目在文中的位置非常接近，单词的同义替换难度也不高。题干问树叶的哪个表面有最多的红色素，也就是更红些，因此答案为 upper。
21	daytime weather conditions, sunny	H 段第四句： It has also been recognised for decades that the best conditions for intense red colours are dry, sunny days and cool nights, ...	此处需注意对空格处的限制是白天的气候条件，且因为题干中已经出现了 sunny 一词，因此答案为 dry。

题号	定位词	文中对应点	题目解析
22	intensity, increases, go further	H 段第五句： And finally, trees such as maples usually get much redder the more north you travel in the northern hemisphere.	此题需注意空格内需要填名词性质的答案，为 north，请避免 northern 这一形容词的干扰。

Questions 23–25

- **题目类型：** TRUE/FALSE/NOT GIVEN
- **题目解析：**

题号	定位词	文中对应点	题目解析
23	likely, protect, freezing temperatures	D 段第一和二句： Some theories about anthocyanins have argued that they might...increase a leaf's tolerance to freezing. However, there are problems with each of these theories, including the fact that leaves are red for such a relatively short period that the expense of energy needed to manufacture the anthocyanins would outweigh any anti-fungal or anti-herbivore activity achieved.	题目：It is likely that the red pigments help to protect the leaf from freezing temperatures. **译文：**红色素很有可能有助于保护树叶不受冰冻低温的伤害。 此题具有一定难度，需要考生细心并耐心看完 D 段前两个句子才能正确作答。第一句先提出若干理论假设，其中之一确实认为红色素的功能是增加树叶的抗冻耐受力，如果只看此句极易误选为 TRUE。第二句话笔锋一转，指出这些理论都各有问题，换言之，这些可能都并非树叶变红的真正原因，否定了上一句话的内容，与题干表述相抵触。因此答案为 FALSE。
24	'light screen' hypothesis, contradict	F 段第一、二句： ...the 'light screen' hypothesis. It sounds paradoxical, because...	题目：The 'light screen' hypothesis would initially seem to contradict what is known about chlorophyll. **译文：**"光屏障"理论乍一看来似乎与我们对叶绿素的所知相矛盾。 此题定位极容易，但考查考生对于 paradoxical（似是而非的，悖论的）这个替换了题干中所使用的 contradict 的词汇的认知。原文和题干都在说这种理论好像初看来是自相矛盾的，所以答案为 TRUE。 若考生确实不认识 paradoxical 这个词，如能耐心看完后面的两句话，也可大致推导出这里要表达的正是"有矛盾"这个意思，依然有可能正确作答。 温馨提示：单词量不够，用耐心补上。

25	other than red, damaged by sunlight	无	题目：Leaves which turn colours other than red are more likely to be damaged by sunlight. **译文：**树叶如果不变成红色而是变成其他颜色，则更容易受到阳光的破坏。 原文没有任何内容提及这条信息，答案为NOT GIVEN。

Question 26

- **题目类型：**MULTIPLE CHOICE
- **题目解析：**选择题的难度在很大程度上来源于多次定位的需要，即四个选项中的一部分信息都有可能在原文中被提及。因此，考生除了需要准确定位选项在原文中的位置之外，还需对比二者信息、判断此选项的表述是否就是原文中表述的意思。本文中这道考查细节的选择题尤其如此，四个选项的内容分布在文章中不同的段落，对于瞬时记忆存在困难的考生来说难度尤其大。

题号	定位词	文中对应点	题目解析
A	conifers, remain green in winter	B段第三句： For many trees—evergreen conifers being an exception—the best strategy is to abandon photosynthesis until the spring.	选项：why conifers remain green in winter **译文：**为什么针叶树在冬天依然长青 请注意本题的题干问：以下哪个问题是作者给出了解释的？换言之，仅仅提到选项所表述的内容是不够的，原文中必须还需给出之所以如此的原因才是正确答案。本选项只是简单提及针叶树到了冬天不会落叶，并没有给出其原理。
B	turn orange and yellow	B段最后两句： As chlorophyll is depleted, other colours that have been dominated by it throughout the summer begin to be revealed. This unmasking explains the autumn colours of yellow and orange...	选项：how leaves turn orange and yellow in autumn **译文：**树叶在秋天是如何变为橙色和黄色的 此处明确给出了树叶之所以变成橙黄二色，是因为这些颜色先前被叶绿素压制着；而进入秋天，叶绿素逐渐消耗，于是这些颜色显露出来。因此，本题正确答案为B项。
C	herbivorous insects, choose, lay their eggs	E段最后一句： No one has as yet ascertained whether more robust trees sport the brightest leaves, or whether insects make choices according to colour intensity.	选项：how herbivorous insects choose which trees to lay their eggs in **译文：**食草性的昆虫如何选择用来产卵的树木 原文明确指出还从未有人确认过昆虫是如何选择树木来产卵的，直接与C项所说的内容相矛盾。

题号	定位词	文中对应点	题目解析
D	anthocyanins, restricted to certain trees	I 段第一句： What is still not fully understood, however, is why some trees resort to producing red pigments while others don't bother, and simply reveal their orange or yellow hues.	选项：why anthocyanins are restricted to certain trees **译文：**为什么花青素只局限在某些树木中 原文中此句并没有直接提及“花青素”一词，但考生读到这里应当已经明白这个不认识的单词即是树叶变为红紫色的原因。本句说现在还不能完全理解为什么有的树叶要变红（制造花青素）而另一些树木不变红（不制造花青素），直接与 D 项所说的内容相矛盾。

参考译文

秋天的树叶

加拿大作家Jay Ingram 探索了树叶一到秋季就变红之谜

A 在遍及北美的许多地区，一年中最引人入胜的自然界事件之一便是秋季的树叶变色。那些颜色绚烂夺目，但到底为什么有些树叶转为黄色或橙色，而另一些则变成红色或紫色，则是长久以来一直令科学家们迷惑不解的问题。

B 夏季的叶子之所以呈现绿色是因为它们充满了叶绿素，这种分子捕捉阳光并将那种能量转化为树木用以自我建设的新材料。随着秋季在北半球的临近，可用太阳能的量大幅度减少。对于许多树种来说——四季常青的针叶树除外——最好的策略就是先放弃光合作用等到来年开春再重拾。因此在整个冬季，树木不再供养当前已变得冗余无用的叶子，而是储存起自身宝贵的能源并抛弃叶片。但是在弃置这些叶子之前，树木会先分解它们的叶绿素分子并将其中有价值的氮元素运回枝干中去。随着叶绿素被耗尽，其他那些在此之前的整个夏季里一直受其压制的颜色便开始显现了。这样一种显露过程解释了秋天里的那些黄色和橙色，但却无法解释例如枫树和漆树这些树种光彩艳丽的红色和紫色。

C 红色的来源广为人知：它来自于花青素，一种可以反射从红到蓝的这一段可见光谱的可溶于水的植物色素。它们属于别名为类黄酮的一类糖基化合物。令人迷惑之处在于，花青素其实是当季新生产出来的，它们在叶子中被制造出来的时候正好就是树木正在准备丢落这些叶子之时。但是很难理解为什么要造出花青素来——一棵树为什么要在已经争分夺秒地准备收回营养、维持现有叶片的时候，还特意在其叶片中制造新的化学物质呢？

D 一些关于花青素的理论认为，它们的角色也许是作为一种抵制昆虫或真菌侵袭的化学防御，又或者它们也许是为了吸引以果实为生的鸟类或增加叶片的抗冻耐受力。然而，这些理论中的每一种都存在着漏洞，其中之一便是事实上树叶保持红色的时期相对较短，制造花青素所需的能量消耗代价比任何抗真菌或防食草动物行为所取得的成果都要更大。

E 还有一种理论认为，也许树木制造出生动的红色是为了使那些食草性的昆虫相信：它们十分健康和强壮，轻而易举就能发起抗害虫侵扰的化学防御。如果昆虫们注意到这样的公示，它们也许就会据此提示而把虫卵下在另一棵颜色更黯淡、可能更无抵抗力的宿主上。这个理论的缺陷在于缺乏证据支持。到目前为止，还没有人确认过是否更加健壮的树木会展示出色彩最明丽的叶片，或者昆虫是否会根据颜色的浓度来作出选择。

F 在解释叶片为什么在已经忙着存储能量迎接冬季的时候还要煞费工夫地制造花青素时，也许最令人信服的建议就是“光屏障”假说。它乍听上去有些自相矛盾，因为这个假设背后的理念是：秋叶中所产生的红色素是为了保护叶绿素这种吸收阳光的化学物不受过多光照的伤害。叶绿素是自然界中的吸光高手，为何需要此种保护？树木此时已经在分解叶绿素以挽救尽可能多的有用物质了，又为何要在此时去保护叶绿素？

G 尽管叶绿素已经经过了精密的进化以捕捉阳光的能量，有时却也会被过多阳光所伤害，尤其是在干旱、低温或营养不足的条件下。而且，对光过度敏感这个问题到了秋季变得更为严重，因为此时树叶正忙于分解其内部机制以准备过冬。这时生存状态并不稳定的秋叶中的叶绿素分子所吸收的那些能量并不会像在一片完好无损的夏日叶片中那样，被立刻输送到有用的生成物和过程当中。功能减弱的秋叶因此十分容易遭受活跃叶绿素分子所制造的氧所带来的具有高度破坏性的影响。

H 即使你从未怀疑过这就是树叶变红背后的真正原因，也有很多提示线索。有一条十分直白：在很多树上，最红的叶片都位于光照最多的那一侧。不但如此，红色在叶片向上的一面也更为鲜艳。几十年来这一点也一直为人所知：制造浓艳红色的最好条件是干燥、阳光充足的白天和凉爽的夜晚，而这些条件恰好契合于那些造成叶片对过度光照尤为敏感的条件。最后还有一条：你在北半球越向北走，像枫树这样的树叶便越是红得热烈。那里气候更为寒冷，它们感受到了更多压力，它们的叶绿素更为敏感，也需要更多的防晒保护。

I 然而，我们未能充分理解的还有一点：为什么有些树木会动用生产红色素的机制而另外一些则无动于衷，仅仅只是显露出它们的橙色或黄色即可？这些树木是否有其他可以随意使用的方法来阻止自身过度暴露在秋日的阳光下？也许表面看来它们的故事没有那么辉煌多彩，但一旦公之于众必定也是同样的精妙而复杂。

Reading Passage 3

篇章结构

体裁	说明文
主题	Lapita 人的航海探索
结构	第一段：一个偶然发现提供了重要考古证据 第二段：Lapita 人简介 第三段：埃法特岛上的考古发现 第四段：几个关于 Lapita 人的未解问题 第五段：Lapita 人的航海壮举 第六段：没有证据可以揭示他们远航的方法 第七段：Lapita 人敢于远航的原因猜想 第八段：支持 Lapita 人远航的因素 第九段：远航的先决条件 第十段：厄尔尼诺现象对 Lapita 人远航的可能影响 第十一段：Lapita 人的探索范围

解题地图

难度系数： ★★★★

解题顺序： SUMMARY COMPLETION（27~31）→ MULTIPILE CHOICE（32~35）→ YES/NO/NOT GIVEN（36~40）

友情提示： 此篇文章后的三个题型全部为考查细节信息题。一般遇到这样安排的文章，建议考生直接遵循题目顺序进行解答。这样既能获得对全文比较完整的认识，也不容易错过具体题目的细节。但需要特别提醒的是，第一个题型为给定选项范围的摘要填空题，这种形式的填空题与其他要求考生直接从文章中寻找答案的各类填空题相比有一个明显的不同之处，即出题顺序不一定严格遵循原文的行文顺序，容易出现颠倒混乱的情况。此处的题目也不例外，出现了乱序；但好在这是文章的第一个题型，定位位置又比较靠前，还有 3000 年、Éfaté 岛等明显特征帮助定位，难度倒也不算太高。针对此种情况，建议考生先通读摘要的题干全文，有了对此部分框架的整体认识后再去寻找细节答案，同时多进行原文和空格附近题干信息的比对定位，这样做起题来会更加得心应手。

必背词汇

1. derelict *adj.* 废弃的，破旧的

Her body was found dumped in a *derelict* warehouse less than a mile from her home.
在离她家不到一英里的一座废弃的仓库里发现了她遗弃的尸体。

2. remains *n.* 遗体，遗骸；残留物

The unrecognisable *remains* of a man had been found. 发现了一具无法辨认的男性遗体。

They were cleaning up the *remains* of their picnic. 他们正在打扫野餐的残余物。

3. livestock *n.* 牲口，家畜

The heavy rains and flooding killed scores of *livestock*. 大雨和洪水淹死了许多家畜。

4. descendant *n.* 后代，后裔；衍生物

They are *descendants* of the original English and Scottish settlers.
他们是最初的英格兰和苏格兰定居者的后裔。

His design was a *descendant* of a 1956 device. 他的设计是由一个 1956 年的装置衍生而来的。

5. insight *n.* 洞察力，见识；深入了解

The project would give scientists new *insights* into what is happening to the Earth's atmosphere.
该项目将使科学家们对地球大气层的现状有更新的了解。

He was a man of forceful character, with considerable *insight* and diplomatic skills.
他是个性格坚强的人，有着非凡的洞察力和交际才能。

6. distinguish *v.* 区分，辨别

Research suggests that babies learn to see by *distinguishing* between areas of light and dark.
研究显示婴儿是通过区分明亮区域和黑暗区域来学会观看的。

There is something about music that *distinguishes* it from all other art forms.
音乐中一些因素使之有别于其他艺术形式。

7. quit *n./v.* 停止；辞职；离开；戒掉

They raised $630,000 through listener donations, and then called it *quits*.
他们通过向听众募捐筹集到了 63 万美元，之后就叫停了。

He *quit* his job as an office boy. 他辞去了办公室勤杂员的工作。

8. encounter *v./n.* 遭遇，碰上，邂逅

Every day of our lives we *encounter* major and minor stresses of one kind or another.
生活中的每一天，我们会遇到或大或小的这样那样的压力。
The author tells of a remarkable *encounter* with a group of South Vietnamese soldiers.
作者讲述了他与一群越南士兵的惊人邂逅。

认知词汇

horizon	*n.* 地平线；领域
archaeological	*adj.* 考古的
archipelago	*n.* 群岛
seafaring	*adj.* 海上劳作或航行的
ancestor	*n.* 祖先
site	*n.* 地点，地址
dig	*v.* 挖掘
plantation	*n.* 种植园
scrape	*v.* 刮，刮擦
grave	*n.* 坟墓
burial	*n.* 埋葬，墓葬
cemetery	*n.* 墓地，陵园
harbor	*v.* 持有，拥有
canoe	*n.* 独木舟
rove	*v.* 漫游，流浪，漂泊
explorer	*n.* 探索者
pioneer	*n.* 先锋，开拓者
seedling	*n.* 幼苗
span	*n.* 时期
stretch	*v.* 延伸，拓展
boundary	*n.* 边界，疆域
jungle	*n.* 丛林
coral	*n.* 珊瑚
expand	*v.* 扩大，拓展
volume	*n.* 容量；体积
thrilled	*adj.* 惊喜的，欣喜若狂的
item	*n.* 物品
urn	*n.* 瓮，罐
rim	*n.* 边缘
peer	*v.* 凝视，细看
seal	*v.* 封存
identify	*v.* 辨认；证实
tease	*v.* 将（组织或样品）切片用显微镜检验
spring	*v.* 起源
migration	*n.* 迁徙
represent	*v.* 代表
stubborn	*adj.* 顽固的；难处理的
accomplish	*v.* 建立；取得成就
equivalent	*n.* 等同物，等价物
rigging	*n.* 索具
capable	*adj.* 有能力的
launch out	出海，出航，（船）下水
prevailing	*adj.*（风）盛行的
trade wind	信风
nagging	*adj.* 纠缠不休的
assess	*v.* 评估
secure	*v.* 确保
swift	*adj.* 快捷的，迅速的
abundant	*adj.* 充分的，足够的
eternity	*n.* 永久，永恒
intervisible	*adj.* 彼此可见的
assumption	*n.* 假设，假说理论
give the credit to	归功于
disruption	*n.* 干扰；破坏
reverse	*v.* 逆转，使反过来

佳句赏析

1. Those sailing skills, he says, were developed and passed down over thousands of years by earlier mariners who worked their way through the archipelagoes of the western Pacific, making short crossings to nearby islands.

- **参考译文：** 他说，那些航海技能是在几千年的时光里由更早的航海者们发展和传承下来的，他们排除万难踏遍了西太平洋群岛，并在与附近的岛屿之间短途穿梭。
- **语言点：**

1）句型分析：

本句的主干结构是 Those sailing skills...were developed and passed down...by earlier mariners，复杂之处在于 mariners 后面的 who 引导的定语从句本身又携带了一个状语的修饰部分。如果单看这个从句的主干，则为 earlier mariners worked their way through..., making short crossings...，也就是更早的航海者们逐渐踏遍了西太平洋诸岛，在此期间还不时地短期去一下附近的岛屿。

2）work one's way 努力达到目标，（排除困难）奋力前进

2. They could sail out for days into the unknown and assess the area, secure in the knowledge that if they didn't find anything, they could turn about and catch a swift ride back on the trade winds.

- **参考译文：** 他们可以向着未知走上几天并评估该海域，同时明确地知道：如果他们什么也没有找到，随时都可以调转头来，搭乘信风快速地返回家园。
- **语言点：**

句型分析：主干结构其实并不复杂，就是 They could sail out...and assess the area...。secure 引导的是一个独立主格结构，进一步修饰 they，也就是他们在向外航行和评估陌生地区时始终都确保有这样一种认知，即当 if 引导的假设条件发生时，他们总是可以 turn about and catch a swift ride back。

3. Once out there, skilled seafarers would have detected abundant leads to follow to land: seabirds, coconuts and twigs carried out to sea by the tides, and the afternoon pile-up of clouds on the horizon which often indicates an island in the distance.

- **参考译文：** 一旦身处外海，有经验的航海者们必定可以观察到充足的线索来追随着回到陆地：海鸟，被浪潮冲刷到海中的椰子和小树枝，以及下午时分地平线上空堆叠起来的云层——通常意味着远处有座岛屿。
- **语言点：**

句型分析：本句主干是 skilled seafarers would have detected abundant leads to follow。冒号后面对这些 leads（线索）作进一步的列举细节说明，其中 twigs 后面的 carried out 引导的从句表示这些小树枝都是由海浪冲刷到外海上去的；而 horizon 后面的 which 从句则修饰 clouds，说明这样的云层通常所具有的提示意义。

4. Vanuatu, for example, stretches more than 500 miles in a northwest-southeast trend, its scores of intervisible islands forming a backstop for mariners riding the trade winds home.

- **参考译文：** 举例来说，瓦努阿图从北向南绵亘 500 多英里，它那几十座彼此遥相对望的岛屿为搭乘信风回家的航海者们组成了一道有力的后援。
- **语言点：**

句型分析：本句的主干是：Vanuatu...stretches..., its...islands forming...。正常情况下 forming 所引导的状语从句都紧跟在主句的逗号之后，也就不难辨认。此句的轻微难点在于主句结束后，状语

从句 forming 的前面先出现了 its scores of intervisible islands 这样略长的内容，对于不熟悉状语从句的考生来说可能会有些费解。

试题解析

Questions 27–31

- **题目类型：**SUMMARY COMPLETION
- **题目解析：**一般来说，填空题的出题顺序与文章的行文顺序是一致的，但给出选项范围的填空题则是个例外，更容易出现乱序的情况。因此，比较理想的解题方式是先通读摘要的题干，对此摘要所描述内容的有个大致认识，这样即使出现两道题答案的前后顺序颠倒了，也不至于太过手足无措、影响解题效率。

题号	定位词	文中对应点	题目解析
27	3,000-year-old, burial ground, abandoned	第一段第三句： An agricultural worker, digging in the grounds of a derelict plantation, scraped open a grave—the first of dozens in a burial ground some 3,000 years old.	本题的定位十分容易，题干考查的是在太平洋埃法特岛上的一个被废弃的什么地方发现了 Lapita 人足有 3,000 年历史的一个墓园。文章第一段第一句就十分显眼地出现了 Éfaté 这个专有名词。但考生一定要牢记此处所需寻找的信息必定是一个被废弃的名词性内容，而本句没有相关信息。一直定位到第三句中的 derelict 这个 abandon 的同义替换词时，可得答案为 B：plantation。
28	cemetery, significant, uncovered accidentally, agricultural worker	第一段前三句： An important archaeological discovery...has revealed traces of an ancient seafaring people...The site came to light only by chance. An agricultural worker...	本题的难点在于答案位置处于上一题之前，出现了乱序。但由于寻找 27 题时已经阅读过本段前两句，且原文中 important 与题干中 significant，by chance 与 accidentally 替换难度并不大，所以综合难度并不高。答案为 F：archaeological discovery。
29	many things with them, including	第二段第三句： They were also pioneers who carried with them everything they would need to build new lives—their livestock, taro seedlings and stone tools.	本题的定位十分容易，题干中的 tools 在原文中没有被替换，仍是 stone tools。Lapita 人随身携带了三类东西，其中 tools 是题干已知信息不可选，于是只有 livestock 和 taro seedlings 这两个备选信息。而观察备选的选项可知，taro seedlings 没有出现，所以答案为 I：animals。
30	Spriggs believes, found at the site, very important	第三段第三、四句： Other items included a Lapita burial urn... ‘It's an important discovery,’ says Matthew Spriggs,... ‘for it conclusively identifies the remains as Lapita.’	本题定位时需要注意：大写人名 Spriggs 所在的句子中，指出了 it 指代的对象是十分重要的发现，考生寻找代词所指代的对象时需要在上文的句子中去寻找，而不是继续读下文。答案为 G：burial urn。

题号	定位词	文中对应点	题目解析
31	since, confirms, found inside, Lapita	第三段第四句： ...'for it conclusively identifies the remains as Lapita.'	本题的答案与第 30 题的答案有一定的联系。题干说 Spriggs 之所以认为这个 burial urn 很重要，是因为它确认了里面的什么东西是属于 Lapita 人的，换言之，第 31 题提及的东西是装在第 30 题提及的东西里面被发掘出来的，需注意做第 30 题时不要误选了 bones 这样一个迷惑项。此题正确答案为 D：bones。

Questions 32–35

- **题目类型**：MULTIPLE CHOICE
- **题目解析**：

题号	定位词	文中对应点	题目解析
32	difficulties, how, Lapita, accomplished their journeys	第五段： ...how did the Lapita accomplish the ancient equivalent of a moon landing, many times over? No-one has found one of their canoes or any rigging, which could reveal how the canoes were sailed.	题干：According to the writer, there are difficulties explaining how the Lapita accomplished their journeys because **译文**：在作者看来，要解释 Lapita 人是如何完成他们那些航海壮举的，存在着若干困难，原因是 原文中对于 Lapita 人如何在他们那个遥远的时代完成类似今日登月壮举的描述是先以设问句开启，然后再回答“没有人找到过证据以说明他们如何操纵独木舟航行”，言下之意是“缺乏证据支持”，因此正确答案为 C。 A 项说“已经发现的那些独木舟提供了相对比较少的信息”，与原文中提到的“还未发现过任何独木舟”相矛盾。B 项说考古学家对这一领域表现出的兴趣十分有限，D 项说技术进步改变了人们看待这些成就的方式，文中并未提及这两项信息。
33	six paragraph, extraordinary about	第六段： The real adventure didn't begin, however, until their Lapita descendants sailed out of sight of land, with empty horizons on every side. This must have been as difficult for them as landing on the moon is for us today. Certainly it distinguished them from their ancestors...	题干：According to the sixth paragraph, what was extraordinary about the Lapita? **译文**：根据第六段内容，Lapita 人的非比寻常之处是什么？ 根据本段信息，Lapita 人的祖先就已掌握和发展了航海技术，但直到 Lapita 人这里才开始敢于向四周看不到陆地的外海航行，这是他们区别于其祖先的地方，所以正确答案为选项 A。 B 项说他们的文化传承不鼓励他们表达恐惧，这在原文中完全没有提及；C 项说他们能够制造可以承受航海旅行的独木舟，然而这项技术其祖先就已掌握，并非将他们区别于其祖先的特征；D 项说他们的航海技术是一代传一代的，此选项错误原理与 C 项相同。

题号	定位词	文中对应点	题目解析
34	'This', seven paragraph	第七段： 'They could sail out for days into the unknown and assess the area, secure in the knowledge that if they didn't find anything, they could turn about and catch a swift ride back on the trade winds. This is what would have made the whole thing work.'	题干：What does 'This' refer to in the seventh paragraph? 译文：第七段中的"这"指的是什么？ 此处的 This 需要联系上一句的内容整体来看，指的是 Lapita 人之所以敢于放心远航的原因。关于此句的句法详析请见前文"佳句赏析"第 2 句。正确答案应为选项 D。 A 项说 Lapita 人的航海才华；B 项说 Lapita 人搜寻陆地迹象的能力；C 项说 Lapita 人对于当地地区的全面了解和知识。这三项都不是原文中 This 指代的内容。
35	eighth paragraph, geography of the region, significant	第八段： For returning explorers, successful or not, the geography of their own archipelagoes would have provided a safety net. Without this to go by, overshooting their home ports, getting lost and sailing off into eternity would have been all too easy.	题干：According to the eighth paragraph, how was the geography of the region significant? 译文：根据第八段内容，当地的地理条件具有何种重要性？ 根据本段内容，其定居群岛的地理条件为其提供了一张安全网络，否则他们就很容易航行得太远、迷途而归家无期。因此正确答案为选项 C。 A 项说它在 Lapita 人的文化中扮演了重要角色；B 项说它意味着此处海域上风暴会相对较少；D 项说它使得大量岛屿都适合居住。这三项的内容在本段中均未提及。

Questions 36–40

- **题目类型：** YES/NO/NOT GIVEN
- **题目解析：**

题号	定位词	文中对应点	题目解析
36	clear, could sail, prevailing wind	第九段： ...the Lapita had mastered the advanced art of sailing against the wind. 'And there's no proof they could do any such thing,'...	题干：It is now clear that the Lapita could sail into a prevailing wind. 译文：现在已确定无疑 Lapita 人能够顶风航行。 原文明确说到没有证据显示他们已经掌握了顶风行驶的技术，题干与之相矛盾，因此答案为 NO。
37	Extreme climate, played a role	第十段： El Niño, the same climate disruption that affects the Pacific today, may have helped scatter the Lapita, ...climate data...indicate a series of unusually frequent El Niños around the time of the Lapita expansion.	题干：Extreme climate conditions may have played a role in Lapita migration. 译文：极端气候条件也许在 Lapita 人的航海迁徙中起到了作用。 即使不知道 El Niño 是"厄尔尼诺"，考生也可从同位语中的 climate disruption 推断出这是一种天气现象。原文中不但提及此气候条件也许对 Lapita 人四散到各处去起了帮助作用，而且还在下文中进一步举例来支持这一看法：他们进行探索的时期正好就是一系列频繁得非比寻常的厄尔尼诺现象活跃的时期。相当于同义改写了题干内容，因此答案为 YES。

题号	定位词	文中对应点	题目解析
38	predict, duration, EL Ninos	无	题干：The Lapita learnt to predict the duration of EL Niños. **译文：**Lapita 人学会了预测厄尔尼诺延续的时间长度。 文章第十段中确实提及了厄尔尼诺现象，并有理论认为此种气候条件可能是 Lapita 人在太平洋广袤海面上四处探索的助力因素之一，但是没有任何相关信息说 Lapita 人会预测此种天气的持续时长，因此答案为 NOT GIVEN。
39	remains unclear, why, halted	第十一段： However they did it, the Lapita spread themselves a third of the way across the Pacific, then called it quits for reasons known only to them.	题干：It remains unclear why the Lapita halted their expansion across the Pacific. **译文：**Lapita 人为何终止了他们在太平洋上的探索，原因还不清楚。 本题主要考查考生对 halt（表示"停止"）这个单词的认知和 call it quits（也表示"停止"）这个固定搭配的理解，二者都是在说 Lapita 人停止探索的原因未知，是同义表述，因此答案为 YES。
40	majority, settled, Fiji	无	题干：It is likely that the majority of Lapita settled on Fiji. **译文：**很可能大部分 Lapita 人都定居在了斐济。 文章最后一句话只是举例指出斐济有超过 300 个岛屿，并没有提到大部分 Lapita 人在此定居的相关信息，因此答案为 NOT GIVEN。

参考译文

超越蓝色地平线

那些在太平洋遥远岛屿上定居的古代航海者们

位于太平洋瓦努阿图群岛中埃法特（Éfaté）岛上的一项重要考古发现揭示出一个古老的航海民族所留下的遗迹，他们是今日波利尼西亚人的远古祖先。此处遗址为人所知纯属偶然。一个农耕者在刨挖一处废弃种植园土地的时候掘开了一座坟墓——它是这处约有 3,000 年之久的墓园中的几十个坟墓里出土的第一座。此处是太平洋群岛上迄今为止所发现的最古老墓园，葬身其中的遗骸属于考古学家称为 Lapita 人的一个古老民族。

他们是蓝色水面上的一群大胆的探险家，使用简陋的独木舟就敢泛舟大洋之上四处漂泊。然而他们并不仅仅是探索者。他们同时也是开疆辟土的先锋，随身携带着建造新生活所需的一切物品——他们的牲畜、芋头幼苗和石制工具。在几个世纪的时间里，Lapita 人将他们那个世界的疆土开辟成了从巴布亚新几内亚的丛林密布火山的地区直到汤加的最偏远的珊瑚礁外岛的广袤区域。

Lapita 人所留下的关于他们自己的线索珍贵且稀少，但埃法特岛极大地扩充了研究者现有的信息量。到目前为止已有 62 人的遗骸被发掘出来，而且考古学家还惊喜地发现了六个完整的 Lapita 罐子。其他物品还包括一个 Lapita 骨灰瓮，瓮口边沿上装饰着的鸟类造型就像是正在仔细端详其中封存的人类遗骸。"这项发现极其重要，”Matthew Spriggs 这样说道，此人是澳大利亚国立大学的考古学教授，也是正在该遗址进行挖掘工作的国际团队负责人，“因为它决定性地确认了这些骸骨是 Lapita 人的。”

从这些人类遗骸中提取的 DNA 也许可以帮助解答太平洋考古史上最令人迷惑不解的问题之一：太平洋岛民们到底是来自于相同的一个源头还是有许多出处？是只有从亚洲某个地点出发向外的一次大迁徙，还是有来自不同地点的数次迁徙？“这次发现代表了我们到目前为止最好的机会，”Spriggs 说，“来探索 Lapita 人到底是谁，他们来自哪里，以及在今天与他们血缘最亲近的后代是谁。”

有这样一个经久的问题一直有待考古学给出答案：Lapita 人是如何在他们那个时代完成了可与登月相比拟的壮举，而且还反复进行了许多次？没人发现过他们的任何一艘独木舟或索具，而这些东西可以揭示出独木舟是如何航行的。后世波利尼西亚人的口头历史和传统也并未提供任何线索，因为早在它们能够追溯到 Lapita 人那个遥远时代之前就已经经过了太多演绎变形，成了神话传说。

“我们唯一可以确定的是，Lapita 人的独木舟足以载他们漂洋过海，而他们也有本领驾驭它们，”奥克兰大学的考古学教授 Geoff Irwin 这样说。他说，那些航海技能是在几千年的时光里由更早的航海者们发展和传承下来的，他们摸索着踏遍了西太平洋群岛，并在与附近的岛屿之间短途穿梭。然而，真正的探险还未开启，而是直到他们的 Lapita 后代航行出了可见陆地的范围、四周都是一片天水茫茫才算。这样做对于当时的他们来说必定就像登月之于今日的我们一样困难。这毫无疑问使得他们明显有别于他们的祖先，但又是什么给了他们这种勇气来启动如此风险重重的航程呢？

Irwin 注意到，Lapita 人驶入太平洋的航程是一路向东的，与当地盛行的信风逆向而行。他认为，那些纠缠不休的顶头风也许是他们航行成功的关键。“他们可以向着未知走上几天并评估该海域，同时明确地知道：如果他们什么也没有找到，随时都可以调转头来，搭乘信风快速地返回家园。这就是整个故事得以成功进行的原因。”一旦身处外海，有经验的航海者们必定可以观察到充足的线索来追随着回到陆地：海鸟，被浪潮冲刷到海中的椰子和小树枝，以及下午时分地平线上空堆叠起来的云层——通常意味着远处有座岛屿。

无论出航成功与否，对于返回的探索者们来说，他们所定居群岛的地理条件都会为他们提供一张安全网。如果没有这一条件作为支持，过度超越他们的本土港湾范围、迷失航向以及余生都在外漂泊都是很容易发生的情况。举例来说，瓦努阿图从北向南绵亘 500 多英里，它那几十座彼此遥相对望的岛屿为搭乘信风回家的航海者们组成了一道有力的后援。

澳大利亚国立大学的史前历史学教授 Atholl Anderson 指出，所有这些设想都是在假定了这样一个关键细节的前提下进行的：Lapita 人已掌握了顶风航行的先进技艺。“没有任何证据能够证明他们有能力做到这类事情，”Anderson 说道，“一直存在这样一个假设，认为他们确实有此能力，还有人以此假设为基础建造了独木舟来重现那些早期航行。但是没有人确切地知道他们的独木舟长什么样子以及如何操作。”

Anderson 并没有把所有赞誉都归功于人类的技艺，而是提出了风向的偶然因素。他认为，厄尔尼诺这种在今天仍影响太平洋地区的气候扰动，也许在推动 Lapita 人的散布中助了一臂之力。他指出，从太平洋周边海域缓慢生长的珊瑚礁中所获取的气候数据表明，大约在 Lapita 人四下探索开拓的时期，正好出现过一系列频繁的、非比寻常的厄尔尼诺现象。通过每次延续好几周时间逆转了通常从东到西的信风吹动方向，这些“超级厄尔尼诺”有可能带着 Lapita 人进行了事先并无计划的长期航行。

无论他们是如何做到的，Lapita 人都将自己的活动范围拓展到了横跨太平洋的三分之一，然后又出于只有他们自己才知道的原因而停下了脚步。前方还绵延着太平洋中部海域的辽阔空旷区域，也许他们分布得已经过于稀疏，无力再向远处探索。他们的总人口数大概从未超过几千人，而在他们快速向东的迁徙中已经遇到了成百上千座岛屿——单在斐济一地就已超过 300 个。

Task 1

题目要求

（见“剑 10” P77）

审题

题目翻译：下图展示的是 2008 年离开大学却没有找到全职工作的本科生和研究生在做什么。选取并汇报主要特征，总结信息，并在相关处进行对比。

本题为柱状组合图。第一张图描述的是本科毕业生的情况，第二张图介绍的是研究生毕业后的情况。两图的共性是：时间都是 2008 年；在同样 4 个方面的对比，分别是 Part-time work（兼职），Voluntary work（志愿者服务），Further study（继续教育），及 Unemployment（待业）。差异是：两张图的基数不同，第一张是 30,000 人，第二张只有 3,000 人。

写作思路

柱状图通常分为有变化和比较的柱状图和纯粹比较的柱状图。本题属于纯粹比较的柱状图。组合图有两种写法，第一种只需要把每张图的明显特征各自展现出来，再找两图的关系。第二种是描述完第一张图的特征，直接与第二张图作对比写出来，不再写结尾。本文采取第二种写法。

考生作文

（见“剑 10” P165）

参考译文

这两张图展示的是 2008 年离开大学却没有找到全职工作的本科生和研究生在做什么。

在第一张图中，它展示了 17,735 名本科毕业生在 2008 年寻找兼职工作，3,500 名学生做了义工，还有 29,665 人决定寻求继续教育。根据图表，16,235 名本科学生在毕业后处于待业状态，大体上与做兼职工作的人数几乎相同。

在第二张图中，我们可以看到 2,535 名英国研究生毕业后做兼职工作，而只有 345 人做义工。2,725 名英国的研究生决定在毕业后继续接受教育，而这一数字比决定做兼职的人稍微多一点。最后，1,625 名英国研究生毕业后没有找工作。总趋势展示了大多数学生，本科和研究生类似，都在毕业后接受继续教育，而两组数据中仅有小部分人做义工。我们也将注意到每组有大约三分之一的人没有工作。最后，我们将注意到两组的唯一差别是做兼职的人数，本科毕业生只有三分之一的人在做兼职，而硕士毕业生有将近一半的人做兼职。

考官点评

（见“剑 10”P165）

参考译文

本文准确地报告了柱状图的信息并且在结尾给出了相关的延展总结。信息的组织有逻辑，并且全文有明确的连贯性。由于灵活地使用了衔接词，信息可以很清晰地被捕捉到。指示代词和替换词也安排得很好，然而在分段上还是有小失误的。词汇的使用还是很丰富的，且没有拼写错误，只是单词的选择不全是恰当的（to seek further study，roughly almost，the percentage on the amount of，overuse of sought）。这些错误并不会影响对于全篇清晰度的理解，但是确实降低了沟通的效果。多种复杂的句子结构使用准确。多数语句无误，只有一些小错误出现（The graphs represents，we will notice），总之语法和标点整体掌握较好。

分析

本文得分 6.5 分。

接下来我们从雅思图表作文的四个评分方面（任务完成情况、连贯与衔接、用词、语法）进行详细分析。

任务完成情况

任务的完成情况主要看图表的核心信息有没有清晰有效地呈现。7 分要求涵盖题目要求，清晰呈现并说明核心信息，但可以进行更加充分的扩展。6 分的要求是回应题目要求，进行了概括，信息选择合理，但细节可能不够相关、不适合或不准确。这篇文章内容方面涵盖了题目要求，但是没有提出最明显的信息，即两图基数不同。

第一段介绍了图表的基本信息，对题目中描述性内容稍加修改。

第二段介绍了本科学生四类去向的数值，做了简单对比。如果要更详细的话，可以将数字进行大小倍数的对比。

第三段先介绍了研究生毕业生四类去向的数值，并提出了与本科毕业生在毕业去向上的共性和差别。

连贯与衔接

连贯与衔接指的是信息的连接、连贯性和衔接手段的运用等。本篇文章信息的组织有逻辑性，指代和替换等衔接手段运用得体，但偶尔有些错误，符合 6 分标准。

本文使用了一些衔接手段，例如：

连接词：while, and, also, lastly, overall, after

指代（reference）和替换（substitution）的使用

第一段：what

第二段：it, those, who

第三段：those, lastly, who

词汇

本文的用词正确率很高，几乎没有拼写错误，和 7 分的差距主要在不常见的表达不够多。文中错误使用了一些固定搭配，但是不影响理解。

用词不当示例：

第一段：The graphs represents，应该为 represent，因为主语是复数，不应该使用第三人称单数形式。

第二段第一句：On the first graph，固定搭配应该是 In the first graph。

第 二 段 第 一 句：sought part-time employment， 不 合 理 的 词 汇 使 用， 应 改 成 took part-time employment。

第二段第二句：roughly almost，表示“大约、几乎”，是不合理的使用，应去掉其中一个词。

第二段第二句：the same amount，对可数名词修饰应为 the same number。

第三段第一句：On the second graph，固定搭配应该是 In the second graph。

第三段第二句：study further，错误表述，应该为 take further education。

第三段第二句：which is，时态、主语一致应改为 which were。

第三段第六句：amount 此处修饰为可数名词复数，应该为 number。

第三段第六句：one-half 应该为 half。

语法

语法结构多样，大部分句子表达准确，符合 7 分要求，和 8 分的差距在于句子结构的广泛性。7 分要求 a variety of structures，8 分要求 a wide range of structures。

多样化的结构：

定语从句：第二段第二句（which）；第三段第二句（which, who）

宾语从句：第三段第四句（that）；第三段第五句（that）

错误之处与修改：

第二段第二句：which is，时态、主语一致应改为 which were。

第 三 段 第 四 句：graduates and postgraduates alike，主 语 和 形 容 词 之 间 缺 少 be 动 词，应 该 为：graduates and postgraduates were alike。

第三段第四句：sought out，在此应该为分词表伴随 seeking out。

第三段第五、六句：We will also notice that，we will notice 此处应为一般现在时 we can notice that。

Task 2

题目要求

（见“剑 10”P78）

审题

题目翻译：国家变得越来越像了，因为人们可以在世界任何地方买到相同的东西。你认为这是积极的还是消极的发展？

本题属于文化类话题，题型为利弊分析类。本题与 2009 年 8 月 29 日题目类似。

写作思路

本题为利弊分析类题目。利弊分析类文章的基本构架有三种写法：第一种写法和 Discuss 讨论类文章比较相似，通常在文章首段交代问题的背景，然后在主体段落针对利弊进行分析，最后在尾段比较利弊，表明立场。第二种写法采取一边倒的形式，完全认为有优点或者缺点。这种情况需要在首段交代问题的背景后，直接表明态度，主体段落可以进行两段或三段的延展，尾段重申态度。第三种写法采取让步反驳的形式，首段交代问题的背景及作者的态度后，先对于反方观点进行小篇幅的描述，再阐述大量内容支持自己的态度。尾段重申态度。

本文采取的是第二种写法，即“一边倒”，主体段落提出了三条作者认为消极的理由来支持作者的观点。

考官范文

（见“剑10”P166）

参考译文

由于同一种商品的全球化，在世界各地购买同样产品的机会越来越大，因此国家间的差异变得越来越小。我坚信这种现代的发展对全世界的文化和传统有着极其消极的影响。

一个国家的历史、语言和民族精神都不可避免地融合在其生产的产品中。如果这种国际品牌在世界各国角落无情发展的现象持续的话，这些无谓的包装可能有一天会把一个国家的传统物件完全取代，这会是世界丰富性与多样性的丢失，也是能展示一个地区的特色的可悲消亡。日本的茶艺展上没有特色的茶具会是什么样子？斐济的卡瓦风俗传统里没有了由特定树皮制成的碗又会是什么样子？

我们也不能忘记，传统的产品，不论是药品、化妆品、玩具、服装、器皿或是食品，都为当地人民提供了就业机会。由于新产品比他们曾经习惯使用的品牌更吸引人，当人们开始购买新品牌时，这些国际产品的发展通常是引起失业的开始。这个现象最终会导致传统手工业者失业。

最终，旅游业的人数也会受到影响，因为游客对那些哪儿都长得一样的地方再也提不起兴趣。在世界各地的店铺里看到一样的产品是无趣的，这不能促使游客像购买独一无二当地特色小玩意和纪念品那样花钱。

可能有人会说所有人都应该被赋予购买同样产品的机会，但我觉得当地的东西最适合当地的情况，而那些毫无个性的全球一致的情况面临的是不受欢迎的、枯燥乏味的前景。

分析

首段分析

首段起到的作用是交代背景，引出话题。但值得注意的是，不应该照抄题目原文，而应该进行改写。题目中是 because people are able to buy the same products anywhere in the world，范文改成了 because of the global spread of the same products, which are now available for purchase almost anywhere。本文首段直接表明作者观点，即对于国家间差异小的现象持有消极态度。

主体段落分析

第二段分析国家文化对产品的影响。如果国家文化消亡，产品也不会再有特色及值得购买的理由，具体举出了日本的茶具和斐济的特色碗。

第三段分析文化消亡对传统产业的就业机会的冲击。

第四段提出相关产业旅游业可能出现的问题，如由于国家间差异减小导致的游客减少及旅游纪念品销售额下降的可能性。

结尾段分析

第五段即结尾段，作者明确表明立场，指出此类情况会带来的消极前景。

连贯与衔接

连贯与衔接可以通过段落之间的逻辑性和段落内部的连贯性达成。

段落之间的逻辑性主要通过分段和段首逻辑词实现。这篇文章的结构非常清晰。第二段、第三段和第四段都用来阐述此类现象带来的消极影响的具体事例。第二段讲完国家的文化历史对产品的影响后，第三段开头用了 Let us not forget 引起读者的注意。第四段开头用了 Finally 对自己观点的收尾。结尾段总结观点用了 but I say that。

段落内部的连贯性主要靠衔接词和指代词。这篇文章用到的连接词有 and，if，whether，as，as well as，or 等，指代词有 this，its，their，these 等。

指代关系的使用：

第一段：this modern development 指代 countries are becoming similar to each other

第二段：its 指代 country；these bland packages 指代 the relentless advance of international brands into every corner of the world continues；its 指代 Japanese；its 指代 Fijian

第三段：these 指代 traditional products；this 指代 people turn to buying the new brand

第四段：the one 指代 every place；their 指代 visitors

难词

spread	*n.* 传播
available	*adj.* 有效的；可利用的
purchase	*v.* 购买
detrimental	*adj.* 不利的；有害的
ethos	*n.* 民族精神；气质
inextricably	*adv.* 解不开的
bound up	束缚于
manufactured	*adj.* 制造加工好的
artefact	*n.* 人工制品
relentless	*adj.* 无情的；残酷的
bland	*adj.* 乏味的；冷漠的
oust	*v.* 驱逐；剥夺；取代
manifestation	*n.* 表现；展示
ritual	*n.* 仪式；礼制
cosmetic	*n.* 化妆品
utensil	*n.* 器皿；器具
glamorous	*adj.* 富有魅力的
eventually	*adv.* 最终
craftspeople	*n.* 手工艺人
disillusioned	*adj.* 幻灭的
impel	*v.* 驱使；激励
trinket	*n.* 小玩意儿
souvenir	*n.* 纪念品
unique	*adj.* 独一无二的
entitle	*v.* 使有…的权利
access	*n.* 使用权
uniformity	*n.* 一致性
dreary	*adj.* 沉闷枯燥的
prospect	*n.* 前途；景色

句子结构

复杂句的使用

形式主语：第一段第一句（It is said that）

定语从句：第一段第一句（which）；第二段第二句（which）

宾语从句：第一段第二句（that）；第五段（Some may argue that...bud I say that...and that...）

条件状语从句：第二段第二句（if）

特殊疑问句：第二段第三句（What would...be?）

原因状语从句：第三段第二句（as）

不定式做主语：第四段第二句（To see the same...）

Part 1

在第一部分，考官会介绍自己并确认考生身份，然后打开录音机/笔，报出考试名称、时间、地点等考试信息。考官接下来会围绕考生的学习、工作、住宿或其他相关话题展开提问。

话题举例

Travel

1. Do you enjoy travelling? [Why/Why not?]

   Absolutely. I'm an *inquisitive* person, and it always gets me excited to explore curious places, to experience different cultures, to search for *exotic delicacies*, and most importantly, to ***encounter*** interesting people.

inquisitive 好问的，爱追究到底的	exotic 有异域风情的
delicacy 美味佳肴	encounter 遇见

2. Have you done much travelling? [Why/Why not?]

   Well, *sort of*. I mean, *quantitatively* I've traveled a lot. I've been to more than 50 ***domestic*** tour sites so far, as well as a couple of foreign countries. But each time I was only able to stay for no more than a week. It was never enough.

sort of 稍微，有点	quantitatively 从数量上来说
domestic 国内的，内部的	

3. Do you think it's better travel alone or with other people? [Why?]

   Personally, I'd prefer to travel alone because my way of travelling is a bit different. You see, I don't go to popular *tourist attractions* where you can see nothing but crowds. And I rarely take pictures so that I travel really fast. *On top of everything*, I hate shopping. So there would be too much ***compromise*** to make for both my friends and me if we travel together.

tourist attraction 旅游景点，观光胜地	on top of everything 最重要的是
compromise 妥协	

4. Where would you like to travel in the future? [Why?]

   There are hundreds of places that I'd love to travel in the future, but there are two ***pilgrimages*** that I have to make. The first place is Tibet. It's always been in my wildest dreams to ***attempt*** the ***almighty*** Mount Everest, to *bear witness* and to learn to respect the *holiness* of nature. The other place would be anywhere near the North Pole where I can see the mysterious aurora.

pilgrimage 朝圣之路	attempt 尝试，试图（挑战，战胜）
almighty 神圣的，强大的	bear witness 见证
holiness 神圣，庄严	

Part 2

考官给考生一张话题卡（Cue Card）。考生有1分钟准备时间，并可以做笔记（考官会给考生笔和纸）。之后考生要作1~2分钟的陈述。考生讲完后，考官会就考生的阐述内容提一两个相关问题，由考生作简要回答。

> Describe a child that you know.
> You should say:
> Who the child is and how often you see him or her
> How old this child is
> What he or she is like
> and explain what you feel about this child.

话题卡说明

Who the child is How old the child is	My nephew is 9 years old.
How often you see him or her	Actually I don't get to see him often because he lives with his parents in another city which is far away from my hometown. Every year they would come back to visit us during the Spring Festival.
What he or she is like	Everyone in the family ***adores*** him because he is really smart and talented. His mother is a primary school teacher. She started to teach him to ***recognize*** pictures and to ***distinguish*** sounds only a few months after he was born. He was able to ***mumble*** short sentences after 15 months, and was able to ***recite*** a few poems and to solve some basic math problems at the age of 3. He went to school when he was only 5, and became a school ***legend*** ever since. He enjoys reading, and he has ***a wide range of*** interests in reading, such as biology, history, astrology, biography and so on. And he likes to watch ***documentary films*** as well, about the same subjects of course. I once asked him, when he was reading a history book during one Spring Festival, why he didn't go have fun. Book in band, eyes still ***gluing to*** the page, he said something which ***struck*** me ***shockingly***, "I'm having fun right now."

重点词句

adore 喜欢
recognize 认识，辨认
distinguish 辨识，区分
mumble 咕哝，含糊地说话

recite 背诵，朗诵
legend 传奇
a wide range of 范围广泛的
documentary film 纪录片

glue to 粘住，盯住
strike 打击，震撼
shockingly 令人吃惊地

Part 3

第三部分：双向讨论（4～5分钟）。考官与考生围绕由第二部分引申出来的一些比较抽象的话题进行讨论。第三部分的话题是对第二部分提示卡内容的深化和拓展。

话题举例

Relationships between parents and children

1. How much time do children spend with their parents in your country? Do you think that is enough?

I would say, ***on average***, children don't get to spend much time with their parents in China. This is mainly because young parents today are under great financial burden, so much so that ***in most cases*** they both have to do full-time jobs. And when they come back home, they would be too tired to spend much time with their kids. There are also many cases where parents have to work far from home to be able to ***bring food on the table*** and to keep the family running. This explains why in most Chinese families, grandparents are taking care of the young generation.

on average 一般，平均来说　　in most cases 大部分情况下
bring food on the table 养家糊口

2. How important do you think spending time together is for the relationships between parents and children? Why?

It is of ***vital*** importance. I think the key to developing close relationships between parents and children is good communication, which requires great time and effort to ***establish***. To begin with, they need to spend a lot of time together to develop enough ***intimacy*** so that children would feel comfortable and relaxed when staying with parents. In addition, parents and children need to go through difficulties and ***obstacles*** together to build up trust among them. It's highly important for the children to know that whenever there is a problem, parents are the ones to turn to.

vital 重要的，至关生死的　　establish 建立，创办
intimacy 亲密度　　obstacle 困难，障碍

3. Have relationships between parents and children changed in recent years? Why do you think that is?

I can't help noticing that in many families, parents and children are sharing almost equal ***status*** in the family, which was very much ***unheard of*** decades ago. Parents are no longer ***playing dictators*** who would expect their children to act and behave exactly the way they want them to. They have learnt to respect their children's own choices, and only offer advice and support when needed. On the other hand, children are becoming less ***rebellious*** since there isn't much for them to fight against. I think what causes the change is culture exchange. In a multi-cultural environment, people are more likely to be open-minded and ***tolerant***.

status 身份，地位	unheard of 少有的，前所未闻的
playing dictator 独裁，专制	rebellious 叛逆的，反抗的
tolerant 宽容的，容忍的	

Children's free-time activities

1. **What are the most popular free-time activities with children today?**
Children today don't usually go out to play with other kids as I would do when I was little, and toys seems to have lost their ***charms*** as well. They now ***prefer to*** spend their holidays travelling, watching TV programmes, or playing online games. In most cases, watching TV programmes and playing games would be the popular choices, but when the holiday is long enough, children would beg their parents to take them onto a trip. I think it's within children's nature to be ***curious*** about the world, so it must be much more exciting to explore new places making new friends than to stay at home facing the same people and doing the same things. ***On top of that***, modern technology has made traveling much easier and affordable to most families. At the age of 10, my nephew has already been to 17 countries in the world. I really wish that I were young again.

charm 魅力，魔力	prefer to 宁愿
curious 好奇的	on top of that 除此之外

2. **Do you think the free-time activities children do today are good for their health? Why is that?**
I think it depends on what they do and how they do it. Travelling is definitely good for people's health. When you travel, ***chances are that*** you'll do a lot of hiking, you'll probably ***participate in a variety of*** outdoor activities, and you are likely to live a rather regular life ***due to*** the disconnection from the Internet and games. And games, on the other hand, can lead to serious health problems. Games are ***addictive in nature*** to which children are ***vulnerable***. Kids who ***are obsessed with*** online games ***are exposed to*** the potential danger of having ***myopia***, ***spinal curvature*** and ***muscular atrophy***, because they sit for long hours with eyes gluing to the screen.

chances are that... 很可能的情况是…	participate in 参与
a variety of 各种各样的	due to 因为
addictive 令人上瘾的	in nature 本质上
vulnerable 脆弱的，易受伤害的	be obsessed with 对某事着迷
be exposed to 暴露于	myopia 近视
spinal curvature 脊柱弯曲	muscular atrophy 肌肉萎靡

3. **How do you think children's activities will change in the future? Will this be a positive change?**
I think parents today have already ***recognised*** the ***detriment*** of children staying indoors too much. So in the future I believe parents will spend more time with their children and they would travel together, go hiking and camping together, do some sports together and spend more time outdoors together. This will definitely ***exert*** a positive ***influence*** on children because it's good for children's health as I mentioned before, and more importantly, it could provide more opportunities for children and parents to stay together as a family, to understand each other better, to ***bond*** more ***tightly***, so that children can grow in a healthier environment.

recognise 认出，识别，承认	detriment 危害
exert 施加（影响，压力等）	influence 影响
bond 黏合，团结	tightly 紧密地

话题相关材料

Education: nature or nurture

For nature:

Study shows that more than 75% of Harvard students are the first born children in the family. And the first born child is proved to have genetic advantage over other kids in the family. Therefore it makes sense to say that nature plays a major role in the development of children.

It is universally acknowledged that gender difference is to some degree responsible for people's performance in varied tasks. For example, males are usually more rational than females. They are task-oriented, focusing more on the results of an action rather than the process. They generally have better mastery in math, chemistry, physics and logic. Females on the other hand are more sensitive, sometimes even sentimental. They are said to have weaker sense of directions, they pay heed to small details on the way more than to the destination. They perform better in language learning, arts and communication. These observations are often used to defend the importance of nature.

For nurture:

Study also shows that, identical twins who are adopted by different families can show totally different personalities. They share the same DNA structure with the same genetic information encoded inside. However, they are exposed to distinctive family background, go to different schools, travel to different places and meet different people, and finally become very different individuals.

Children who are diagnosed to have disabilities in certain aspects can develop their abilities through proper education and training. At the same time, some super talented child prodigies may achieve nothing eventually because they don't work hard enough.

Section 1

场景介绍

本部分是一个关于房屋报修的对话，类似于租房场景，主要考查位置、拼写、修理内容等等。

本节必背词汇

take down	记录	replace	*v.* 更换
van	*n.* 厢式货车	urgent	*adj.* 紧急的
vehicle	*n.* 机动车	cooker	*n.* 炉灶
entrance	*n.* 入口	greasy	*adj.* 油腻的
itemised quote	分项报价	strip	*v.* 剥除
individual	*adj.* 个人的	plaster	*v.* 涂以灰泥
crack	*v.* 破裂，开裂		

词汇拓展

balcony	*n.* 阳台	toaster	*n.* 烤面包器
curtain	*n.* 窗帘	deposit	*n.* 定金
bed-sit	*n.* 卧室兼起居室	leaky	*adj.* 漏的
garage	*n.* 车库		

文本及疑难解析

1. I always tell people in larger vehicles to park by the postbox on the other side of the road from the entrance. 我总是告诉开较大型车辆的人们把车停在入口对面的邮箱旁边。
2. I'll list all the jobs separately with individual prices. 我将会列出所有的工作项目以及它们各自的报价。
3. Just the area over the cooker. It's very greasy... 只是炉灶上面的部分。那儿非常油腻……
4. ...if you want a proper job done what I'd need to do is strip the old paint and plaster it about a week before I paint it. 如果你想我们把活儿做得完美的话，我需要把原来的墙漆刮掉，然后涂上灰泥，一周之后再来刷漆。

题目解析

第 1~10 题都属于简单的提纲填空题。

1. 考查人名拼写，清晰读出。
2. 定位容易，答案词不难，特别提醒：actually 后往往是答案句。
3. at the back 对应了题干中的 behind；library 为常见答案词。
4. best time 定位容易，ring 是英式英语中常见的“打电话”的说法。
5. 本题定位容易，主要考查对下面这句话的理解：I always tell people in larger vehicles to park by the postbox on the other side of the road from the entrance. 题干中的 next to 对应原文中的 by。
6. quote 定位容易，后面容易捕捉到 prices，注意必需填复数。
7. kitchen 定位简答，glass 发音清晰、响亮容易听到。
8. Paint 定位。原文中 Just the area over the cooker，over 对应题干中的 above，不难得出答案。
9. 读题可预测这里是一个时间概念。原文说 I'd need to do is strip the old paint and plaster it about a week before I paint it. 即先把原来的墙漆刮掉，然后涂上灰泥，一周之后再来刷漆。定位容易，答案不难听到。
10. 利用 garden 在原文定位后，马上听到 replace a fence，答案就出现了。

Section 2

场景介绍

本篇介绍了一个参观港口的相关活动事宜。讲述了这个港口的历史、值得参观的地方以及参观时的注意事项。

本节必背词汇

bring to life	使人想起，使回忆起	conserve	*v.* 保护
mine	*n.* 矿，矿藏 *v.* 开矿，采矿	undergrowth	*n.* 灌木丛
costume	*n.* 服装	installation	*n.* 安装，设施
navigable	*adj.* 可航行的	complex	*n.* 区域
handy	*adj.* 便利的	reconstruct	*v.* 重建
cargo	*n.* 货物	restoration	*n.* 恢复
prospector	*n.* 勘探者	seam	*n.* 接缝，裂缝
ore	*n.* 矿石	ketch	*n.* 双桅船
smelt	*v.* 冶炼	cabin	*n.* 船舱，机舱
furnace	*n.* 熔炉	dredge	*v.* 捞取
emigrate	*v.* 移民	silt	*n.* 淤泥
disrepair	*v.* 失修，破损	restore	*v.* 恢复

词汇拓展

lead	*n.* 铅	reconstruction	*n.* 重建
copper	*n.* 铜	sailing	*n.* 航行
manganese	*n.* 锰	surfing	*n.* 冲浪
arsenic	*n.* 砷	ferry	*n.* 渡船
tin	*n.* 锡	marine	*adj.* 海生的
background	*n.* 背景	navigation	*n.* 航海

文本及疑难解析

1. ...because it's the highest navigable point of the Avon—boats can go no higher up this river—and proved a handy place to load and unload cargo to and from the sea。因为这儿是 Avon 河最高的通航点——到此船只就不能再往河的上游走了——而且被证明是一个便利的、装卸海运货物的场所。注意，含有最高级的句子往往是答案句。
2. ...though it wasn't until the Industrial Revolution, when a tremendous need for metals of all kinds developed, that Manham expanded to become one of the busiest ports in the country. ……尽管直到工业革命，对各类金属产生了巨大需求的时候，Manham 才扩张成为这个国家最繁忙的港口之一。
3. ...there was not enough coal in the local area, so the rocks containing minerals had to be shipped long distances. ……由于当地没有足够的煤，因此含有金属的岩石不得不经历长距离的海运。
4. It organised scores of local volunteers to remove undergrowth to find the original outlines of the installations. It then brought in paid professionals to match installations with maps of the original port complex and to set about reconstructing it. 它组织了许多当地的志愿者来移除丛生的灌木，找到当年设施的基本轮廓。接着付钱邀请专家把这些设施匹配到最初的港口区域的地图中并着手对其进行重建。
5. Travel on converted mining trains and journey into the depths of the mountain along seams once worked by hundreds of miners. Watch out especially for the great pumping machines which rid the mine of water. 游客们乘坐经过改造的开矿火车，沿着数以百计的矿工们曾经工作过的狭窄矿道前行至大山深处。要特别当心处理矿井水的大型抽水机器。
6. While looking round the classrooms, take a special look at our display of games, which is one of the largest in the world. 当在教室参观的时候，一定要特别看看我们的游戏展示区，这是当今世界最大的展示区之一。
7. And it's recommended that you time your visit to coincide with a guided tour. 并且建议你安排好自己的时间，最好跟有导游带领的团队旅行时间一致。注意这里 time 为动词，意为"为……安排时间"。

题目解析

第 11~15 题是单选题。

11. 原文说 (it) developed here because it's the highest navigable point of the Avon—boats can go no higher up this river—and proved a handy place to load and unload cargo to and from the sea，定位词 developed 在原文重现，后面紧跟原因句，再加上最高级就更容易判断答案了。
12. Industrial Revolution 定位简单，demand for metals 对应原文中的 need for metals。

13. 本题定位词后置，前面的原因比较清晰：there was not enough coal in the local area，可知答案为 A 项。同样提醒考生，定位词后置时，一般答案就在同一句话中。
14. 本题定位简单，declined 原词重现，后面作了一个小的改写，went away 对应原文中的 emigrate out of the area。
15. 特征词定位简单，后面的原文中有多处表达重建港口的意思，比如 reconstructing it， restoration 等。
第 16~20 题是表格题。表格题一般定位容易，脉络清楚。
16. 读题时可以猜到这里要填的是一种交通工具，相关原文中只提到了 trains。
17. 读题猜出答案是形容词，very dark 在此被很清晰地读出来。
18. display 对应题干中的 exhibition，答案词 games 容易听到。
19. 本题可利用 recommended 定位原文，后面直接提到 guided tour，关键在于这个短语考生们是否知道。
20. 答案词 ladders 同样前置，不过还是在同一句话内。

Section 3

场景介绍

两个学生在讨论工作实习经历。女生讲了她在实习工作中的收获，并提到实习单位也从她的工作中受益。男生表达了也想找一份实习工作的想法，女生给出了一些具体的建议。

本节必背词汇

work placement	工作实习	advertising agency	广告公司
brochure	*n.* 手册，小册子	scanning software	扫描软件
occupational psychology	职业心理学	enhance	*v.* 提高
overall	*adj.* 全部的，总体的	booklet	*n.* 小册子
artwork	*n.* 艺术品，美术品	mentor	*n.* 导师
layout	*n.* 布局，设计	proactive	*adj.* 积极主动的
leaflet	*n.* 传单	alert	*n.* 警示，提醒
prioritise	*v.* 按优先顺序处理	notify	*v.* 通知
assert	*v.* 坚定地陈述	personel department	人力资源部门
consultation	*n.* 咨询	outcome	*n.* 结果

词汇拓展

workshop	*n.* 车间；讲习班	format	*n.* 格式
field trip	实地考察	margin	*n.* 页边空白
proposal	*n.* 提议	questionnaire	*n.* 调查问卷
typo	*n.* 打印错误	bibliography	*n.* 参考文献目录

文本及疑难解析

1. ...but that didn't involve anything I hadn't done before. ……但是这些以前我都做过。
2. Do you think you got any better at managing your time and prioritising things? You always used to say you had trouble with that... 你认为你在管理时间和按优先顺序处理事情方面是否有所改善？你以前总是说这方面做得不好……
3. And I also got better at explaining things and asserting my opinions. 并且我在解释问题和阐述自己的观点方面都变得更好了。
4. I worked it out—it would have been 250 per cent more. 我算了算，那样会多付250%。
5. ...it enhances the image of the company straight away. 它立即提升了公司形象。
6. And once you've registered they assign you to a mentor who looks after your application. 一旦你注册之后，他们会给你分派一个导师来指导你的申请。
7. They told me at the careers office that it's best to be proactive, and get updates yourself by checking the website for new placement alerts. 在就业办公室，他们告诉我最好积极主动，并时时检查网站看有没有新的实习机会。

题目解析

第21~24题是多选题。

21~22. 本题可通过improve定位，对应原文中的两个got better at，分别提到时间管理能力和解释能力的提高，对应了A和E两个选项的内容。选项适当做了改写，但力度不大。

23~24. 选项A在原文中没有提到，选项D和E的内容在原文中有in the long run修饰，因此这两项为从长远来看的后果，而题目问的是“立即产生的好处”。原文说，找广告公司会更贵，意思就是帮公司节省了开支，对应选项B；后面提到立即提高了公司的形象，对应选项C。

第25~30题是搭配题。整体而言搭配题相对于单选题更容易定位，一般题干词在原文都会直接出现。选项即便有同义改写也力度不大。同学们注意到这些特征就更容易提高成绩。

25. booklet直接定位，后面说心理学系有，直接去拿就行了，答案词容易听到，直接对应D项。
26. options定位之后出现了tutor，紧接着女生说One of the career officers would be better，对应F项。
27. getting updates同样直接定位，原文紧跟着提到website，对应选项中的internet。
28. interview定位容易，personnel department发音清晰，可直接选出B项。
29. 定位词outcome和mentor出现在一个句子里，后面女生进行了肯定，距离近，不难听到。
30. Reference定位后只出现了一个人，即your tutor，对应C项。

Section 4

场景介绍

本部分介绍纳米技术，包括纳米技术的基本概念、人们担心的安全问题，以及纳米技术在生活中的应用和远景发展设想。

本节必背词汇

nanotechnology	*n.* 纳米技术	debate	*n.* 争论
atom	*n.* 原子	breakthrough	*n.* 突破
molecule	*n.* 分子	durable	*adj.* 耐用的
implication	*n.* 影响	pliable	*adj.* 柔软的
civilisation	*n.* 文明	shrink	*v.* 使…缩小
teething problem	初期问题	generate	*v.* 产生，生成
scenario	*n.* 场景	harness	*v.* 利用，驾驭
insert	*v.* 植入	airborne	*adj.* 空气中的
self-replicating	自我复制的	contaminant	*n.* 污染物
label	*v.* 把…归类	eradication	*n.* 根除
withdrawal	*n.* 收回	famine	*n.* 饥饿
cosmetic	*n.* 化妆品	biosensors	*n.* 生物传感器
halt	*n.* 停止	speculation	*n.* 推测
unethical	*adj.* 不道德的	life expectancy	预期寿命

词汇拓展

high-tech	*adj.* 高科技的	booming	*adj.* 兴旺的
integrate	*v.* 整合	treatment	*n.* 治疗，处理
prohibition	*n.* 禁止	frustrate	*v.* 挫败；阻挠；使感到灰心
convenience	*n.* 便利	contaminate	*v.* 污染，弄脏

文本及疑难解析

1. Some scientists recommend that nano-particles be treated as new chemicals with separate safety tests and clear labelling. 一些科学家建议将纳米粒子视为新的化学物质，进行单独的安全测试和清晰的分类。
2. Others have called for a withdrawal of new nano products such as cosmetics and a temporary halt to many kinds of nanotech research. 其他人呼吁撤销新的纳米产品（如化妆品）和暂时停止多种纳米技术研究。
3. But as far as I'm concerned there's a need to plough ahead with the discoveries and applications of nanotechnology. I really believe that most scientists would welcome a way to guard against unethical uses of such technology. 但就我所关心的而言，有一个需求那就是推进纳米技术的发现和应用。我真的相信，大多数科学家会欢迎有一种方式来防止这种技术被不道德地使用。
4. The cost of solar cells will be drastically reduced so harnessing this energy will be far more economical than at present. 太阳能电池的成本将大幅减少，所以利用这种能量将比目前经济得多。
5. For instance, tiny airborne nano-robots could be programmed to actually rebuild the ozone layer, which could lessen the impact of global warming on our planet. 例如：空气中微小的纳米机器人确实可以通过

程序控制去重建臭氧层，从而减少全球变暖对我们的星球的影响。

6. In terms of production, this means that you only use what you need and so there wouldn't be any waste. 在生产方面，这意味着你只使用你所需要的，所以不会有任何浪费。
7. How we detect disease will change as tiny biosensors are developed to analyse tests in minutes rather than days. There's even speculation nano-robots could be used to slow the ageing process, lengthening life expectancy. 我们如何检测疾病将会改变由于开发出的微型生物传感器能够分析测试在几分钟内完成，而不是几天。甚至还有猜测纳米机器人可以用来减缓老化过程，延长寿命。

题目解析

第 31~33 题是单选题。

31. 题干关键词 problem 定位容易，原文中的 wrong idea 对应选项中的 misunderstood，改写力度不大。
32. 特征词 nano-particles 定位简单，原文中的 separate safety tests and clear labelling 与 B 项意思相合，不过改写力度偏大，有一定难度。
33. 原文中的 as far as I'm concerned 对应题干中的 In the speaker's opinion，整句话的意思是："但就我所关心的而言，有一个需求那就是推进纳米技术的发现和应用"，与 C 项意思相合。不过本题定位不明显，答案句用词生涩，难度较大。

第 31~40 题都是提纲填空题。

34. transport 定位容易，但空格前的 stronger 对应的是原文中的 durable，改写力度偏大，好在答案词 metals 不算难。本题属中等难度。
35. 原文说 reduce the cost of travelling into space making it more accessible to ordinary people，定位容易，理解起来难度不大，比较容易得出答案。
36. 原文说 a new generation of computers that will work even faster and will have a million times more memory but will be about the size of a sugar cube，faster 作为定位词比较容易听到，and 和 but 连接并列的内容，只是题干与原文列举的顺序不一样，有一定难度。
37. 本题考查对答案句的理解：The cost of solar cells will be drastically reduced so harnessing this energy will be far more economical than at present. 通过 energy 定位，题目中的 affordable 对应原文中的 economical。
38. 原文 contaminants 代替了题干中的 pollutants，定位词有难度，但是 oil 比较容易听到，remove...from the water 也基本上没有进行改写。
39. 本题定位难，manufacturing 在原文中表述为 production 且早于答案词出现，但 waste 本身不难，较容易听到。
40. 本题定位和答案词 tests 本身都不难，主要是录音中的读音偏快、偏弱，考生很容易漏听，属于难题。

Reading Passage 1

篇章结构

体裁	说明文
主题	超级大火
结构	第一段：超级大火比从前更具破坏力 第二段：超级大火的定义 第三段：超级大火频发的原因 第四段：三个推波助澜的因素 第五段：专家看法对此的支持 第六段：事实和数据的支持 第七段：救火准备工作的进步 第八段：政府和行政部门的行为改进 第九段：本州的其他投资和与其他州政府和团体组织的更好交流促成了工作效率提高 第十段：新政策和方法的采用挽救了生命损失

解题地图

难度系数： ★★★

解题顺序： NOTES COMPLETION（1~6）→ TRUE/FALSE/NOT GIVEN（7~13）

友情提示： 本文题目为典型的“划片”分布，两个题型均在考查细节，第1~6题对应前五段，第7~13题对应第六段以及其后的段落，按照顺序逐一答题即可。

必背词汇

1. mega *adj.* 大型的，超大的

   mega- 本身是前缀，如指具体数量则表示“兆”，例如：megabyte（兆字节）、megawatt（兆瓦）、megahertz（兆赫）等；如指模糊概念则表示“特大的”，例如：megacity（特大城市），megamovie（大片）等。

2. erratically *adv.* 无法预测地，没有规律地（形容词形式为 erratic）

   Police stopped him for driving *erratically*. 他因驾驶不按规则而被警察拦下了。

   Argentina's *erratic* inflation rate threatens to upset the plans.

   阿根廷不稳定的通货膨胀率很可能打乱这些计划。

3. precipitation *n.* 降水量；沉淀

With no signs of any *precipitation*, the prospect of the harvest looks bleak.
但是由于没有任何降水的迹象，收获的前景看起来很渺茫。

Is it too much to ask for a little *precipitation*? 下点小雨，这个要求也过分吗？

4. incredible *adj.* 难以置信的；特别好的

It seemed *incredible* that people would still want to play football during a war.
在战争期间人们仍然想踢足球，这似乎令人难以置信。

The wildflowers will be *incredible* after this rain. 这场雨过后，野花将开得非常好。

5. fulfill *v.* 完成，实现；使感到满足

Without them you will not be able to *fulfill* the tasks you have before you.
没有他们你将无法完成你面临的任务。

The war was the biggest thing in her life and nothing after that quite *fulfilled* her.
那场战争是她一生中最重大的事件，在那之后再也没有什么使她感到满足过。

6. mutual *adj.* 相互的；共同的

The East and the West can work together for their *mutual* benefit and progress.
东西方可以为彼此共同的利益和进步而合作。

They do, however, share a *mutual* interest in design. 然而，他们确实都对设计感兴趣。

7. notwithstanding *prep.* 尽管；还是 *adv.* 还是

He despised William Pitt, *notwithstanding* the similar views they both held.
他瞧不起 William Pitt，尽管他们俩所持的观点相似。

Millen expected they would take action *notwithstanding* his absence.
Millen 期望他们仍会采取行动，尽管他自己缺席。

认知词汇

tinder	*n.* 易燃物
menace	*n.* 威胁，胁迫
squad	*n.* 队伍，小组
fire squad	消防队
battle	*v.* 抗争，对付
blaze	*n.* 火焰
flame	*n.* 火焰，火苗
fan	*v.* 扇（风）；煽动，激起
siege	*n.* 围攻
acre	*n.* 英亩
unintentional	*adj.* 无心的，不是故意的
consequence	*n.* 结果，后果，结局
underbrush	*n.* 矮树丛
primary	*adj.* 主要的，首要的
fuel	*n.* 燃料
Fahrenheit	*n.* 华氏度
prone	*adj.* 易于…的，有…倾向的
residential	*adj.* 住宅的，适于居住的
intensity	*n.* 强度
scorch	*v.* 烧焦，烤糊
numerous	*adj.* 数量多的，数不清的
sting	*v.*（言谈）刺痛
bungle	*v.* 笨手笨脚地做，搞糟
peculiar	*adj.* 奇特的，古怪的
personnel	*n.* 职员
canyon	*n.* 峡谷
hop	*v.* 短距离跳跃，单脚跳行
helicopter	*n.* 直升机
dilapidated	*adj.* 破旧的，年久失修的
budgetary	*adj.* 预算的
infrastructure	*n.* 基础设施
upgrade	*v.* 升级，更新
traverse	*v.* 穿过，横越
mammoth	*adj.* 庞然大物的，巨大的
wind	*v.* 蜿蜒；缠绕
serpentine	*adj.* 弯弯曲曲的，盘旋迂回的
jurisdiction	*n.* 管辖区
aid	*n.* 帮助，协助

dedication	*n.* 全力投入；专心致志		witness	*v.* 见证
evacuation	*n.* 清空；撤退		endure	*v.* 承受；容忍
procurement	*n.* 采购；获得			

佳句赏析

1. There's a reason fire squads battling more frequent blazes in Southern California are having such difficulty containing the flames, despite better preparedness than ever and decades of experience fighting fires fanned by the 'Santa Ana Winds'.
   - **参考译文：**正在南加州对抗愈加频发的烈火的消防队们如此难于控制住火势是事出有因的，尽管他们比从前有着更好的准备以及几十年来应对由"圣安娜风"煽风助燃的火灾积累的经验。
   - **语言点：**

     句型分析：本句的主干为 There's a reason fire squads are having such difficulty...，由于修饰用的从句成分太多而显得整个句子相当复杂。reason 后面的全部内容都是作为从句具体说明"原因"的内容，而这个从句自己的主干为 fire squads are having difficulty containing...，即消防队如此难于控制火势是事出有因的。具体说来，第一个修饰成分为 battling more frequent blazes in Southern California，表明 fire squads 正在做的事情；第二个修饰成分来自短语结构 have difficulty doing sth.，解释说明此处难以做到的内容是 containing the flames；第三个修饰成分来自 despite 所引导的状语从句，表示尽管消防队有了 better preparedness...and decades of experience 仍然很难控制火势；第四个修饰成分来自 fighting fires，表明这几十年的经验来自于对抗火灾；第五个修饰成分是紧随其后的 fanned by the 'Santa Ana Winds'，用来说明引起这些火灾的原因。

2. That said, many experts give California high marks for making progress on preparedness in recent years, after some of the largest fires in state history scorched thousands of acres, burned thousands of homes, and killed numerous people.
   - **参考译文：**虽然话是这么说了，但许多专家都给加州打出了高分，认为它在经历了州历史上最大的一些烧焦了数千英亩土地、烧毁了数千栋房屋、吞噬了不计其数生命的火灾之后，近些年来在应对火灾的准备工作方面还是有进步的。
   - **语言点：**

     句型分析：本句的主干是 many experts give California high marks...，marks 后面 for 引导 的部分表明打高分的原因是加州在准备工作方面有了进步，后面 after 所引导的时间状语从句其实也不难理解，是"史上最大几场火灾"这个主语同时发出的 scorched, burned and killed 三个动作。真正的理解难点在于句首的 That said 这个独立主格结构，它也可以写为 That being said，表明上文中那些内容说完了以后，接下来要转入另外一种话题内容了，也含有表示语言转折的意味。

3. Firefighters' unions that in the past complained of dilapidated equipment, old fire engines, and insufficient blueprints for fire safety are now praising the state' s commitment, noting that funding for firefighting has increased, despite huge cuts in many other programs.
   - **参考译文：**消防员联合会过去曾抱怨破旧的设施、陈旧的救火机车，以及匮乏的防火安全规划，现在则赞成了州政府的投入，指出尽管在许多其他项目上大幅削减了资金，但对救火工作的资金投入却有所增加。
   - **语言点：**

     句型分析：本句的主干是 Firefighters' unions...are now praising..., noting...，理解的难点之一在于 are praising 这个谓语部分，由于 unions 后面由 that 所引导的定语从句很长且距离主语过远。不过只要抱定一条原则：unions 后面的 that 从句部分必须具备自己的主谓宾或主系表结构，也就是 unions 会 complained of equipment, engines, and blueprints，就不难锁定真正的谓语部分。另外，noting 所引导的状语从句也是在修饰 unions，表明他们所指出的内容。这种结构在阅读文章的长难句中频频出现，考生应该并不陌生。

4. Besides providing money to upgrade the fire engines that must traverse the mammoth state and wind along serpentine canyon roads, the state has invested in better command-and-control facilities as well as in the strategies to run them.

- 参考译文：除了提供资金以更新那些必须跨越全州、还要在峡谷中的曲折道路上弯弯绕绕前行的消防机车以外，该州还斥资建立了更好的"指挥和操控"设施以及如何操作这些设施的策略。
- 语言点：

1) 句型分析：

本句的主干结构为：Besides..., the state has invested in...facilities as well as in the strategies...。providing money 后面的 to upgrade 是不定式后置，表明政府提供资金的目的，而 fire engines 后面又跟了一个由 that 引导的定语从句，修饰 fire engines 所具有的功能和属性。整个句子的大致意思为：除了出钱干什么以外，该州还投资做了什么和什么两件事。

2) as well as

这个词组有两种常见用法且容易彼此混淆，需要考生格外注意。①如果 well 用作副词，修饰句子中的动词，此词组则表示"像…一样好"；②如果这个词组用作连词，连接其前后两个成分功能相同的部分，则表示"以及，一起"，相当于 and 的用法。

You must deposit 500 as well as the first month's rent.

你必须付 500 英镑押金及第一个月的租金。

Though he started late, Jacob played the piano as well as Barbara.

尽管开始学习得晚，但雅各弹钢琴可以弹得像芭芭拉一样好。

5. There is a sense among both government officials and residents that the speed, dedication, and coordination of firefighters from several states and jurisdictions are resulting in greater efficiency than in past 'siege fire' situations.

- 参考译文：政府官员和当地居民都有这样的感觉：来自几个州和辖区的消防员的速度、投入与合作构成了比先前"围攻大火"情形下更高的救灾效率。
- 语言点：

句型分析：本句主干为 There is a sense...that...。sense 后面的 among 部分表示此种感觉是哪些群体所持有的，而 that 从句的主干结构则为 speed, dedication, and coordination...are resulting in greater efficiency than...。只要抓住了这两个主干，正确理解句子就不是难事了。

试题解析

Questions 1–6

- **题目类型：** NOTES COMPLETION
- **题目解析：** 一般说来，笔记填空题的出题顺序基本与文章行文顺序相一致，此部分题目也不例外。做填空题时需要格外注意两点：1. 认真耐心阅读题干已知信息，对空格中需要填写的信息做出必要的词性和词义上的预测，这样做有助于更准确地定位；2. 定位到原文后切不可马虎，一定要仔细读懂原文，找到符合空格处词性和词义的内容才可作为答案。

题号	定位词	文中对应点	题目解析
1	movement, more unpredictably	第一段最后一句： The wildfires themselves, experts say, are generally hotter, faster, and spread more erratically than in the past.	解答笔记填空题时，除了阅读空格所在句之外，考生最好也能整体性地快速通读一下整体内容，这样往往能够获得额外提示。比如在做本题时，如果考生只关注空格前后的 movement 和 unpredictably，则一定需要认识原文中 erratically 这个同义替换词才能顺利定位；而如果通读了整体内容则可知，第 1 题和第 2 题都需要寻找描述“现在的野火与过去相比所具有的特征属性”的相关内容，且还有用以举例的几个特点 more frequent, hotter 和 faster，则可以更加顺利地定位并规避生词难度顺利解题，答案为 spread。
2	size, two decades ago	第二段第一句： Megafires, also called ‘siege fires’, are the increasingly frequent blazes that burn 500,000 acres or more—10 times the size of the average forest fire of 20 years ago.	原文中出现了 size 这个题干词的原词重现和 20 这个明显数字定位词，定位十分容易，整个句子结构也不难理解，答案为 10 times。
3	rainfall, average	第三段第一句： One explanation for the trend to more superhot fires is that the region, which usually has dry summers, has had significantly below normal precipitation in many recent years.	此题的同义替换难度比较高，原文中用了 precipitation 这个不太常见的词替换了题干中的 rainfall，而题干中的 average 也被替换成了 normal。不过如前所说，如果对整体题干通读后，则可知此题的定位应当在后面第 4 题 brush 之前，也就是答案必定在 one explanation 这个句子之中。通过分析原文，考生依然有希望在不认识 precipitation 的情况下顺利解题，答案为 below。
4	brush, act as	第三段最后一句： The unintentional consequence has been to halt the natural eradication of underbrush, now the primary fuel for megafires.	本题的定位不困难，只需读懂定位句子的大致结构和意思即可得出答案为 fuel。
5	extended fire	第四段第三句： Second is fire seasons that on average are 78 days longer than they were 20 years ago.	解答此题只需考生认识到 extended 一词与 longer than 形成了简单同义替换关系即可，答案为 seasons。
6	more building of	第四段最后一句： Third is increased construction of homes in wooded areas.	此题难度也不高，使用了 construction 与 building 两词的同义替换，答案为 homes。

Questions 7–13

- **题目类型**：TRUE/FALSE/NOT GIVEN
- **题目解析**：

题号	定位词	文中对应点	题目解析
7	open space, diminished, last ten years	第六段第一、二句： In California, where population growth has averaged more than 600,000 a year for at least a decade, more residential housing is being built. time What once was open space is now residential homes providing fuel to make fires burn with greater intensity,' says Terry McHale of the California Department of Forestry firefighters' union.	题干：The amount of open space in California has diminished over the last ten years. **译文**：加州的空地在过去十年里减少了。 此题的定位有个小小的难点，若是考生只关注 open space 这个定位词组，则它所在的句子并未提及"过去十年"这样一条解题时同样需要考虑的信息。此处两句原文之间的关系是：过去十年来人口增长导致需要建立更多住房，而住房所需用地又占用了以前是空地的区域，综合两句可知答案为 TRUE。
8	experts, little progress, readying	第七段第一句： That said, many experts give California high marks for making progress on preparedness in recent years,...killed numerous people.	题干：Many experts believe California has made little progress in readying itself to fight fires. **译文**：许多专家相信，加州在做好准备应对火灾方面没有做出什么进步。 本句的详细解析请见前文"佳句赏析"，原文内容是许多专家给加州事前准备工作的进步打出了高分，也就是认可其做出的改进，与选项内容相矛盾，答案为 FALSE。
9	Personnel, criticised for mishandling	第七段第二句： Stung in the past by criticism of bungling that allowed fires to spread when they might have been contained, personnel are meeting the peculiar challenges of neighborhood—and canyon-hopping fires better than previously, observers say.	题干：Personnel in the past have been criticised for mishandling fire containment. **译文**：救火人员在过去曾被指责对火灾控制工作处理不当。 本题的难度之一在于句子很长且有难度，可能会让一部分考生感到费解；之二在于 criticism 和 bungling 这两个贬义词认识至少一个，才能更方便地理解文意，否则只好根据句子内部的逻辑关系推导其意思了。救火人员在过去确实遭到了批评，原因也确实为控制火势不当，与题干内容相符，答案为 TRUE。

题号	定位词	文中对应点	题目解析
10	replaced, firefighting tools	第八段首句： State promises to provide more up-to-date engines, planes, and helicopters to fight fires have been fulfilled. 第九段首句： Besides providing money to upgrade the fire engines...to run them.	题干：California has replaced a range of firefighting tools. **译文：**加州已经置换了一批救火工具。 本题对考生理解同义替换词的能力要求略高。原文中两次提及“政府承诺提供更新的救火设备并已兑现了诺言”（第八段首句），以及“提供资金以升级换代救火机车”（第九段首句），考生需要做的就是灵活理解题干中 replace 与原文中的 up-to-date 和 upgrade 皆为表达类似意思的同义替换即可。至于更新的对象，则原文中的机车、飞机和直升机皆为救火工具的具体内容，答案为 TRUE。
11	More firefighters, improve fire-fighting capacity	无	题干：More firefighters have been hired to improve fire-fighting capacity. **译文：**雇用了更多的消防队员以增加抗火救灾能力。 原文中只是提到了设备的更新换代和资金投入的增加，并未提及任何“消防人员”的相关信息，答案为 NOT GIVEN。
12	Citizens and government groups, disapprove, working together	第九段最后一句： There is a sense among both government officials and residents that the speed, dedication, and coordination of firefighters from several states and jurisdictions are resulting in greater efficiency than in past ‘siege fire’ situations.	题干：Citizens and government groups disapprove of the efforts of different states and agencies working together. **译文：**普通公民和政府成员并不赞成不同的州和组织一起协同合作。 本句的详细解释请见前文“佳句赏析”。原文说政府和居民都感觉到各团体和州政府合作以后效率提高了，显然对此种做法抱赞同态度，与题干内容相矛盾抵触，答案为 FALSE。
13	Randy Jacobs	第十段第二句至最后一句： ‘I am extraordinarily impressed by the improvements we have witnessed,’ says Randy Jacobs, ... ‘..., we will no longer suffer the loss of life endured in the past...’	题干：Randy Jacobs believes that loss of life from fires will continue at the same levels, despite changes made. **译文：**Randy Jacobs 相信，虽然做出了一些改变，但由火灾造成的生命损失还是会保持同样的水平。 原文明确说到这位律师的看法是：虽然火灾造成的破坏在所难免，但他们不会再遭受之前那样的生命损失了，与题干内容相矛盾，答案为 FALSE。

参考译文

加州超级大火

干旱、住房扩张，以及易燃物的过量在美国西部制造出了更大、更高温的火灾

美国西部的野火正在成为一个越来越严重的威胁，其中南加州是受灾最严重的地区。正在南加州对抗愈加频发的烈火的消防队们如此难于控制住火势是事出有因的，尽管他们比从前有着更好的准备以及几十年来应对由“圣安娜风”煽风助燃的火灾积累的经验。专家们说，这些野火本身与过去相比通常都温度更高、起势更快、传播路径也更不好预测。

超级大火也被称为“围攻火”，它们越来越频繁地发生，烧毁了500,000甚至更多英亩的土地——这个数字是20年前森林火灾平均损毁土地面积的十倍。根据州统计数据和新闻报道，有些近期发生的野火按照焚毁土地面积来看是加州历史上最大的火灾之一。

对于超大火灾愈演愈烈这种趋势的一个解释是：该地区通常在夏季很干燥，而在近些年里其降水量更是严重低于以往正常值。专家说，另一个原因与过去一个世纪以来美国林务局采取的尽可能快地扑灭野火的做法有关。它意外造成的结果是阻止了矮树丛的天然清理，而它们现在成了超级大火的最主要燃料。

专家们还说，另外三个因素也对这一趋势起到了推波助澜的作用。首先是气候变化，其标志是西部各州的年平均气温上升了1华氏度。第二是火灾多发季现在平均比20年前长了78天。第三则是林木地带内房屋建筑的增加。

“我们正在越来越多地把我们的家建造在容易起火的生态环境里，”Dominik Kulakowski这样说，此人是马萨诸塞州伍斯特城克拉克大学地理研究生院的生物学客座教授。“在美国西部的许多森林地带这么做就像是把家安在一座活火山的旁边。”

在加州，人口增长在至少十年间每年平均增加600,000多人，有更多的住房正在不断建设中。“曾经的空地现在成了居住区，为大火更加密集地肆虐提供了燃料，”加州林业部消防员联合会的Terry McHale如是说。“天气这么干燥，这么多社区都着了火，这么多着火现场需要救灾，这成了一项几乎无法完成的工作。”

虽然话是这么说了，但许多专家都给加州打出了高分，认为它在经历了州历史上最大的一些烧焦了数千英亩土地、烧毁了数千栋房屋、吞噬了不计其数生命的火灾之后，近些年来在应对火灾的准备工作方面还是有进步的。观察家们认为，相关人员过去曾饱受指摘，被批评正是由于他们拙劣的处理方法才使得本来能够得到控制的火情蔓延开来，而倍受刺激之下，与过去相比，他们现在能越来越好地应对火势的奇特挑战——它们竟能跨越住宅甚至峡谷而四下蔓延。

州政府所做出的提供更新型机车、飞机和直升机以应对火灾的承诺已经兑现了。消防员联合会过去曾抱怨破旧的设施、陈旧的救火机车，以及匮乏的防火安全规划，现在则赞成了州政府的投入，指出尽管在许多其他项目上大幅削减了资金，但对救火工作的资金投入却有所增加。“我们很高兴看到现任州行政机关非常积极地支持我们的工作，并对我们长久以来一直寻求的基础设备需求给予了财政预算上的支持，”消防员联合会的McHale先生如是说。

除了提供资金以更新那些必须跨越全州、还要在峡谷中的曲折道路上弯弯绕绕前行的消防机车以外，该州还斥资建立了更好的“指挥和操控”设施以及如何操作这些设施的策略。“在早些年的大火围攻战中，我们发现其他管辖区和各州都愿意提供相互搭把手的帮助，但我们没能与他们充分地交流沟通，”加州应急事务办公室火灾与救援支部的负责人Kim Zagaris这样说。他说经过一个委员会检视和改造了沟通流程以后，全州范围内的应对举措“变得更为专业和敏锐”。政府官员和当地居民都有这样的感觉：来自几个州和辖区的消防员的速度、投入与合作构成了比先前“围攻大火”情形下更高的救灾效率。

近些年来，南加州地区还改进了建筑行业标准、空地清理流程，以及新技术的采购。“我对我们已经见证到的改进感到格外印象深刻，”一位住在南加州的律师 Randy Jacobs 如是说，他曾为了躲避野火而被迫搬迁自己的住所和事务所。“抛开野火必定会持续造成的破坏不谈，至少我们将不再遭受过去所经历过的生命损失了，这都是火警预防和消防措施到位的结果，”他说。

Reading Passage 2

篇章结构

体裁	说明文
主题	某些个性特征是否可以通过后天培养而形成
结构	A 段：驳斥“性格由先天决定且无法改变”论 B 段：某专家自身的例子证明天性可以改变 C 段：乐观主义者的典型案例 D 段：关于如何着手改变性格的建议 E 段：精神的力量对行动的影响 F 段：在做新尝试时要首先学会接受自己的无知 G 段：面临两难境况时要找准取舍关注点 H 段：勇气的源头是道德正义感

解题地图

难度系数： ★★★★

解题顺序： 按出题顺序解答

友情提示： 本篇文章出现了一个此前的 A 类真题系列所没有的特点：难度较高的、问“哪段包含如下细节信息”的搭配题通常都出现在文后第一个题型的位置，似乎是上来就给了考生一个下马威；在本篇中则十分“知趣”地成为最后一个题型，考生也就正好顺水推舟，最后再来解答此题即可。第二个题型为相对比较容易解答的人名观点配对题，由于配对的一方是大写人名，较容易定位，在时间紧张的情况下可以考虑优先解答此题型，尽可能快速地定位缩小范围后，更有效地利用有限时间来得分。不过，由于这是一套试题中的第二篇文章，如果答题时间并非特别紧张的话，按照出题顺序来依次解答三个题型也是不错的选择。

必背词汇

1. master *v.* 掌握 *n.* 主人；专家 *adj.* 精通的

Jackson remained calm and was always *master* of his passions. 杰克逊很平静，始终控制着自己的情绪。

When you have *mastered* one situation you have to go on to the next.

等你掌控了一种状况，你又不得不继续处理下一种状况。

She was a *master* of the English language. 她曾是一名英语语言专家。

2. alter *v.* 更改（名词形式为 alteration）

   Nothing has *altered* and the deadline still stands. 什么也没有更改，最后期限依然有效。

   Making some simple *alterations* to your diet will make you feel fitter.

   对你的饮食做一些简单的改变会使你感觉更健康。

3. disastrous *adj.* 灾难性的（名词形式为 disaster）

   the recent, *disastrous* earthquake 那场最近发生的、灾难性的地震

   It was the second air *disaster* in the region in less than two months. 这是该地区不到两个月内的第二起空难。

4. depression *n.* 抑郁，压抑；萧条期

   Any prolonged or severe *depression* should receive professional treatment.

   任何长期或严重的抑郁症都应接受专业治疗。

   He never forgot the hardships he witnessed during the Great *Depression* of the 1930s.

   他从未忘记20世纪30年代经济大萧条时期他所目睹的艰辛。

5. untangle *v.* 解开；整理；清理

   I started to try and *untangle* the mystery. 我开始尝试解开这个谜。

   Some attempts to *untangle* the question were ingenious. 一些解决问题的尝试可谓独辟蹊径。

6. ignorance *n.* 无知（形容词形式为 ignorant，无知的；不礼貌的）

   I am beginning to feel embarrassed by my complete *ignorance* of world history.

   我开始为自己对世界历史的一无所知感到难堪。

   I met some *ignorant* people who called me all kinds of names.

   我遇到了一些粗鲁的人，他们用各种脏话辱骂我。

7. miserable *adj.* 痛苦的；少得可怜的

   There was nothing at all in this *miserable* place to distract him.

   在这个令人忧伤的地方，根本没什么可以转移他的注意力。

   The film was a *miserable* commercial failure both in Italy and in the United States.

   这部电影在意大利和美国的票房收入都遭受了惨败。

8. switch *v.* 转变 *n.* 开关；转换

   The spokesman implicitly condemned the United States policy *switch*.

   这位发言人含蓄地谴责了美国政策上的转变。

   The law would encourage companies to *switch* from coal to cleaner fuels.

   法律会鼓励各公司从用煤转向使用更清洁的燃料。

9. ethical *adj.* 道德的；伦理的（副词形式为 ethically）

   Indeed, the use of placebos raises a whole range of *ethical* dilemmas.

   的确，安慰剂的使用引发了一系列伦理问题。

   The trade association promotes *ethical* business practices.

   这个贸易协会提倡合乎道德标准的商业行为。

10. motivate *v.* 激发…的积极性；使决心做（名词形式为 motivation，动机）

    They are *motivated* by a need to achieve. 对成功的渴望激励着他们。

    The crime was not politically *motivated*. 该罪行没有政治动机。

认知词汇

temperament	*n.* 脾气，脾性
inject	*v.* 注射，注入
passion	*n.* 热情
optimism	*n.* 乐观主义
undergo	*v.* 经历；遭受
transformation	*n.* 改造；变形
trait	*n.* 特点
positive	*adj.* 积极的
identify	*v.* 辨认，确认
amount to	总计；等于
habitual	*adj.* 习惯性的
challenging	*adj.* 有挑战的
diverse	*adj.* 多样的
negative	*adj.* 消极的，负面的
cultivate	*v.* 开发，培育
potential	*n.* 潜力
cite	*v.* 引用
inherently	*adv.* 内在地；固有地
introverted	*adj.* 内向的；自省的
academic	*n.* 学者
reticence	*n.* 沉默寡言
extroverted	*adj.* 外向的
spontaneous	*adj.* 自发的
transition	*n.* 转变，转换
campus	*n.* 校园
counselling	*n.* 咨询
rehabilitation	*n.* 复健
suffer	*v.* 忍受痛苦；承受；遭受
launch	*v.* 发起；开启
recommend	*v.* 推荐
fortune	*n.* 幸运
come about	出现
convince	*v.* 说服…相信
pursuit	*n.* 追逐，追求
plunge	*v.* 跳水；使突然前冲（或下落）
tank	*n.* 罐；箱（或桶等）所装之物
stamina	*n.* 耐力
intense	*adj.* 很大的；十分强烈的
overwhelming	*adj.* 巨大的；无法抗拒的
competitive	*adj.* 具有竞争性的，竞技的
discipline	*n.* 自制力；纪律
tolerate	*v.* 忍受，容忍，忍耐
compatible	*adj.* 兼容的
curiosity	*n.* 好奇心
healing	*n.* 治疗
alternative	*adj.* 替代性的，另外的
fluid	*n.* 液体
nourish	*v.* 滋养，提供营养
vow	*v.* 发誓，承诺
concentration	*n.* 专注
embarrassing	*adj.* 难堪的，尴尬的
fascinating	*adj.* 吸引人的
intimidate	*v.* 恐吓，威胁
staff	*n.* 员工，职员
mitigate	*v.* 减轻；缓解
allegation	*n.* 指控；断言
internal	*adj.* 内部的，内在的

佳句赏析

1. Psychologists have long held that a person's character cannot undergo a transformation in any meaningful way and that the key traits of personality are determined at a very young age.
   - **参考译文：**心理学家一直认为：一个人的个性不可能经受任何真正有意义的改造，而人性中的那些重要特点在非常年幼的时候便已定型。
   - **语言点：**
     句型分析：本句的主干是 Psychologists have long held that...and that...。换句话说，心理学家在此所表达的看法有两点，分别由 that 来引导。第一个 that 从句的主干是 a person's character cannot undergo a transformation，transformation 后面的部分都是补充说明，表示无论以任何方式都没法对人性进行有意义的改造；第二个 that 从句的主干则是 the key traits...are determined...。

2. On campus, he quickly found that beyond ordinary counselling, the university had no services for students who were undergoing physical rehabilitation and suffering from depression like him.

- 参考译文：在大学校园里，他很快发现除了常规咨询外，他的学校没有为像他一样正在经历着身体复健并饱受抑郁之苦的学生提供服务。
- 语言点：

  句型分析：本句主干依然为包含宾语从句的长句，主句结构为 he quickly found that...。在宾语从句内部：beyond ordinary counselling 这个部分是前置状语，从句的主干为：the university had no services for students...，students 后面则是一个由 who 引导的定语从句，进一步修饰说明要帮助的对象是什么样的学生。

3. The secret about consuming passions, though, according to psychologist Paul Silvia of the University of North Carolina, is that 'they require discipline, hard work and ability, which is why they are so rewarding.'

- 参考译文：不过，根据北卡罗来纳大学的心理学家 Paul Silvia 的看法，运用此种热情的秘诀则在于"它们都需要自我约束、全力以赴和力所能及，这也就是为什么它们会如此有回报感的原因。"
- 语言点：

  句型分析：本句主干为 The secret...is that...，是一个简单的主系表结构，但整个长句显得复杂有两个原因：1) 主语 secret 后面首先跟着 about consuming passions，表示是关于哪个方面的秘密，接着又分别插入了转折词 though 用以和上文的一句进行转折，以及 according to 的部分表明这一看法的出处；2) that 后面的表语从句中，主干为 they require...，which 所引导的部分则为一个非限制性定语从句，意为"正因为需要这么多品质，所以才如此有回报感"。

4. Many of her students said that faced with a risky situation, they first tried to calm themselves down, then looked for a way to mitigate the danger, just as Pedeleose did by documenting his allegations.

- 参考译文：她的许多学生都说，在面对某个存在风险的境况时，他们首先会尝试着让自己冷静下来，然后再去寻求降低危险的途径，正如 Pedeleose 通过记录他的指控证据所做到的那样。
- 语言点：

  句型分析：本句主干为 Many of her students said that...，许多考生应该都对这种带长宾语从句的长难句习以为常了，这样的句子其实际内容都出现在宾语从句里。从句的主干为：they first tried to..., then looked for...，此处的难点在于 faced with a risky situation 这个部分，为过去分词形式的独立主格结构，修饰 they；just as 则是一个状语部分，表明这些学生的做法与 Pedeleose 的行为有异曲同工的类似之处。

试题解析

Questions 14–18

- **题目类型：** SUMMARY COMPLETION
- **题目解析：** 本题虽名字为 summary completion"总结摘要"型填空题，但五个答案全部来自 Section A。如果不耐心读懂题干、预测空格内答案，而是匆匆阅读，则比较容易疏忽大意错过答案。

题号	定位词	文中对应点	题目解析
14	Psychologists, impossible	Section A 第一段首句：Psychologists have long held that a person's character cannot undergo a transformation in any meaningful way and that the key traits of personality are determined at a very young age.	14 和 15 空在题干中同处于一个句子中，考生可以通过分析本句主干 Psychologists have traditionally believed that…and that…得知，这两空分别位于一个宾语从句中，都是心理学家传统上始终相信的观点。文章正文的第一段开篇即给出了“心理学家长久以来一直认为”这样一个同义替换信息，而题干问“个性的什么是不可能发生的”，对比原文“人的个性不可能经历任何有意义的改变”，答案为 transformation。
15	by, character, tends to be fixed	Section A 第一段首句：Psychologists have long held that a person's character cannot undergo a transformation in any meaningful way and that the key traits of personality are determined at a very young age.	本题的定位紧跟上题，对应在原文中也是 that 引导的第二个宾语从句内容。此题的难点在于需要考生分析题干全句，发现本宾语从句的主干是“a person's character tends to be fixed”并由此得出空格里内容应与“by a”组合构成状语，对应原文的状语部分为“at a very young age”，但此部分填空题要求答案不超过两个单词，答案为 young age。
16	easiest, acquire	Section A 第二段首句：Some qualities are less challenging to develop than others, optimism being one of them.	本题干问“最容易获得的品质之一是什么”，此题的难点是原文表述得比较隐晦，说“有些品质不像其他另一些那样难于发展”，虽然与“最容易之一”并不完全对等，但却是原文中从意思上最接近的表达，答案为 optimism。
17	a wide variety of	Section A 第二段第二句：However, developing qualities requires mastering a range of skills which are diverse and sometimes surprising.	题干问“无论要发展哪种品质都有必要学习一系列不同的什么”，题干中的 a wide variety of 与原文中的 a range of 的对应十分明显，答案为 skills。
18	understand, feel	Section A 第二段第三句：For example, to bring more joy and passion into your life, you must be open to experiencing negative emotions.	题干问“要增加幸福感，一个人必须理解和感受到什么”，对应到原文中的同义表述是 experience，这几个单词的难度都不高，答案为 negative emotions。

Questions 19–22

- **题目类型：** 人名观点 MATCHING
- **题目解析：** 但凡是人名与观点、事件与地点、物品与特征等诸如此类的搭配题都有一个共同的特点：具有比较明显的数字、大写等容易定位的信息。一旦在文章中定位到这些相关信息，考生不需通读全文而只需在定位处附近认真阅读，即可找到答案顺利解题。因此，在考场时间紧张的情况之下，考生可以优先选择此类题型作答。本篇中的题目难度略高，原因是给出了七个帮助定位的人名而正确答案句只有四句，造成考生要么就按照文章行文顺序通读，再根据观点内容迅速回文章大致部位去详细对比解题；要么就根据人名大写回文定位，此时则要做好心理准备，七个人名选项中必定有三个虽在文章中出现，附近却没有对应四道正确答案题干之一的表达。

题号	定位词	文中对应点	题目解析
19	must accept, do not know much	F 段倒数第二句： Psychologist Todd Kashdan has this advice for those people taking up a new passion: 'As a newcomer, you also have to tolerate and laugh at your own ignorance...'	题干：People must accept that they do not know much when first trying something new. **译文：**人们必须接受这样一点：当他们刚刚开始尝试某项新事物的时候，所知道的就是不多。 本题基本上就是考查考生对两组同义替换词的认知，tolerate 和 accept 放在上下文中表达的是类似的意思，ignorance 则相当于 do not know much，答案为 E。
20	actively notice, good things	D 段： Suzanne Segerstrom, professor of psychology at the University of Kentucky, believes that the key to increasing optimism is through cultivating optimistic behaviour, rather than positive thinking. She recommends you train yourself to pay attention to good fortune by writing down three positive things that come about each day. This will help you convince yourself that favourable outcomes actually happen all the time, making it easier to begin taking action.	题干：It is important for people to actively notice when good things happen. **译文：**人们要去积极地注意到发生的好事情，这一点很重要。 本题考查考生通读若干个句子并按照它们之间的逻辑关系理解其表达意思的能力。第一句出现了人名 Suzanne Segerstrom，但却没有直接提及"人们要注意到好事情"，只是隐晦地说"要开发出乐观行为"；第二句进一步给出建议，同义地表述了"记录每天发生的三件好事"；如果考生读到此处依然没有获得"明示"，则再向下看一句会更加明显，答案为 C。
21	courage, responsibility	H 段第五句： According to Cynthia Pury, a psychologist at Clemson University, Pedeleose's story proves the point that courage is not motivated by fearlessness, but by moral obligation.	题干：Courage can be learned once its origins in a sense of responsibility are understood. **译文：**勇气的源头是责任感，这一点一旦被理解了，人们也就学会了获得勇气。 本题有个小陷阱，原文句子中除了 Cynthia Pury 这个真正的观点外，还提及了 Pedeleose 这个 F 选项人名，但细心阅读此句就能发现，Pedeleose 的故事只是作为一个例子来说明 Pury 的观点而已，并非在此发表自己的看法。至于 moral obligation 和 sense of responsibility 在文中的近义替换，从单词的角度来说倒是不难，答案为 G。

题号	定位词	文中对应点	题目解析
22	overcome shyness, speak in public	B 段： 'The evidence is good that most personality traits can be altered,' says Christopher Peterson, professor of psychology at the University of Michigan, who cites himself as an example. Inherently introverted, he realised early on that as an academic, his reticence would prove disastrous in the lecture hall. So he learned to be more outgoing and to entertain his classes. 'Now my extroverted behaviour is spontaneous,' he says.	题干：It is possible to overcome shyness when faced with the need to speak in public. **译文：**当面对要在公众面前讲话的需要时，害羞感是有可能被克服的。 本题的出题方式与第 20 题有着相似之处：第一句中出现了人名，但没有直接提到“克服害羞”或“在公众面前讲话”；第二句话中提到了 introverted 和 reticence 这两个与题干中 shyness 有同义替换功用的单词，但对于不认识这两个词的考生来说则依然无法定位；到了第三、四句意思才更清晰一些，答案为 A。

Questions 23–26

- **题目类型：**段落与细节信息 MATCHING
- **题目解析：**段号即答案，因此在解析中不再重复“答案是……”。

题号	定位词	文中对应点	题目解析
23	rational thinking, achieve physical goals	E 段： ...The physical stamina required for this sport is intense but the psychological demands are even more overwhelming. Streeter learned to untangle her fears from her judgment of what her body and mind could do.	题干：a mention of how rational thinking enabled someone to achieve physical goals **译文：**提到了理性思考是如何使得某人达成了身体目标的 在原文的 E 段中分别以 psychological demands 和 judgment 两个同义替换来表达了题干中的“理性思考”这个概念，但如果离开了上下文，单看这几个单词是很难做出对应的。此种题型本身难度较高，考查考生快速读懂文中每个句子并能准确把握句子之间关联的能力，因此解题的关键还在于平时多多练习，提高快速读懂长难句的能力。

题号	定位词	文中对应点	题目解析
24	overcame a sad experience	C 段： David Fajgenbaum had to make a similar transition. He was preparing for university, when he had an accident that put an end to his sports career. On campus, he quickly found that beyond ordinary counselling, the university had no services for students who were undergoing physical rehabilitation and suffering from depression like him. He therefore launched a support group to help others in similar situations. He took action despite his own pain—a typical response of an optimist.	题干：an account of how someone overcame a sad experience **译文：**描述了一个人是如何克服一场悲伤经历的 本段中的句子其实单独看都不难，但只看一句无法得出“经历悲哀却又克服”的意思来，需要结合几句才好作答。
25	decided to rethink, academic career path	G 段： In 2004, physician-scientist Mauro Zappaterra began his PhD research at Harvard Medical School. Unfortunately, he was miserable as his research wasn't compatible with his curiosity about healing. He finally took a break and during eight months in Santa Fe, Zappaterra learned about alternative healing techniques not taught at Harvard. When he got back, he switched labs to study how cerebrospinal fluid nourishes the developing nervous system.	题干：a description of how someone decided to rethink their academic career path **译文：**描述一个人是如何决定要重新思考自己的学业道路的 Section G 的第一自然段即描述一个人对自己的博士生研究感到苦恼、中断学业八个月去别处学习、返回校园后改换实验室的过程，考生需结合这几句的意思得出“重新思考学业发展”这个综述。
26	risked, career, sense of duty	H 段： For marketing executive Kenneth Pedeleose, it meant speaking out against something he thought was ethically wrong. ...knowing his own job security would be threatened..., Pedeleose's story proves the point that courage is not motivated by fearlessness, but by moral obligation.	题干：an example of how someone risked his career out of a sense of duty **译文：**举例说明一个人是如何出于责任感而冒着失业的风险 本题是四道题中相对难度较低的，对应的 Section H 中多次出现 risk 和 sense of duty 的同义表述，但此题的位置比较接近文章结尾，又给考生造成了一定麻烦。温馨提示：技巧的用途终归有限，从根本上提升自身阅读的速度才是王道！

参考译文

第二天性

你的个性并不一定就像石头一样不可更改。通过一点点尝试，
人们可以重塑自己的禀性并为生活注入激情、乐观、快乐和勇气

A 心理学家一直认为：一个人的个性不可能经受任何真正有意义的改造，而人性中的那些重要特点在非常年幼的时候便已定型。然而，研究人员已开始更加密切地审视那些我们可以改变的方法。积极的心理学家列出了 24 种我们所赞赏的品性，例如忠诚和善良，并在着手研究它们以探究为什么它们就这样自然而然地出现在了某些人身上。他们正在逐渐发现的是：这些品质中有许多实际上就是习惯性行为，它们决定了我们对这个世界作出反应的方式。好消息是：所有这些都可以通过后天学习而获得。

有一些品质发展起来并不像另外一些那么富有挑战性，其中之一就是乐观。然而，要发展这些品质需要我们掌握一系列多样且有时候令人惊叹的技能。例如，想要把更多的快乐和热情带入你的生活，你就必须保持开放的心态来经历负面情绪。开发这样的品质将会帮助你实现自己的最大潜力。

B “有很好的证据表明，大多数人格特征都是可以被改变的，”密歇根大学的心理学教授 Christopher Peterson 这样说，他还引用了自己本人的例子。他天生内向，很早就意识到作为一个学者，自己的沉默寡言在演讲厅里将是灾难性的。于是他学会了表现得更加外向并使课堂变得欢乐。“现在我的外向举止是自发的，”他说道。

C David Fajgenbaum 也不得不做出类似的转变。他正为考大学做准备，这时却遭遇了一场事故，这场事故终结了他的运动生涯。在大学校园里，他很快发现除了常规咨询外，他的学校没有为像他一样正在经历着身体复健并饱受抑郁之苦的学生提供服务。于是他发起组织了一个团队来帮助其他有着类似状况的人。尽管自身也在遭受痛苦，但他采取了行动——这是一个乐观主义者的典型反应。

D 肯塔基大学的心理学教授 Suzanne Segerstrom 相信提升乐观心态的关键在于通过培养乐观的行为而非正面的思维。她建议你训练自己去关注那些好事情，具体做法是每天写下当天发生的三件具有积极意义的事。这会有助于令你相信：好的结果其实时刻都会发生，这使得开始采取行动也会更容易。

E 你可以根据一个人对某种追求的大力度投入来判断这个人对此必定满怀热忱。Tanya Streeter 的热情在于自由潜水——这种运动是在没有氧气罐和其他呼吸设备的情况下向深水处潜入。从 1998 年开始，她创造了九项世界纪录并能够屏息长达六分钟。这项运动对身体耐力的要求极高，但它对精神力量的要求甚至更能压倒一切。Streeter 学会了通过判断自己的身体和精神能做到什么来排解她的恐惧感。“在我作为自由潜水者的比赛生涯里，确实存在着一个我能力所达的极限——但它远非我一开始所以为的那样而已，”她这样说。

F 找到一个你能为之感到兴奋的追求可以提升任何人的生活质量。不过，根据北卡罗来纳大学的心理学家 Paul Silvia 的看法，运用此种热情的秘诀则在于“它们都需要自我约束、全力以赴和力所能及，这也就是为什么它们会如此有回报感的原因。”心理学家 Todd Kashdan 为那些正在开启一项新的倾注热情对象的人们给出了这样的建议：“作为一个新来的，你还必须要容忍自己的无知并对此一笑置之。你必须愿意接受那些冲你扑面而来的负面感受，”他说道。

G 在 2004 年，医生兼科学家 Mauro Zappaterra 在哈佛医学院开始了他的博士生活。不幸的是，他倍感苦恼，因为他的研究与他对治疗方法的好奇并不兼容。他最终选择了暂时中断学业，并在 Zappaterra 的 Santa Fe 度过的八个月里学习了哈佛没有讲授的替代性医疗技术。当重返校园后，他更换了实验室以探索脑脊髓液是如何滋养了发育中的神经系统。他还下定决心要在每件事中寻找快乐，这其中也包括在失败中寻找，因为这样做能帮助他理解他的研究工作和他自身。

有一件事情会阻碍人们找到快乐，那就是他们过于关注“避免失败”而不是时刻期待着去做好一件事情。“只着眼于安全感可能会阻碍你达成自己的目标，”Kashdan 这样解释道。例如，你是在希望平安撑过一场商务午宴而不让自己尴尬，还是在思考席间的对话有多么引人入胜？

H 通常，我们是以生理的角度来思考“勇气”这个概念的，但是日常生活还需要另外一些东西。对于市场执行人员 Kenneth Pedeleose 来说，这意味着向某些从道德角度上在他看来是错误的东西大声说不。新上任的经理总是威胁恐吓员工，因此 Pedeleose 仔细记录下每一次欺凌事件并最终将证据交给了一位职位更高的主管，同时也明白他自己的职位安全性将受到威胁。最终走人的是那位经理。根据 Clemson 大学的心理学家 Cynthia Pury 的看法，Pedeleose 的故事证明了这样一点：勇气并非是由无所畏惧而是由道德责任感所激发的。Pury 还相信人们都有能力获得勇气。她的许多学生都说，在面对某个存在风险的境况时，他们首先会尝试着让自己冷静下来，然后再去寻求降低危险的途径，正如 Pedeleose 通过记录他的指控证据所做到的那样。

从长远来看，获得一个新的人格特点也许能帮助你朝向你想要成为的那个人迈进。而短期内看来，这种努力本身就能出乎意料地带来回报感，这是一场内心的探险。

Reading Passage 3

篇章结构

体裁	说明文
主题	进化是否会倒退及其原因
结构	第一段：进化是否会倒退还未有定论 第二段：一种观点认为返祖是缺陷 第三段：Dollo 法则的确立 第四段：座头鲸的例子挑战了 Dollo 法则 第五段：沉默基因也许引起了返祖现象 第六段：沉默基因的有效时限 第七段：蝾螈的例子支持沉默基因时限说 第八段：蜥蜴的例子反驳了沉默基因时限说 第九段：关于这些相矛盾例子的猜想 第十段：胚胎在子宫中的发展提供了原因

解题地图

难度系数： ★★★★★

解题顺序： MULTIPLE CHOICE（27~31）→ YES/NO/NOT GIVEN（37~40）→ SENTENCE COMPLETION（32~36）

友情提示： 本文中生僻词汇较多，在一定程度上增加了考生理解的难度和心理压力。兼之文后的选择题考查考生对全段内容的大致理解；补全句子填空题又出现了一定程度的乱序，这些在考试时间紧迫的情况下，都进一步增加了解题的难度。针对此种情况，建议考生在平时练习中加强对阅读文章里长难句的分析，从根本上提升读长句的速度和质量，方能立于不败之地。在考试时间紧张的状态下，如果解题时间不充分，建议考生优先选择乱序可能性低的题型，例如带有容易定位的大写信息的选择题或判断题，把乱序可能性相对较高因而不易定位的完成句子题放在靠后的位置解答。

必背词汇

1. controversial *adj.* 有争议的，彼此冲突的

Immigration is a *controversial* issue in many countries. 移民在很多国家都是一个有争议的问题。

The changes are bound to be *controversial*. 这些变革注定是有争议的。

2. reluctant *adj.* 不情愿的，勉强的

Mr. Spero was *reluctant* to ask for help. Spero 先生不愿意寻求帮助。

The police are very *reluctant* to get involved in this sort of thing. 警方非常不愿意卷入这种事情。

3. connotation *n.* 暗示，隐含意义

It's just one of those words that's got so many negative *connotations*.

它只是那些有很多负面隐含意义的词之一。

'Urchin', with its *connotation* of mischievousness, may not be a particularly apt word.

"淘气鬼"，有调皮捣蛋的含义，可能不是一个特别恰当的词。

4. opposite *adj.* 相反的；在…对面的

Well, whatever he says you can bet he's thinking the *opposite*.

哦，无论他说什么，你都能肯定他想的是另外一套。

He looked up at the buildings *opposite*, but could see no open window.

他抬头望向对面那些楼，但看不见一扇开着的窗户。

5. qualify *v.* 符合；（通过增加细节、解释）使语气缓和；取得资格

Boyd *qualified* his opinion, noting that the evidence could be interpreted in other ways.

博伊德补充说明了他的观点，指出证据可以用其他方式加以解释。

I *qualified* as a doctor from London University over 30 years ago.

30 多年前，我获得了伦敦大学的博士学位。

6. probability *n.* 概率；可能性（形容词形式为 probable）

If you've owned property for several years, the *probability* is that values have increased.

如果一处房产已经拥有几年了，它很可能已经增值了。

Without a transfusion, the victim's *probability* of dying was 100%. 不输血的话，该患者肯定会死亡。

7. irreversibility *n.* 不可逆转性（动词形式是 reverse）

There must have been a time billions of ago when life crossed the threshold of *irreversibility*.

数十亿年前，生命肯定有过一次跨越不可逆性门槛的行动。

They have made it clear they will not *reverse* the decision to increase prices.

他们已经明确表示不会为了提高价格而改变这一决定。

Because the normal word order is *reversed* in passive sentences, they are sometimes hard to follow.

由于被动句颠倒了正常的语序，所以有时很难理解。

8. occasion *n.* 场景；重大场合；机会

The team repeated the experiment on three separate *occasions*, with the same results.

该团队分别在三个不同场景重复进行了实验，所得结果相同。

Taking her with me on official *occasions* has been a challenge. 对我而言，带她出席正式场合是一种挑战。

9. degrade *v.* 使恶化，退化，衰退；使贬低身份

the notion that pornography *degrades* women 认为色情作品有辱女性尊严的观念

the ability to meet human needs indefinitely without *degrading* the environment

无限制地满足人类需求而又不会使环境恶化的能力

认知词汇

evolutionary	*adj.* 进化的	accumulate	*v.* 积累，累加
reluctant	*adj.* 不情愿的	random	*adj.* 随机的，无规律的
mindful	*adj.* 考虑到的，留意到的	mutation	*n.* 变异
principle	*n.* 原则，法则	render	*v.* 提供，给予
genetics	*n.* 基因学	survive	*v.* 生存，幸存
march	*n.* 行进，进军	juvenile	*adj.* 幼时的
technical	*adj.* 技术的	entire	*adj.* 完整的
forefather	*n.* 先辈，先祖	lineage	*n.* 世系，血统，宗系
medic	*n.* 医生	retain	*v.* 保留，保持
criminal	*n.* 罪犯	frame	*n.* 框架
identify	*v.* 辨认；确认	minuscule	*adj.* 极小的，微小的
feature	*n.* 特征，特点	hind	*adj.* 后面的
primitive	*adj.* 原始的；简陋的	toe	*n.* 脚趾
fossil	*n.* 化石	digit	*n.* 手指，脚趾；数位
partially	*adv.* 部分地；有偏好地	trait	*n.* 特质，特征
previous	*adj.* 先前的	intriguing	*adj.* 引人入胜的，令人着迷的
appendage	*n.* 附加物，附属肢体	womb	*n.* 子宫
limb	*n.* 肢体，四肢	embryo	*n.* 胚胎
puzzle	*n.* 谜题	sprout	*v.* 长出
switch	*v.*（按）开关	bud	*n.* 突起物

佳句赏析

1. For the better part of a century, most biologists have been reluctant to use those words, mindful of a principle of evolution that says 'evolution cannot run backwards'.
    - 参考译文：大半个世纪以来，大多数生物学家都不太情愿使用这些词语，因为他们头脑中有这样一条进化原则，认为“进化不能倒退”。
    - 语言点：

      句型分析：本句的主干为 most biologists have been reluctant to use those words，从 mindful 开始的部分是独立主格结构，说明生物学家不情愿的原因和状态，此部分中 that 又引导了一个定语从句，进一步解释这条原则的内容。

2. Early 20th-century biologists came to a similar conclusion, though they qualified it in terms of probability, stating that there is no reason why evolution cannot run backwards—it is just very unlikely.
    - 参考译文：20 世纪早期生物学家也得出了类似的结论，不过他们是以可能性高低的方式来进一步

说明这一规律的，指出没有什么理由为什么进化一定不能倒退——只不过这种情况不太可能发生罢了。

- 语言点：

1) 句型分析：

本句的主干很简单，Early 20th-century biologists came to a similar conclusion，真正复杂的部分在于 though 引导的让步状语从句部分，表达转折。这个从句又包含 stating 引导的状语从句、why 引导的定语从句和破折号“—”引导的解释说明部分，因而整个句子看起来比较复杂。不过考生只需牢记“先看主干、层层分析”的原则，将这些修饰部分按步骤各归各位，也就不会出现太大的难题。还需特别提醒的是，qualify 在此句中的意思并非大多数考生所熟悉的“有资格”而是指“用更多细节补充说明”。

2) in terms of...：就…方面而言

Our goods compete in terms of product quality, reliability and above all variety.

我们的产品从质量、可靠性，尤其是多样性方面来看很有竞争力。

3. They reasoned that while some evolutionary changes involve the loss of genes and are therefore irreversible, others may be the result of genes being switched off.

- 参考译文：他们是这样分析的：虽然一些进化改变涉及基因的丢失，因此是不可逆的，然而另外一些改变也许是由于基因作用被关掉了。
- 语言点：

句型分析：本句的主干很简单：They reasoned that...，真正的信息来自 that 后面的宾语从句，而从句的主干结构为：while some changes..., others...。还需注意在 genes 后面的 being switched off 部分，为 result of... 结构的一部分，表明是“基因被关掉”的结果。

4. The team calculated that there is a good chance of silent genes surviving for up to 6 million years in at least a few individuals in a population, and that some might survive as long as 10 million years.

- 参考译文：此团队分析，沉默基因很有可能在每个群体中的至少几个个体身上存在至多达六百万年之久，有一些甚至可能延续一千万年那么长。
- 语言点：

句型分析：本句的宾语从句有两个，句子主干为 The team calculated that..., and that...。第一个宾语从句为 there be 句型，后一个则是简单的主谓结构。

5. From a detailed analysis of the salamanders' family tree, however, it is clear that the other lineages evolved from an ancestor that itself had lost the ability to metamorphose.

- 参考译文：然而，从对蝾螈目动物族谱的深入细致分析中可知，很显然其他支系所从之进化而来的祖先本身当时就已失去了变形的能力。
- 语言点：

句型分析：此句的主干为 ...it is clear that...，在此之前的部分是状语，表示主句信息的出处；it 为形式主语，真正的主语是 that 引导的句子。还值得注意的是，在这个作主语的部分中 ancestor 之后还有一个 that 引导的定语从句，修饰 ancestor。

6. According to his analysis of the Bachia family tree, the toed species re-evolved toes from toeless ancestors and, what is more, digit loss and gain has occurred on more than one occasion over tens of millions of years.

- 参考译文：根据他对 Bachia 蜥蜴家族的分析，那些有趾物种是从无趾的祖先那里重新进化出了爪趾，而且更有甚者，这些爪趾的减少和增加在数千万年的时间里发生过不止一次。

- **语言点：**

句型分析：这个长句相当于用 and 连接了两个主谓宾单句，前一个句子的主干是 the toed species re-evolved toes...，后一个句子的主干是 digit loss and gain has occurred...。在遇到此类长句的时候，考生可以在连接词 and 处停留一下，待看明白了第一个句子，再开始后面的第二句。

试题解析

Questions 27–31

- **题目类型：** MULTIPLE CHOICE
- **题目解析：** 本文的选择题是个很大难点，原因在于所有题目都需要考生通读定位全段，掌握全段所有句子的大致意思才能准确作答。特别提醒：定位到原文某段的位置后，一定要先通读一遍选项、明确寻找目标后，再阅读原文做题。

题号	文中对应点	题目解析
27	第三段： ...a Belgian palaeontologist called Louis Dollo was studying fossil records and coming to the opposite conclusion. In 1890 he proposed that evolution was irreversible: ...Early 20th-century biologists came to a similar conclusion, though they qualified it in terms of probability, stating that there is no reason why evolution cannot run backwards—it is just very unlikely. And so the idea of irreversibility in evolution stuck and came to be known as 'Dollo's law'.	**题目：当讨论 Louis Dollo 所创立的理论时，作者认为** A 项说“它立刻就被命名为 Dollo 法则”，而原文明确说到此理论是经过另外一些生物学家补充说明进行修改后逐步命名的，与此相矛盾。 B 项说“它支持了进化倒退的可能性”，可是 Dollo 法则的核心内容即认为“进化是不可倒退的”，因此此项错误。 C 项说“它在 20 世纪初由一些生物学家进行了修改”，正是本段第三句所说内容，为正确答案。 D 项说“它是建立在多年研究的基础之上”，这是原文中完全没有提及的内容。
28	第四段： Yet almost since the idea took root, exceptions have been cropping up. In 1919, for example, a humpback whale with a pair of leg-like appendages over a metre long, complete with a full set of limb bones, was caught off Vancouver Island in Canada. Explorer Roy Chapman Andrews argued at the time that the whale must be a throwback to a land-living ancestor. 'I can see no other explanation,' he wrote in 1921.	**题目：之所以会提到温哥华岛外围捕到的座头鲸是因为** A 项说“它身体的尺寸大得非比寻常”，而原文中并未提及座头鲸的身体大小。 B 项说“它很好地代表了 Dollo 法则”，但原文意在说明有很多例子可以反驳 Dollo 法则，座头鲸就是其中之一，与选项内容相矛盾。 C 项说“它在当地引发了一定量的矛盾看法”，这在原文中并无提及。 D 项说“对它不同一般的特点给出的原因”，原文中正是在提到座头鲸后由一位探索家给出了自己的看法，是正确选项。

题号	文中对应点	题目解析
29	第五段最后一句： ...If these silent genes are somehow switched back on, they argued, long-lost traits could reappear.	**题目：关于“沉默基因”文中说了什么？** A 项说“它们的数量根据物种而有所不同”，但文中并未提及数量。 B 项说“Raff 不同意使用这个术语”，也属于未提及信息。 C 项说“它们可能导致某些特征的重新出现”，正是原文中意思的简单同义替换，为正确答案。 D 项说“它们可以有无限的寿命”，这条信息在本段中属于未提及，在下一段文章中则由 Raff 的团队分析认为它们可以持续存在最高达上千万年的时间，与选项相矛盾。
30	第七段： As a possible example, the team pointed to the mole salamanders of Mexico and California. ... In other words, metamorphosis in mole salamanders is an atavism. The salamander example fits with Raff's 10-million-year time frame.	**题目：作者之所以提到钝口螈类是因为** A 项说“它代表了大多数两栖类动物的发展过程”，但本文提及这种生物主要是为了列举其中的例外性成员蝾螈，而非以这个物种来代表所有两栖类，因此不是正确答案；但这个选项具有颇大迷惑性，需要考生耐心通读全段才能更准确地选择。 B 项说“它显示 Raff 的理论是正确的”，文意确实如此，但从“mole salamanders”这个定位词出现在第七段开头，直到最后一句话给出定论为止，这个正确选项对考生的耐心读长句能力提出了较高挑战。 C 项说“它丢失和重新获得了不止一种能力”，这是原文中完全不曾提及的信息。 D 项说“它的祖先成了被广泛研究的对象”，这也是文中没有提到的信息。
31	第八段： ...In a paper published last year, biologist Gunter Wagner of Yale University... According to his analysis of the Bachia family tree, the toed species re-evolved toes from toeless ancestors and, what is more, digit loss and gain has occurred on more than one occasion over tens of millions of years.	**题目：以下哪个是 Wagner 的宣称？** A 项说“Bachia 蜥蜴家族的成员有若干次丢失和重新获得了某些特征”，这是正确答案，但与第 30 题有着类似的难点，即需要考生大范围阅读此段，才可得出结论。 B 项说“证据显示 Bachia 蜥蜴的进化是由于环境的原因”，这是原文未提及的信息。 C 项说“他对南美蜥蜴的研究支持了 Raff 的观点”，但本段中列举 Wagner 的研究成果恰恰是对 Raff 的时间框架理论提出反例，这与选项内容相矛盾。 D 项说“他的发现将适用于南美蜥蜴的其他品种”，这也是原文中未曾提及的信息。

Questions 32–36

- **题目类型**：SENTENCE COMPLETION
- **题目解析**：这种类型的补全句子结尾题比较麻烦，原因之一是阅读量相对比较大，考生在定位到原文中能补全题干的信息后，还需阅读所给答案的一系列句子才能完成解题；原因之二则是题干的出题顺序并不严格遵循文章的行文顺序，所以有时会出现定位困难的问题。比如在此部分题目中，第 35 题和第 36 题的题号顺序与出题位置就是相反的。好在这两道题的题干中都有大写或专有名词帮助定位，可谓"天无绝人之路"，考生只需拿出耐心来一一查找比对题干即可。

题号	文中对应点	题目解析
32	第一段： For the better part of a century, most biologists have been reluctant to use those words, mindful of a principle of evolution that says 'evolution cannot run backwards'.	题目：For a long time biologists rejected **译文**：很长时间以来生物学家都抗拒 本题的定位靠前，理解难度也不高，唯一可能对考生解题构成一定障碍的就是 reluctant 与 reject 二者之间的同义替换。正确答案为选项 F：the possibility of evolution being reversible. "进化可以倒退的可能性"。
33	第三段： While Lombroso was measuring criminals, a Belgian palaeontologist called Louis Dollo was studying fossil records and coming to the opposite conclusion.	题目：Opposing views on evolutionary throwbacks are represented by **译文**：关于进化倒退现象的两种相反观点其代表为 要顺利解答此题，考生最好按照原文行文顺序逐句理解其大意，则可知关于"进化倒退现象是否可能"这个议题存在着两种彼此相反的观点，而其代表者分别为 Lombroso 和 Dollo，答案为选项 G：Dollo's findings and the convictions held by Lombroso. "Dollo 的研究发现和 Lombroso 所持有的观念"。
34	第五段： Since then, so many other examples have been discovered that it no longer makes sense to say that evolution is as good as irreversible. And this poses a puzzle: how can characteristics that disappeared millions of years ago suddenly reappear?	题目：Examples of evolutionary throwbacks have led to **译文**：进化倒退现象的例子导致了 本题的定位距离上一题较远，对考生连读几句掌握其大意的能力要求也比较高。由于有了众多进化倒退的例证，就导致接下来问题的提出，即正确选项 A：the question of how certain long-lost traits could reappear. "某些消失已久的特征如何可以重新出现的问题"。
35	第九段： One possibility is that these traits are lost and then simply reappear, in much the same way that similar structures can independently arise in unrelated species, such as the dorsal fins of sharks and killer whales.	题目：The shark and killer whale are mentioned to exemplify **翻译**：鲨鱼和虎鲸之所以被提到是为了例证 此题的定位并不困难，读懂 sharks 和 killer whales 这两个定位词所在的句子即可解答。正确选项为 B：the occurrence of a particular feature in different species. "某个特征在不同物种身上的同时出现"。

36	第八段： In a paper published last year, biologist Gunter Wagner of Yale University reported...The simplest explanation is that the toed lineages never lost their toes ...	题目：One explanation for the findings of Wagner's research is 译文：对于 Wagner 研究发现的解释之一是 此题的位置虽然与上一题定位逆序，但胜在有 Wagner 这个大写专有名词。真正的挑战来自于对定位段中连续几个长句子的准确阅读和理解，在 Wagner 发表了其研究发现后，对此的解释之一是有趾蜥蜴从未丢失过其爪趾，也就是负责此特征的基因信息没有改变过。正确选项为 D：the continued existence of certain genetic information. "某些基因信息的持续存在"。

Questions 37–40

- **题目类型：**YES/NO/NOT GIVEN
- **题目解析：**

题号	定位词	文中对应点	题目解析
37	Wagner, first person, South American lizards	第八段： In a paper published last year, biologist Gunter Wagner of Yale University reported some work on the evolutionary history of a group of South American lizards called Bachia. ...	题干：Wagner was the first person to do research on South American lizards. **译文：**Wagner 是对南美蜥蜴进行研究的第一人。 文章只引用了 Wagner 的论文结果，并未提及他是否是第一个在此领域进行研究的人，因此答案为 NOT GIVEN。
38	Wagner, Bachia lizards, toeless ancestors	第八段： According to his analysis of the Bachia family tree, the toed species re-evolved toes from toeless ancestors and...	题干：Wagner believes that Bachia lizards with toes had toeless ancestors. **译文：**Wagner 相信有趾的 Bachia 蜥蜴有着无趾的祖先。 本题的定位不难，对同义替换的理解也不难，答案为 YES。
39	long-lost traits, embryos	第十段： But if silent genes degrade within 6 to 10 million years, how can long-lost traits be reactivated over longer timescales? The answer may lie in the womb. Early embryos of many species develop ancestral features.	题干：The temporary occurrence of long-lost traits in embryos is rare. **译文：**胚胎中那些消失已久特征的暂时出现是很稀少的现象。 要做对此题并不需要考生具备很大的词汇量，像 womb "子宫" 和 embryo "胚胎" 这样的略生僻词汇即使都不认识也不影响解题。但此题需要考生对细节信息的关注到位，原文说 "许多物种的早期胚胎都发展出过祖先的特征"，此现象属于普遍而非少见，与题干信息相矛盾，因此答案为 NO。

40	caused by, developmental problems, womb	第十段： Later in development these features disappear thanks to developmental programs that say 'lose the leg'. If for any reason this does not happen, the ancestral feature may not disappear, leading to an atavism.	**题干：**Evolutionary throwbacks might be caused by developmental problems in the womb. **译文：**进化返祖现象也许是由子宫中的发育问题所引起的。 此题的定位紧跟上一题，不难寻找，但需要考生对这几句话之间的逻辑联系有比较到位的理解，答案为 YES。

参考译文

当进化向后退的时候

进化是不应该向后退的——然而，有越来越多的例子显示：
它确实会后退，而且有时候这还代表着一个物种的未来

将任何动物描述为“进化倒退”的说法都是有争议的。大半个世纪以来，大多数生物学家都不太情愿使用这些词语，因为他们头脑中有这样一条进化原则，认为“进化不能倒退”。但是随着越来越多的例子出现以及现代基因学的诞生，那条原则正不得不被重写。进化倒退不但是可能的，而且有时候还在进化的向前发展中扮演着重要角色。

用来描述进化倒退的技术性术语是“返祖现象”，它来自拉丁语词汇 atavus，意思是“祖先”。这个词的暗示含义很不好，这在很大程度上要拜一位 19 世纪的意大利医生 Cesare Lombroso 所赐，他认为罪犯在出生的时候就并未发育完整，可以通过某些生理特征来辨认他们，而这些特征就是向原始的、低于人类级别状态的退化。

就在 Lombroso 忙于评估罪犯的同时，一位名为 Louis Dollo 的比利时古生物学家正在研究化石记录并得出了相反的结论。他在 1890 年提出，进化是不可逆的：“一个有机体不可能返回到其祖先们已经实现过的进化各阶段中的任何一个先前的状态，甚至部分地返回也不可能。”20 世纪早期生物学家也得出了类似的结论，不过他们是以可能性高低的方式来进一步说明这一规律的，指出没有什么理由为什么进化一定不能倒退——只不过这种情况不太可能发生罢了。就这样，进化不可逆的理论便延续了下来，逐渐被称为“Dollo 法则”。

如果 Dollo 法则正确无误的话，那么返祖现象即使会出现，也应当只是罕见的例外而已。然而几乎就是在这一理念开始扎根的同时，反例就一直层出不穷。比如，1919 年在加拿大温哥华岛外围捕捞到一头座头鲸，它长着一对足有一米多长的像腿般的附肢，且其中的整套腿骨系统都是发育完全的。探索家 Roy Chapman Andrews 当时认为，那头鲸鱼一定是退化成了其陆地存活祖先的某个状态。“我想不到任何其他解释，”他在 1921 年写道。

从那时起，还发现了如此众多的其他案例，认为进化是不可逆的理论再也没意义了。而这又提出了一个谜题：那些几百万年前便已消失的特点是如何又突然重新出现的呢？在 1994 年，美国印第安纳大学的 Rudolf Raff 及其同事们决定利用遗传学为进化返祖现象所可能发生的时限确定一个具体的数字。他们是这样分析的：虽然一些进化改变涉及基因的丢失，因此是不可逆的，然而另外一些改变也许是由于基因作用被关掉了。他们认为，如果这些沉默的基因通过某种方式被重新开启，那些消失已久的特征就有可能重现。

Raff 的团队进而计算了这种情况发生的可能性。他们如此认为：沉默基因会积累随机性的突变，最

终使得它们自身变得毫无用处。因此，如果一个基因不再被使用，它能在这个物种中存活多久？此团队分析，沉默基因很有可能在每个群体中的至少几个个体身上存在至多达六百万年之久，有一些甚至可能延续一千万年那么长。换言之，退化是可能发生的，但是仅仅只能退化到某个距今相对较近的先前进化阶段。

该团队列举了墨西哥和加利福尼亚的钝口螈属为例证。与大多数两栖动物类似，这些生物以一种年幼的“蝌蚪”形态开始自己的一生，然后变形为成年的形态——但有一个品种例外：蝾螈，众所周知它的一生都保持了幼年形态。对此最简单的解释便是：只有蝾螈这一支系丧失了变形的能力，而其他品种则保留着这种能力。然而，从对蝾螈目动物族谱的深入细致分析中可知，很显然其他支系所从之进化而来的祖先本身当时就已失去了变形的能力。换句话说，钝口螈属的变形行为是一种返祖现象。这个蝾螈目例证正好符合 Raff 的一千万年时限理论。

但是，更近些年来，一些例子的出现打破了这个时间限制，从而表明沉默基因也许不能解释这种现象。在去年发表的一篇论文中，耶鲁大学生物学家 Gunter Wagner 公布了自己对于一种名为 Bachia 的南美洲蜥蜴的进化历史所做的一些研究。这类蜥蜴中的许多个体都长着微小的四肢；有一些看起来不像蜥蜴而更像蛇，还有一些后腿上已经完全没有了足趾。然而，其他蜥蜴目物种却在后腿上进化出了最高可达四个的足趾。最简单的解释就是：有趾的这些支系其足趾从未退化丢失过，但 Wagner 持有不同看法。根据他对 Bachia 蜥蜴家族的分析，那些有趾物种是从无趾的祖先那里重新进化出了爪趾，而且更有甚者，这些爪趾的减少和增加在数千万年的时间里发生过不止一次。

那么到底是怎么回事呢？可能性之一是：这些特征先是丧失，然后仅仅就是又重新出现了而已，就好像彼此完全无关的物种身上会独立地各自出现相似的结构，例如鲨鱼和虎鲸的背鳍。另一种更加引人深究的可能性则是：那些产生足趾所需的基因信息由于某种原因在蜥蜴身体中存在了几千万年乃至数亿年的时光又被重新激活了。这些返祖特征提供了一项优势并在种群中散播开来，有效地扭转了进化的进程。

但是如果沉默基因会在六百万到一千万年的时间内退化，那些早已消失很久的特征是如何经历了更长的时期而被重新激活的呢？答案也许在于子宫。许多物种的早期胚胎都发展出了其祖先的性状。例如，蛇的胚胎会伸出后腿的突起物。在后来的发展中，这些性状又消失了，多亏其发育机制说：“丢掉那些腿”。如果出于某种原因这个机制没有起作用，祖先的特征就可能不会消失，导致个体出现返祖现象。

Task 1

题目要求

（见“剑 10” P101）

审题

题目翻译：下图展示了一种叫鲑鱼的大鱼物种的生长周期。选取并汇报主要特征，总结信息，并在相关处进行对比。

非数据图表一般分为两种：一种是流程图，另一种是地图。本题属于流程图，描述的是鲑鱼这种物种的生长过程。

写作思路

本题由三幅流程图组成，写作时有两种不同的写法：第一种写法是按图写，即有几张图，分几段；第二种写法是归类写，文中虽然有三个阶段，但是可以归类成在淡水环境生活的情况和入海后的情况。本文使用的描写是第二种写法。第一段描述刚出生的和青年的鲑鱼的生长环境。第二段交代成熟鲑鱼的生活和行为。第三段总结两个自然段的主要区别。

考官范文

（见“剑 10” P167）

参考译文

鲑鱼的生活开始于把卵产在鹅卵石多的河岸边，卵被藏在上游缓慢移动的芦苇中。经过大约五到六个月的时间，卵就孵化成了“鱼苗”。在接下来大约四年的时间里，这些年幼的鲑鱼将栖息在河的快速流动的下游水域里。在这段时间里，它们的长度大约是 3 到 8 厘米。

等到鲑鱼长到 12 到 15 厘米长的时候，它们就可以被称为是“初次由河入海的小鲑鱼”了。到这时，它们就移居到河的更下游，游到开放海域。在海里生活五年后，鲑鱼就长到成年鲑鱼的尺寸了，大约 70 到 76 厘米。于是它们开始游回到它们的出生地，在那里产卵，新一轮的生长又开始了。

总而言之，鲑鱼从出生到成熟的过程要经历三个明显的身体阶段。每个阶段都在不同的水域地点进行。值得注意的是前两个阶段都是发生在淡水环境，第三个阶段发生在咸水水域。

分析

第一段分析

非数据类图表作文的第一段一般是在题目原文基础上的改写，但是有的时候，多图的情况也可以不改写题目而直接进入正题，本文亦如此。流程图一般按照图中的顺序加逻辑衔接词进行描述。本段从鲑鱼产卵、卵成长为鱼苗经历的时间和鱼苗的长度等方面进行了详细的描述。

第二段分析

本段描写了鲑鱼从青年时期入海，然后变成成年鲑鱼，再重新回到原地产卵的过程。其中还包括不同阶段的鲑鱼的长度及变化所需时长。

结尾段分析

总结了鲑鱼成长的三个阶段，并且提出三个阶段的差别，即前两个阶段在淡水里，最后一个阶段在海里。

连贯与衔接

文章分段合理，连贯性很强，衔接手段非常丰富。使用了 begin，after，for approximately the next four years，during this time，by the time，at this time，in summary，while。

用词

本文词汇使用熟练老道。除了合理使用图中已有词汇以外，还使用了不常出现但符合题目需求的地道的词汇和词组，如 pebbly，hatch，centimetres，reach，term，migrate，birthplace，lay eggs，start anew，pass through，distinct，maturity，aquatic location，occur。

语法

本文使用了多种结构，如：

第一段第一句：Salmon begin life as eggs on a pebbly riverbed, hidden among reeds in the slow-moving upper reaches of a river. 本句省略了 which is，完整的句子应为 ...which is hidden among...。

定语从句：第二段第二句（which）；第二段第三句（where）

形式主语：第三段第三句（it is noteworthy that）

Task 2

题目要求

（见“剑 10”P102）

审题

题目翻译：一些博物馆收门票，而另一些是免费的。你认为博物馆收门票的优点是否大于缺点？

本题属于社会类话题，为讨论利弊题型。本题与 2012 年 8 月 25 日题目类似。

写作思路

本题为利弊分析类题目。利弊分析类文章的基本构架有三种写法：第一种写法和 Discuss 讨论类文章比较相似，通常在文章首段交代问题的背景，然后在主体段落针对利弊进行分析，最后在尾段比较利弊，表明立场。第二种写法采取一边倒的形式，完全认为有优点或者缺点。这种情况需要在首段交代了问题背景后，直接表明态度，主体段落可以进行两段或三段的延展，尾段重申态度。第三种写法采取让步反驳的形式，在首段交代问题的背景及作者的态度后，先对反方观点进行小篇幅的描述，再用大量的阐述支持自己的态度。尾段重申态度。本文采取的是第一种写法，分别阐述博物馆收门票的利弊，再在结尾表明自己的立场。

考生作文

（见“剑 10”P168）

参考译文

博物馆是一个你可以经历从过去到最新科技的历史的独一无二的地方。然而，进门时需要购票。

博物馆是一个在周末可以和家人朋友一起去的受欢迎的场所。门票是一项维持博物馆正常运行和维护展品的基金。如果不收门票，博物馆可能变得很脏，维护得不好，也不太可能运营得很好，除非有政府和慈善机构的支持。

然而，门票是导致人们可能不去博物馆的一个理由。我们通常需要缴纳 30 美金的门票钱。孩子或者收入不高的家庭很难负担这笔费用。他们将去免费的博物馆或者干脆不去感受博物馆的美妙，我认为这样很不好，博物馆应该对每个人开放。

我认为收门票不是好事，因为博物馆应该为每个人开放，但门票对博物馆的运营又很重要。所以我认为应该提出一个两全其美的方式，比如依靠政府资金支持或者慈善活动，这样博物馆既可以运营，又可以免费。奥克兰博物馆就是一个很好的例子。它是新西兰最大的博物馆，但因为有政府扶持，也是免费的。

考官点评

（见“剑 10”P168）

参考译文

本文字数只写了 219 个字，不够题目要求，所以这部分的分数被减掉。然而文章的确涵盖了题目的所有要求，并且提出了相关的立场。主要观点很清晰且有延展，但是还可以延展得更深入，有更多内容支持。信息组织得很合理，总体延续性很清晰，使用了足够的衔接词（However，also，Usually，since，but，So），段落清晰。使用的词汇丰富、恰当（funds，maintain）并且大意基本清晰。然而，错误地使用 admission 和其他不准确的词组（doing a charity）展现了选词方面缺乏准确性。使用了不同的复杂句结构，但是有一些频繁的小错。然而这些错误极少影响理解；总体来说，语法和标点的使用掌握较好。

分析

本文得分 5.5 分。

内容

作者采取了先分析利弊再表明立场的方式，提出博物馆收费的弊端主要是很多家庭因为负担不起而选择不去，但博物馆应该是向每个人开放的；其优点是通过收门票维持博物馆的运营、保护展品。作者在文章结尾表明立场，认为博物馆收费弊大于利。本文的问题在于作者在论证的时候没有更深入地使用各种论证手法来支持自己的观点。

结构

文章使用了一些衔接方式，使文章有整体的完整度。例如段落与段落之间的转折（however）；段落内部的承接（unless，usually，which，so）。

词汇

作者恰当地使用了一些不常见的词汇（unique，fund，maintain，exhibit），并且大意基本清晰。然而，错误地重复使用 admission（第一段第二句，第二段第二句，第三段第一句，第四段第一句，应改为 admission fee）和其他不准确的表达（第二段第三句 pourly，应改成 poorly；likely impossible，应去掉 likely；第三段第三句 children or family which doesn't，主谓不一致，应改成 child；第四段第二句话 be admission free，改成 be free for everyone；doing a charity，应改成 running a charity；第四段第四句 since it's government funded，应改成 government-funded）展现了选词方面缺乏准确性的问题。

语法

文章使用了一些复杂的句式。

定语从句：第一段第一句（where）；第二段第二句（which）；第三段第一句（which）；第三段第三句（which）；第三段第四句（which）。

Part 1

在第一部分，考官会介绍自己并确认考生身份，然后打开录音机/笔，报出考试名称、时间、地点等考试信息。考官接下来会围绕考生的学习、工作、住宿或其他相关话题展开提问。

话题举例

School

1. **Did you go to secondary/high school near to where you lived? [Why/Why not?]**

   Not really. My high school is ***a bit*** far from where I lived. It's about an hour bus-ride away, if the traffic is not too heavy. I remember I used to have to get up around six o'clock in the morning to catch the 6:30 bus. It was really a ***torture*** in winter. But I don't regret choosing it. After all, it was considered the very best high school in town.

   a bit 一点儿；有些　　torture 折磨

2. **What did you like about your secondary/high school? [Why?]**

   There are a couple of things I like about, or even feel proud of my high school. I think the most amazing thing about my school is that it encourages and respects ***individuality***, which means students are free to make a lot of choices. For example, wearing uniform was not ***mandatory*** unless for special ***occasions***.

   individuality 个性　　mandatory 强制的，必须的
   occasion 时机，场合

3. **Tell me about anything you didn't like at your school.**

   Well, I can't actually ***recall*** anything I dislike about my school right now except that the school playground was too small. My high school was founded 70 years ago. It was big enough back then, when it only had to ***accommodate*** one tenth of the amount of students today. There were only four basketball courts, so every day it was super crowded.

   recall 回忆　　accommodate 容纳，招待

4. **How do you think your school could be improved? [Why/Why not?]**

   As I just mentioned, my school is very small, and many of the school buildings are pretty old. I think it'll be great if my high school buy a piece of new land somewhere and build a new ***campus*** with enough space to build all kinds of ***facilities***.

   campus 校园　　facility 设备，设施

Part 2

考官给考生一张话题卡（Cue Card）。考生有 1 分钟准备时间，并可以做笔记（考官会给考生笔和纸）。之后考生要作 1 ~ 2 分钟的陈述。考生讲完后，考官会就考生的阐述内容提一两个相关问题，由考生作简要回答。

Describe something you don't have now but would like to own in the future. You should say: what this thing is how long you have wanted to own it where you first saw it and explain why you would like to own it.

话题卡说明

What this thing is How long I have wanted to own it	Well, I found it really challenging to ***single out*** one item from the list of things I'd like to possess in the future. Most of the things I fantasized about are remotely ***unattainable***, but if I have to choose one to talk about, it would be the Bugatti Veyron super sports car.
Where I first saw it	Actually I've never had the opportunity to see one in real life. Everything I know about Bugatti is from either magazines or documentary films.
Why I would like to own it	I have been obsessed with cars since childhood. My father was a ***locomotive*** driver back then. He used to buy all kinds of books and magazines about engines and automobiles, and he loved to teach me to recognise and appreciate those fancy cars. Gradually, I became a big fan. I love a variety of ***world-class*** vehicles, but Bugatti Veyron is ***one of a kind***. With the top speed of 430 kilometers per hour, it's the fastest ***mass-produced*** vehicle on earth. Its ***mighty*** W16 engine can produce as much as 1200 horsepower, and the uniquely designed automatic dual-gearboxes allow nearly no power loss during the transmission, which ***empowers*** the vehicle to ***accelerate*** from 0 to 100 km/h within only 2.5 seconds. But that's not the ultimate ***face-melter***. At the speed of 100 km/h, this iron beast can ***be called to a full halt*** in just 2.2 seconds. Bugatti is probably not one of the best-looking vehicles, nor is it the most expensive one, but it is the very beauty in my dream.

重点词句

single out 挑选
unattainable 难以获得的，不切实际的
locomotive 机车
world-class 世界级的
one of a kind 独一无二的，自成一派的
mass-produced 量产的
mighty 强大的
empower 授权，使能够
accelerate 加速
face-melter 让人吃惊的东西
call to a full halt 完全停止

Part 3

第三部分：双向讨论（4～5分钟）。考官与考生围绕由第二部分引申出来的一些比较抽象的话题进行讨论。第三部分的话题是对第二部分提示卡内容的深化和拓展。

话题举例

Owning things

1. **What types of things do young people in your country most want to own today? Why is this?**
   Well, it's hard to say. As a matter of fact, I don't even know what I want. However, I think in general there are few things that people in China would like to add into their possessions. On top of the list is a house. It comes on top because, first of all, we all need a roof to ***shelter***, and secondly, owning a house has become a ***luxury*** in China since the housing price is ridiculously high today. Listed next to a house is a private car, the fancier the better. To young people, a car stands for much more than a means of transportation. It ***functions*** as a name card which manifests one's economic status, social class, ***aesthetic*** taste, and even personalities.

shelter 躲避，避难	luxury 奢侈品
function 运行	aesthetic 美学的，审美的

2. **Why do some people feel they need to own things?**
   Personally, I believe that we all, ***one way or another***, share the same kind of feeling. The ***craving*** for properties is ***hardwired*** into people's brain since ***primitive*** time when people still had to struggle for existence. People had to collect everything they can get in hand so as to survive floods, droughts, starvation, ***plagues***, ***social turbulence***, wars and so on. It gives people a sense of security, which is one of our basic emotional needs. Now that we ***are*** almost ***free from*** those worries, this powerful instinct still ***governs*** our ***behavioral pattern*** and drives us to ***pursue*** things that we don't actually need.

one way or another 无论如何	craving 渴望，欲望
hardwired 嵌入的	primitive 原始的
plague 瘟疫	social turbulence 社会动荡
be free from 摆脱，不受制约	govern 指导，控制
behavioral pattern 行为模式	pursue 追求

3. **Do you think that owning lots of things makes people happy? Why?**

Much as I find it hard to admit, I believe owing lots of things does give people a sense of happiness. From the scientific point of view, happiness is simply the bio-electric signal ***perceived*** by our brain which is caused by a ***neurotransmitter*** called ***dopamine***. And recent studies have discovered that collecting things would increase the level of dopamine in human brain. I know there are people saying something like "I have a lot of money, but I don't feel happy". However, I think the problem is not about having a lot of money, but about missing something else such as family, love, vacation and recognition. So such claim actually ***approves*** that we always want some more.

perceive 接收，感知	neurotransmitter 神经介质
dopamine 多巴胺	approve 证明

Salaries for skilled people

1. **Do you think television and films can make people want to get new possessions? Why do they have this effect?**

Absolutely, such is ***human nature*** that the more we know, the more we want. Television and films ***constantly*** feed people with information about different life styles, new technologies, fashion trends, and luxurious items, creating an ***ever-developing*** concept of "better life" to catch up with. What makes things worse is TV commercials. They create false needs, sell false hopes, and make false promises. I'd lose my count if I were to ***recall*** everything I bought which I rarely used, but still, I keep buying things. As the society develops, so grows my ***lust***. It's simply something I cannot ***resist***.

human nature 人类天性	constantly 不间断地
ever-developing 不断变化的	recall 回忆
lust 欲望	resist 抵制，抗拒

2. **Are there any benefits to society of people wanting to get new possessions? Why do you think this is?**

Of course there are benefits to it. I think people's desire for new possessions is indeed the ***ultimate*** driving force that pushes the society to develop and to move forward. If it were not for this powerful ***drive***, we wouldn't have had been able to ***accumulate*** enough food and properties to support ***massive*** population, without which the first human civilization wouldn't have had ***emerged***. In modern ages, on one hand, it ***motivates*** people to work hard so as to earn new possessions; on the other hand, it ***inspires*** people to ***devise*** new ***contraptions*** and conceptions to meet the public needs.

ultimate 终极的	drive 驱动力
accumulate 积累	massive 大量的
emerge 出现	motivate 激发，刺激
inspire 启发	devise 发明，设计
contraption 设计，装置	

3. **Do you think people will consider that having lots of possessions is a sign of success in the future? Why?**

I think we need to ***broaden*** our understanding about possessions. In my understanding, they could be either ***tangible*** or ***intangible***. Tangible possessions ***range from*** money, jewelry, clothing ***to*** new

gadgets, ***real estate properties*** and automobiles, while intangible possessions include ***occupational qualifications***, academic degrees, ***reputation***, friendship. Facebook fans and equipment in computer games. One way or another, we are all pursuing something we highly ***value*** and appreciate, and having a large possession of whatever it is can definitely give us a strong sense of success and happiness.

broaden 拓展	tangible / intangible 有形的 / 无形的
range from...to... 范围包括…	gadget 装备，设备
real estate properties 房产	occupational qualification 职业证书
reputation 声誉，声望	value 重视，高度评价

话题相关材料

Is it fair for celebrities such as sportsmen to be paid so much?

For:

They earn their incomes through honest labor. There's neither cheating nor coercion in it. They don't demand to be paid that much, people are willing to pay that much. This is totally reasonable.

They have paid much more effort than ordinary people and have went through unimaginable hardships to become a super star. They provide amusement and joy to people, which is hard to measure with money; not to mention star athletes bring honor and glory to the country. They absolutely deserve the money.

Against:

It's totally unfair because one's pay should be based on their contribution to the society. Super stars offer nothing but entertainment, the least useful thing that the world ever needs. It will discourage people of more important jobs with much lower pay to dedicate themselves to their work.

Some people rise to fame simply because they are born with certain talents such as a good singing voice. In some cases, they become famous simply because they look good. This is so against the value system we hold true for centuries where people are judged not by their appearances, but their inner abilities.

General Training Test A Reading

Section 1

Questions 1–7

篇章介绍

体　　裁： 说明文

主要内容： 介绍室内烟雾报警器

必背词汇

alarm	*n.* 警报器；闹钟 *v.* 警告
standard	*adj.* 标准的 *n.* 标准
feature	*n.* 特征，特点
property	*n.* 房地产
install	*v.* 安装
detect	*v.* 探测
presence	*n.* 出现，存在
emit	*v.* 发出
alert	*v.* 警告
escape	*v.* 逃跑
principal	*adj.* 主要的
sensitive	*adj.* 灵敏的
flaming	*adj.* 燃烧炽烈的
battery	*n.* 电池
professional	*adj.* 专业的 *n.* 专家
hard-wired	*adj.* 硬接线的
licensed	*adj.* 有执照的，官方认证的
ceiling	*n.* 天花板
dispose	*v.* 处理，处置
domestic waste	*n.* 生活垃圾
council	*n.* 委员会
technician	*n.* 技术人员
rubbish	*n.* 垃圾

认知词汇

ionization	*n.* 电离
fiercely	*adv.* 凶猛地，猛烈地
photoelectric	*adj.* 光电的
accidentally	*adv.* 意外地

试题解析

- **题目类型：** TRUE/FALSE/NOT GIVEN
- **题目解析：**

1. All new houses in Australia must have smoke alarms.

参考译文	澳大利亚所有的新房必须安装烟雾报警器。
定位词	new houses, smoke alarms
解题关键词	all
文中对应点	第一段第一句：Smoke alarms are now a standard feature in Australian homes and are required by the National Building Code in any recently built properties. 烟雾报警器是每个澳大利亚家庭的标配，国家建筑条例规定新近建造的建筑物必须配有烟雾报警器。 本题解题关键：通过题干要判断，是不是所有新房必须安装烟雾报警器。原文陈述，烟雾报警器是每个澳大利亚家庭的标配，国家建筑条例规定新近建造的建筑物必须配有烟雾报警器。题干中的 all...must... 与原文中的 are required by...in any... 陈述一致。
答案	TRUE

2. Photoelectric smoke alarms cost less than ionization smoke alarms.

参考译文	光电烟雾报警器比离子烟雾报警器便宜。
定位词	photoelectric smoke alarms, ionization smoke alarms
解题关键词	...cost less than...
文中对应点	第二段第一句：There are two principal types of smoke alarms. Ionization alarms are the cheapest and most readily available smoke alarms. 烟雾报警器主要分为两类，离子烟雾报警器价格最低且使用方便。 本题解题关键：通过题干要判断，是不是光电烟雾报警器比离子烟雾报警器便宜。原文陈述，离子烟雾报警器价格最低。题干陈述与原文陈述事实完全相反，不一致。
答案	FALSE

3. It takes a short time to fit most smoke alarms.

参考译文	大多数烟雾报警器的安装时间短。
定位词	time, fit
解题关键词	short time, most
文中对应点	根据顺序原则，定位到第三段，但是此段都在陈述烟雾报警器对安装人员的专业背景是否有需求，没有提到安装报警器所用时间的问题，所以题干的内容在原文并未提及。
答案	NOT GIVEN

4. Any hard-wired smoke alarm must be fitted by a specialist technician.

参考译文	任何硬接线的烟雾报警器必须由专业技师安装。
定位词	hard-wired, specialist technician
解题关键词	Any...must be fitted by...
文中对应点	第三段第二行：For the installation of hard-wired smoke alarms, powered from the mains electricity supply, however, you will need the services of a licensed professional. 然而安装硬接线的烟雾报警器时，要将其连接在主电网上，你需要拥有执照的专业人员帮忙。 本题解题关键：通过题干要判断，是不是任何硬接线的烟雾报警器都必须由专业技师安装。原文陈述，安装硬接线的烟雾报警器时（烟雾报警器其中一类），要将其连接在主电网上（安装的特殊性），你需要拥有执照的专业人员帮忙。题干中 any...must be fitted by... 与原文中陈述完全一致。
答案	TRUE

5. You should get in touch with your local council before placing any ionization smoke alarms in household rubbish.

参考译文	在将任何离子烟雾报警器当做家庭垃圾处理之前，你应该先联系市政委员会。
定位词	local council, household rubbish
解题关键词	...should get in touch with...before...
文中对应点	第四段第一行末：If you have fewer than ten ionization alarms to get rid of, you may put them in your domestic waste. If you have more than ten to dispose of, you should contact your local council. 如果你有不到 10 个废弃的离子烟雾报警器，可以把它们当做生活垃圾自行处理掉。但如果你有超过 10 个废弃的离子烟雾报警器，则应该告知市政委员会。 本题解题关键：通过题干要判断，是不是在你将任何离子烟雾报警器当做家庭垃圾处理之前，都应该联系市政委员会。原文陈述两种情况，如果数量小于 10 个，可以自行扔掉，只有当离子烟雾报警器的数量超过 10 个时，才需要告知市政委员会。题干中的 ...You should get in touch with... 与原文中的 If you have fewer than ten ionization alarms to get rid of, you may put them in your domestic waste. 陈述不一致。
答案	FALSE

6. Smoke alarms give a warning sound to indicate that battery power is low.

参考译文	当电池电量低时，烟雾报警器会发出警告音。
定位词	battery power
解题关键词	warning sound
文中对应点	第五段第一句：Your battery-powered smoke alarm will produce a short beep every 60 second to alert you when the battery is running out and needs replacing. 当蓄电池型的烟雾报警器需要更换电池时，它们每 60 秒会发出“哔”的短音提示。 本题解题关键：通过题干要判断，是不是电量低报警器就有警告声。原文陈述，需要更换电池时，它们每 60 秒会发出“哔”的短音提示。题干中的 smoke alarms give a warning sound 与原文中 alarm will produce a short beep...to alert... 陈述完全一致。
答案	TRUE

7. Old smoke alarms need to be checked more than once a month.

参考译文	旧的烟雾报警器每月至少要检查一次。
定位词	old smoke alarms
解题关键词	more than once a month
文中对应点	第五段第二行：Nevertheless, it should be tested every month to ensure that the battery and the alarm sounder are working. Note that the sensitivity in all smoke alarms will reduce over time. 虽然有提示音，但是每月也要检测一下烟雾报警器，以确保电池和电子扬声器运作正常。值得注意的是，所有烟雾报警器的敏感度都会随着使用时间而减弱。 本题解题关键：老旧的烟雾报警器是不是每月要至少检查一次？原文中没有提及对旧烟雾报警器的维护和处理。题干内容在原文并未提及。
答案	NOT GIVEN

参考译文

室内烟雾报警器

烟雾报警器是每个澳大利亚家庭的标配，国家建筑条例规定新近建造的建筑物必须配有烟雾报警器。烟雾报警器用来侦测烟雾的浓度，一旦发生火灾，它会发出响亮的声音提醒你，从而使你有足够的时间逃离危险。

烟雾报警器主要分为两类（离子烟雾报警器和光电烟雾报警器）。离子烟雾报警器价格最低且使用方便。它对熊熊大火反应敏感并能在浓烟滚滚之前侦测到危险。不同的是，光电烟雾报警器在侦测慢燃火灾方面更加有效。它虽不像离子烟雾报警器那样敏感，但却最适合安装在只有一层的房屋内。为了安全起见，你最好将两种烟雾报警器都装上。

大多数蓄电池型的烟雾报警器可以由户主自行安装，无需专人。然而安装硬接线的烟雾报警器时，要将其连接在主电网上，你需要拥有执照的专业人员帮忙。烟雾报警器的最佳安装位置：客厅或房间天花板的中间或靠近中间处。

任何数量的光电烟雾报警器都可以被当做生活垃圾进行处理。如果你有不到 10 个废弃的离子烟雾报警器，可以把它们当做生活垃圾自行处理掉。但如果你有超过 10 个废弃的离子烟雾报警器，则应该告知市政委员会。

当蓄电池型的烟雾报警器需要更换电池时，它们每 60 秒会发出“哔”的短音提示。虽然有提示音，但是每月也要检测一下烟雾报警器，以确保电池和电子扬声器运作正常。值得注意的是，所有烟雾报警器的敏感度都会随着使用时间而减弱。

Questions 8–14

篇章介绍

体　　裁： 说明文
主要内容： 介绍悉尼歌剧院之行

必背词汇

iconic	*adj.* 标志性的
essential	*adj.* 必不可少的
construction	*n.* 建造
landmarks	*n.* 标志性建筑
interactive	*adj.* 交互式的
memorable	*adj.* 值得纪念的
World Heritage	世界遗产
reduction	*n.* 降价
discount	*n.* 折扣
senior	*n.* 年长者
pensioner	*n.* 领取退休金的人
prior	*adj.* 预先的
backstage	*n.* 后台
unique	*adj.* 独一无二的
concert hall	*n.* 音乐厅
conductor	*n.* 指挥
pit	*n.* 乐队席
imagine	*v.* 想象
private	*adj.* 私人的
concession	*n.* 优惠，减价
expire	*v.* 截止
permit	*v.* 允许

spectacular	*adj.* 壮观的
surroundings	*n.* （周围的）环境
duration	*n.* 持续（时间）
opportunity	*n.* 机会
pretend	*v.* 假装
restriction	*n.* 限制
participant	*n.* 参与者
purchase	*n./v.* 购买
length	*n.* 长度

认知词汇

baton	*n.* 指挥棒
orchestra	*n.* 交响乐团
complimentary	*adj.* 免费的，赠送的
rubber-soled	*adj.* 橡胶鞋底的
recital	*n.* 独唱会
unforgettable	*adj.* 难忘的

试题解析

- **题目类型：**MATCHING
- **题目解析：**

8. discounts available to younger visitors

参考译文	年轻的游客可享受优惠票价。
定位词	discounts, younger visitors
文中对应点	C 段末：students and children of 16 and under $24.50.
答案解析	题干中出现 discounts 折扣，不难想到跟价格有关系，所以要格外留意段落中带金钱符号的地方。进行比对后，C 段中提到普通成人票价为 35 澳元，学生和 16 岁及以下儿童票价为 24.50 澳元，显然是给予了折扣。题干中的 younger visitors 对应原文 students and children of 16 and under，题干中的 discounts，对应原文由 35 澳元降至 24.50 澳元。 因此，本题答案选 C。

9. the need for suitable footwear

参考译文	需要穿合适的鞋子。
定位词	suitable footwear
文中对应点	E 段末：The tour includes up to 300 steps. Flat, rubber-soled shoes must be worn.
答案解析	题干中说此行程需要穿合适的鞋子。原文中 E 段末注释：后台参观路线之行多达 300 个台阶，参观者需穿平底的橡胶底鞋。题干中 suitable footwear 对应原文 Flat, rubber-soled shoes. 因此，本题答案选 E。

10. the opportunity to pretend you are taking part in a concert

参考译文	一个你假装参加音乐会的机会
定位词	...opportunity...taking part in a concert...
文中对应点	D 段：It is a unique opportunity to experience the real-life dramas behind the stage! You might even get to stand on the concert hall stage, take up a conductor's baton in the orchestra pit and imagine you are leading the performance.
答案解析	题干问及哪个段落提到：你会有一个机会，假装在参加音乐会。D 段第三句陈述，你甚至可能会站在音乐厅的舞台上，拿起乐团指挥家的指挥棒，想象着自己正在指挥一台演出。题干中 ...taking part in a concert... 对应原文 ...You might even get to stand on the concert hall stage...。 因此，本题答案选 D。

11. a restriction on the number of participants

参考译文	限制参与者人数
定位词	restriction , number of participants
文中对应点	E 段 : To purchase: Bookings are essential. Limited to 8 people per tour.
答案解析	题干中出现 number 数字，应该有目的地去寻找数字。进行比对后，E 段中间提到 To purchase: Bookings are essential. Limited to 8 people per tour. 即订购需提前预约；每次后台参观路线一行限定为 8 个人。题干中 restriction 对应原文 limit, number of participants 对应原文数字 8。 因此，本题答案选 E。

12. a reduction that applies to purchases using the internet

参考译文	网上购票有优惠
定位词	reduction, using the internet
文中对应点	C 段第三行：Prices: Adults $35 / Online $29.75
答案解析	题干中出现 purchase, 也是和价格有关，所以格外留意段落中带金钱符号的地方。进行比对后，C 段中提到普通成人票价 35 澳元，网上订票 29.75 澳元。题干中的 reduction，purchase，就是购票优惠，对应原文原价 35 澳元，网上购票 29.50 澳元；题干中的 internet 对应原文 online。 因此，本题答案选 C。

13. the need to book your ticket in advance

参考译文	需要提前订票
定位词	book your ticket, in advance
文中对应点	E 段第三行：To purchase: Bookings are essential. Limited to 8 people per tour. Online sales expire at 4.30pm two days prior.
答案解析	题干中出现 book ticket，和订票信息有关。进行比对后，E 段中提到，订购需提前预约。每次后台参观路线一行限定为 8 个人。网上售票提前两天截止，截止时间为下午 4:30。题干中的 in advance 对应原文 bookings are essential... two days prior... 因此，本题答案选 E。

14. the length of one of the tours

参考译文	一条参观路线的时长
定位词	length, tours
文中对应点	G 段第三行：Duration: 1.5 hours
答案解析	题干中出现 length（长度），原文也会用数字体现这个信息，所以要格外留意段落中出现数字的地方。进行比对后，G 段中出现 Duration:1.5 hours。题干中 length 对应原文 duration. 因此，本题答案选 G。

参考译文

悉尼歌剧院之行

我们提供三种参观该标志性建筑的路线。

A **精华参观路线。**作为世界上最著名的标志性建筑之一，精华路线将带你重温隐藏在它的设计和建造背后的故事。导游会使用交互式视听技术，让你流连忘返在世界文化遗产中最年轻的建筑里。

B 之后，为什么不在影城咖啡厅转转，并且尝尝现代澳式菜品呢？在这里你不仅可以欣赏到悉尼最美丽的风景，而且餐费全单还可以打八折。（出示参观悉尼歌剧院的门票，享受打折优惠。）

C **语言：**英语、法语、德语
时间：每日上午 9:00 – 下午 5:00
票价：成人 35 澳元 / 网上订票 29.75 澳元
优惠：澳大利亚老人、退休人员、学生和 16 岁及以下儿童票价为 24.50 澳元。
无需提前订票。

D **后台参观路线。**进入悉尼歌剧院的后台。这是一个在后台观看话剧的绝无仅有的机会！你甚至可能会站在音乐厅的舞台上，拿起乐团指挥家的指挥棒，想象着自己正在指挥一台演出。你也可以趁此机会参观明星们的更衣室。后台参观路线包含：在 Green Room 享用一顿免费的早餐， Green Room 无论过去或是现在，一直以来都是演员们的私人就餐处。

E **时间：**每日上午 7:00
票价：155 澳元（无优惠）
订购：需提前预约。每次后台参观路线一行限定为 8 个人。
网上售票提前两天截止，截止时间为下午 4:30。
注：后台参观路线之行多达 300 个台阶，参观者需穿平底的橡胶底鞋。出于安全考虑，12 岁及以下儿童禁止入内。

F **剧院下午茶参观路线。**沿着世界一流歌手、舞蹈家和音乐家们的足迹，在富丽堂皇的贝尼龙餐厅边品尝美味的食物边欣赏优美的音乐。还有什么比边听澳大利亚著名歌手独唱，边品味美味小吃、喝软饮料更惬意的事情？
此行老少皆宜，令人难以忘怀！

G **时间：**每隔一周的星期三下午 2:00
时长：一个半小时。
票价：145 澳元 / 每人。
可网上订票或到旅游服务台处咨询。

Section 2

Questions 15–21

篇章介绍

体　　裁： 应用文
主要内容： 邮件推销技巧

必背词汇

client	*n.* 客户	brochure	*n.* 宣传册
advertising	*adj.* 广告的	incentive	*n.* 刺激
broker	*n.* 经纪人	potential	*adj.* 潜在的
compile	*v.* 汇编，编撰	reply	*n.* 回复
address	*v.* 把…寄给	assess	*v.* 评定，评估
influence	*v.* 影响	monitor	*v.* 监控
maximum	*adj.* 最大值的	amend	*v.* 改进，修改
convince	*v.* 说服	subsequent	*adj.* 后来的，随后的
crucial	*adj.* 重要的，决定性的	encourage	*v.* 鼓励
presentation	*n.* 外观	calculate	*v.* 计算

认知词汇

desirability	*n.* 需求	promptly	*adv.* 立刻地，及时地

试题解析

- **题目类型：** SUMMARY COMPLETION
- **题目解析：** 注意题目要求 no more than two words，即用不超过两个词回答问题。

题号	定位词	文中对应点	题目解析
15	sales letters, sent to	第二段第三行	题目：句中的空格前是定冠词 the，猜测空格中应该是名词或者名词短语，而且这个名词的含义应该为公司中一个要职。 原文：If you are contacting a business, it is important to address the letter to the decision maker, ideally by name or at least by job title. 如果你准备联系一家公司，重要的是直接给该公司的决策者发送邮件，而且最好摸清收件人的名字，或至少知道其职位。 分析：题干中的 ...should be sent to the...= 原文中的 it is important to address the letter to the...。 因此，本题答案为 decision maker。

题号	定位词	文中对应点	题目解析
16	make as much... as possible	第三段第一句	题目：句中空格前后为 as...as 猜测空格中为形容词或者副词。 原文：While the desirability and price of the product on offer will obviously influence sales, you also need to gain the maximum impact from your sales letter. 在售产品的需求和价格显然会对销售有影响，同时你也应该通过开发客户信获得最好的效果。 分析：题干中的 as much as= 原文中的 maximum。 因此，本题答案为 impact。
17	reader's attention	第三段下第一点	题目：句中的空格前后是 ...the...of... 的结构，猜测空格中为名词，译为信的 ______。 原文：You have no more than two seconds from when the reader starts the letter to convince them to continue. If you fail, they will throw it away. The opening is crucial to attract their attention. 要在两秒钟之内抓住潜在客户的眼球，一旦超过两秒，潜在客户便会失去兴趣。开发客户信的开头极为重要。 分析：题干中的 reader's attention needs to be caught by...= 原文中的 the opening is crucial to attract their attention。 因此，本题答案为 opening。
18	be sent in a	第三段下第二点	题目：句中的空格前是冠词 a，空格中应该填名词或名词短语，短语形式可以为名词 + 名词或者形容词 + 名词。 原文：Try to send each mailing in a white envelope. 寄客户开发信时要使用白色信封。 分析：题干中的 letters should be sent in a... = 原文中 try to send each mailing in a...。 因此，本题答案为 white envelop。
19	two or more colours	第三段下第三点	题目：句中的空格前是定冠词 the，猜测空格中应该是名词或者名词短语。应该是此物能够印刷出两种以上的颜色。 原文：Include a brochure. Depending on the volume and on whether you can afford the cost, try to use at least two-colour printing for this. 内附一份宣传册。根据宣传册的厚度和你所能承担的成本，最好将其制作成至少有两个颜色的彩页。 分析：题干中的 ...print the...in two or more colours...= 原文中的 try to use at least two-colour printing for this. 因此，本题答案为 brochure。
20	sending, more effective	第三段下第三点	题目：句中的空格前是冠词 a，空格中应该填名词或名词短语，短语形式可以为名词 + 名词或者形容词 + 名词。 原文：If practicable, it may be worth enclosing a free sample—this is a much greater incentive than photographs. 如果条件允许，内附一个免费样品，样品比照片更直观。 分析：题干中的 sending...more effective than a picture= 原文中的 this is a much greater incentive than photographs. 因此，本题答案为 free sample。

题号	定位词	文中对应点	题目解析
21	calculate	第三段下第五点	题目：句中的空格前是定冠词 the，猜测空格中应该是名词或者名词短语。译为：你应该计算开发客户信的 ________。 原文：When you receive your replies, assess your response rate and monitor the sales. 当你得到回复后，需要评估回复率并监控销售额。 分析：题干中的 calculate=assess。 因此，本题答案为 response rate。

参考译文

邮件推销

当你开始创业后，理所当然的，你必须开始销售自己的产品或者服务。其中一个销售方法就是邮件推销，换句话说就是直接给有潜在合作意向的公司发送信件或电子邮件。

一个相当重要的因素就是获得一份寄信名单，也就是说，这样你才知道要联系哪些公司。你可以根据自己的市场调研、现有客户和广告反馈来建立名单，或者你也可以从名单经纪人那里租赁或购买整理好的名单。如果你准备联系一家公司，重要的是直接给该公司的决策者发送邮件，而且最好摸清收件人的名字，或至少知道其职位。

在售产品的需求和价格显然会对销售有影响，同时你也应该通过开发客户信获得最好的效果。要想写好客户开发信，谨记以下几点：

- 要在两秒钟之内抓住潜在客户的眼球，一旦超过两秒，潜在客户便会失去兴趣。开发客户信的开头极为重要。为了吸引潜在客户，切勿长篇大论。
- 寄客户开发信时要使用白色信封。棕色信封可能会比白色信封更便宜，但呈现效果不佳。
- 内附一份宣传册。根据宣传册的厚度和你所能承担的成本，最好将其制作成至少有两个颜色的彩页。如果条件允许，内附一个免费样品，样品比照片更直观。
- 无论你的潜在客户有多想买你的产品，这都是建立在简单易购的基础上的。因此，在开发客户信里附一份订购单（当然也要包括退货说明）。
- 当你得到回复后，你需要评估回复率并监控销售额。必要时（根据反馈）修改开发客户信，以吸引之后的其他客户；为了便于更有效地监控，确保每一封开发客户信都有编号。
- 确保每封回复信都快速、专业。如果客户需要更多（产品或服务）具体信息，你应及时把相应内容发给他。如果你的服务既慢又差，就不要指望潜在客户再联系你了，因为这样丝毫没有意义。

Questions 22–27

篇章介绍

体　　裁： 应用文

主要内容： 招聘公关经理

必背词汇

federation	*n.* 联合会
specification	*n.* 具体说明
permanent	*adj.* 永久的
Chief Executive	首席执行官
statutory	*adj.* 法定的
profile	*n.* 形象
objective	*n.* 目标 *adj.* 客观的
implement	*v.* 执行，实施 *n.* 工具，手段
sponsor	*n.* 赞助商
strategy	*n.* 策略
congress	*n.* 会议
internal	*adj.* 内部的
external	*adj.* 外部的
distribute	*v.* 发布
release	*n.* 发布
mainstream	*adj.* 主流的
corporate	*adj.* 企业的，公司的
association	*n.* 协会
keen	*adj.* 敏锐的
tailor	*v.* 调整，修改
recognised	*adj.* 受认可的
qualification	*n.* 资质，资历
journalism	*n.* 新闻学
desirable	*adj.* 期望的
relevant	*adj.* 相关的
awareness	*n.* 意识

认知词汇

probationary	*adj.* 试用的
demonstrable	*adj.* 可以证实的
interpersonal	*adj.* 人际的
sustainability	*n.* 可持续性
appropriately	*adv.* 适当地

试题解析

- **题目类型：**SUMMARY COMPLETION
- **题目解析：**注意题目要求 no more than two words，即用不超过两个词回答问题。

题号	定位词	文中对应点	题目解析
22	Summary of role, IFCES's	Job Summary 第一句	题目：空格前为 IFCES's。猜测空格中为名词或者名词短语。译为提升 IFCES 的 ______. 原文：To raise the international profile of IFCES. 提升 IFCES 的国际形象。 分析：题干中的 ...improve...= 原文中的 raise...；题干中 around the world= 原文中 international。 因此，本题答案为 (international) profile。

题号	定位词	文中对应点	题目解析
23	responsibilities, ...writing for a number of...	Key Responsibilities 第三点	题目：句中的空格前是 a number of，猜测空格中应该是可数名词复数，拼写上应该带‘s’，到原文中的定位处附近，找一个形式上符合描述的词。 原文：Write and edit copy for publications intended for internal and external use including *Chemical Engineer Monthly*. 撰写和编辑出版物，包括《化学工程师月刊》，供 IFCES 内部传阅和外部使用。 分析：题干中 produced for both IFCES and a wider readership= 原文中 write and edit...for internal and external use。 因此，本题答案为 publications。
24	making sure... , current information	Key Responsibilities 倒数第三点	题目：句中的空格前是定冠词 the，猜测空格中为名词或者名词短语。译为确保 ______ 包含当前的信息。 原文：Ensure website content is up to date and consistent. 确保网站内容更新及时且内容连贯。 分析：题干中 making sure= 原文中 ensure；题干中 current information = 原文中 up to date。 因此，本题答案为 website content。
25	essential, for the...to read	Essential 第三点	题目：空格 25、26 应该互为并列关系。25 空格前是 the，猜测空格中为名词或者名词短语。 原文：Excellent copy writing skills with strong attention to detail, a keen sense of audience and an ability to tailor writing to its particular purpose. 有优异的文案撰写和编辑能力（可根据具体需要量体裁衣文案内容），注重细节，对读者有敏锐的观察力。 分析：题干中 high level skill in writing appropriately= 原文中 excellent copy writing skills with...。 因此，本题答案为 audience。
26	essential, to achieve a specific..., IT	Essential 第三点	题目：空格 25、26 应该互为并列关系。26 空格前是 a specific...，猜测空格中同为名词或者名词短语。 原文：Excellent copy writing skills with strong attention to detail, a keen sense of audience and an ability to tailor writing to its particular purpose. 有优异的文案撰写和编辑能力（可根据具体需要量体裁衣文案内容），注重细节，对读者有敏锐的观察力。 分析：题干中 a specific= 原文中 to its particular...。 因此，本题答案为 purpose。
27	desirable, at a...level	Desirable 第一点	题目：句中的空格前是冠词 a，猜测空格中应该是名词或者名词短语，译为相应资历达到一个 ______ 水平。 原文：recognised post-graduate qualification in public relations / journalism / marketing communications. 受承认的研究生学历：公共关系、新闻学和营销传播学专业均可。 分析：题干中 relevant qualification= 原文中的 public relations / journalism / marketing communications；题干中 level= 原文中 qualification。 因此，本题答案为 post-graduate。

参考译文

IFCES——国际化学工程学会联合会

职位： 公关经理
合同： 长期合同（3个月试用期）
报告给： 首席执行官
工作时间： 上午9:15－下午5:30，午餐时间1小时
假期： 每年23天年假＋国家法定节假日

职位概述

提升IFCES的国际形象。将IFCES的目标、项目、服务传播给会员、化学工程学会、媒体和大众。

主要职责

- 开发并实施与会员协会、化工产业、赞助商和媒体之间交流的项目
- 计划并实施IFCES所有项目的营销策略（包括世界化学工程学大会）
- 撰写和编辑出版物，包括《化学工程师月刊》，供IFCES内部传阅和外部使用
- 和设计机构、网页开发工程师以及其他合作公司一起创作高质量的企业和营销素材
- 按要求（通常是在时间紧、任务重的情况下）调研、编写并发布新闻稿
- 处理媒体答疑和采访等媒体公关事务，与主流媒体和化学工程学媒体发展并保持良好的关系
- 协助董事会成员处理讲座和演讲的工作
- 确保网站内容更新及时且内容连贯
- 树立稳定的企业形象，并确保会员协会和合作组织都能共同保持
- 能够经常处理上级下达的各种具体职责和项目

任职资格

基本要求

- 学位（任意学科）
- 至少四年的公关经验
- 有优异的文案撰写和编辑能力（可根据具体需要量体裁衣文案内容），注重细节，对读者有敏锐的观察力
- 发布过（并能查询到）高质量的企业出版物和营销素材
- 出色的人际交流和组织协调能力
- 能熟练操作计算机（包括微软的常用办公软件的应用）
- 愿意（国际）出差

优先录用条件

- 受承认的研究生学历：公共关系、新闻学和营销传播学专业均可
- 了解全球化学工业并且对新材料产品尤其了解
- 理解化学工程可持续发展的有关问题
- 会讲一门外语

Section 3

篇章结构

体裁	说明文
主题	贝壳松脂——新西兰一段历史的见证
结构	A 段：贝壳松脂的产地、形成与质地 B 段：贝壳松脂的收集方法 C 段：新西兰毛利人对贝壳松脂的应用 D 段：贝壳松脂的出口带来可观的经济收入 E 段：贝壳松脂在家具和地毯上的应用 F 段：贝壳松脂也用于首饰和其他副产品的制作

必背词汇

massive	*adj.* 巨大的
sap	*n.* 树液
liquid	*n.* 液体
harden	*v.* 变硬
rip	*n.* 裂口
tear	*n.* 裂缝
bark	*n.* 树皮
lump	*n.* 块
bury	*v.* 埋
split	*v.* 分裂
branch	*n.* 树枝
fork	*v.* 分叉
trunk	*n.* 树干
accumulate	*v.* 累积
harvest	*v.* 收获 *n.* 丰收
bleeding	*n.* 渗出
shallow	*adj.* 浅的
sugary	*adj.* 糖块状的
swamp	*n.* 沼泽地
transparent	*adj.* 透明的
northwards	*adv.* 向北
majority	*n.* 大多数
dig	*v.* 挖掘
inhabitant	*n.* 居民
considerable	*adj.* 相当多的
chewing	*adj.* 咀嚼的
readily	*adv.* 容易地
ignite	*v.* 点燃
torch	*n.* 火把
export	*v.* 出口
expedition	*n.* 探险队
reputation	*n.* 名声，名誉
establish	*v.* 建立
immigrant	*n.* 移民
scarce	*adj.* 稀少的
treasure	*n.* 宝藏
settler	*n.* 居民，定居者
struggle	*v.* 努力，奋斗，挣扎
engage in	*v.* 从事
economic	*adj.* 经济的
commercial	*adj.* 商业的
manufacture	*n.* 制造；制造业
furniture	*n.* 家具
ingredient	*n.* 成分
discard	*v.* 抛弃
synthetic	*adj.* 人工合成的
alternative	*n.* 替代品
fossil	*n.* 化石

carve	*v.* 雕刻	candle	*n.* 蜡烛
polish	*v.* 抛光	decade	*n.* 十年
sandpaper	*n.* 砂纸	violin	*n.* 小提琴
amber	*n.* 琥珀	domestic	*adj.* 国内的；家用的
preserve	*v.* 保存	supplement	*v.* 增补，补充
necklace	*n.* 项链	jewellery	*n.* 首饰
bracelet	*n.* 手镯	string	*n.* 弦，线
sculpture	*v.* 雕刻	instrument	*n.* 乐器

认知词汇

eventually	*adv.* 最终地	spade	*n.* 铲子
bewildering	*adj.* 令人困惑的	varnish	*n.* 清漆
hardness	*n.* 硬度	marine glue	*n.* 防水胶
chalky	*adj.* 白垩的	magnificent	*adj.* 高大的，宏伟的
virtually	*adv.* 事实上		

试题解析

Questions 28–33

- **题目类型：** MATCHING
- **题目解析：**

28. an example of a domestic product made of high-quality gum

参考译文	国内由高级树脂做成产品的例子
定位词	domestic product, made of, high–quality gum
文中对应点	E 段第一句：The first major commercial use of kauri gum was in the manufacture of high-grade furniture varnish, a kind of clear paint used to treat wood. 贝壳松脂最早的商业用途是作为清漆涂在木质的高级家具的表面。
答案解析	题干中 high-quality 对应原文 high-grade。 因此，本题答案选 E。

29. factors affecting gum quality

参考译文	影响树脂质量的因素
定位词	factors, affecting, quality
解题关键词	
文中对应点	A 段第三小段第三行：This gum came in a bewildering variety of colours, degree of transparency and hardness, depending on the length and location of burial, as well as the health of the original tree and the area of the bleeding. Highest quality gum was hard and bright and was usually found at shallow depth on the hills. 树脂的颜色令人眼花缭乱，其透明度和硬度与被埋藏的时间、地点和原树的健康程度、原树渗出树脂的部位有关。最好的树脂明亮坚硬，通常埋藏在山上的浅土层。

参考译文	
定位词	题干中 factors 对应原文 ...length and location of burial, as well as the health of the
文中对应点	original tree and the area of the bleeding... 被埋藏的时间、地点、原树健康与否，这些
答案解析	都是影响树脂质量的具体因素。 因此，本题答案选 A。

30. how kauri gum is formed

参考译文	贝壳松脂如何形成
定位词	kauri gum, formed
文中对应点	A 段第一小段第二行：Whereas now it is the wood of the kauri which is an important natural resource, in the past it was the tree's sap (the thick liquid which flows inside a tree) which, when hardened into gum, played an important role in New Zealand's early history. 贝壳杉在新西兰早期历史发展中扮演着重要的角色，过去的新西兰人将贝壳杉汁液（从树中流出的浓厚液体）提炼成树脂，而现在贝壳杉木材则成为重要的自然资源。
答案解析	题干中 how...is formed 对应原文 in the past it was the tree's sap (the thick liquid which flows inside a tree), when hardened into gum...。 因此，本题答案选 A。

31. how gum was gathered

参考译文	如何收集杉树脂
定位词	gum, gathered
文中对应点	B 段第二行：In Maori and early European times up until 1850, most gum collected was simply picked up from the ground, but, after that, the majority was recovered by digging. 从毛利时期和早期欧洲殖民者时期一直到 1850 年，人们收集树脂的方式仅仅是把树脂从地上捡起来，之后才开始大规模挖掘。
答案解析	题干中 was gathered 对应原文 ...collected...。 因此，本题答案选 B。

32. the main industrial uses of the gum

参考译文	树脂的主要工业用途
定位词	main industrial uses
文中对应点	E 段第二小段第一行：About 1910, kauri gum was found to be a very suitable ingredient in the production of some kinds of floor coverings such as linoleum. 大约在 1910 年，人们发现在地毯（如油地毡）中添加贝壳松脂效果很好。
答案解析	题干中 main industrial 对应原文 production of some kinds... such as linoleum。 因此，本题答案选 E。

33. recent uses of kauri gum

参考译文	贝壳松脂最近的用途
定位词	recent uses
文中对应点	F 段第二小段第二行：In the last decades it has had a very limited use in the manufacture of extremely high-grade varnish for violins... 最近几十年，只有小提琴制作工艺中还会用高质量贝壳松脂上光。
答案解析	题干中 recent 对应原文 In the last decades。 因此，本题答案选 F。

Questions 34–39

- **题目类型：** MATCHING
- **题目解析：** 考生需要把这些时间节点弄清楚。

  时间表（翻译）

  A. 19 世纪以前
  B. 1900 年
  C. 1910 年
  D. 19 世纪末到 20 世纪初
  E. 19 世纪 30 年代到 1900 年
  F. 1814 年到 1815 年
  G. 1850 年以后
  H. 20 世纪 30 年代
  I. 近来

题号	定位词	文中对应点	题目解析
34	Kauri gum, first used	C 段第一小段第一行： The original inhabitants of New Zealand, the Maori, had experimented with kauri gum well before Europeans arrived at the beginning of the nineteenth century.	题目 first used 对应原文 original inhabitants。 时间发生在 before the nineteenth century。 因此，本题答案选 A。
35	gum, sent overseas peaked	D 段第一小段倒数第三行： The increasing number of diggers resulted in rapid growth of the kauri gum exports from 1,000 tons in 1860 to a maximum of over 10,000 tons in 1900.	题目 sent overseas 对应原文 export；题目 peaked 对应原文 ...to a maximum of over 10,000 tons in 1900。 时间发生在 1900。 因此，本题答案选 B。
36	farmers' incomes	D 段第二小段第一行： For fifty years from about 1870 to 1920, the kauri gum industry was a major source of income for settlers in northern New Zealand. As these would-be farmers struggled to break in the land, many turned to gum-digging to earn enough money to support their families and pay for improvements to their farms until better times arrived.	题目 farmers' incomes 对应原文 major source of income...as farmers struggled。 时间发生在 1870–1920。 因此，本题答案选 D。
37	made into jewellery	F 段第一小段第二行： In the time of Queen Victoria of England (1837–1901), some pieces were made into fashionable amber beads that women wore around their necks.	题目 made into jewellery 对应原文 some pieces were made into fashionable amber beads that women wore around their necks。 时间发生在 1837–1901。 因此，本题答案选 E。
38	production, string instruments	F 段第二小段第二行： In the last decades it has had a very limited use in the manufacture of extremely high-grade varnish for violins.	题目 string instruments 对应原文 violins。 时间发生在 In the last decades。 因此，本题答案选 I。

题号	定位词	文中对应点	题目解析
39	found underground	B 段第二行： In Maori and early European times up until 1850, most gum collected was simply picked up from the ground, but, after that, the majority was recovered by digging.	题目 underground 对应原文 was recovered by digging...。 时间发生在 until 1850; after that。 因此，本题答案选 G。

Question 40

- **题目类型**：MULTIPLE CHOICE
- **题目解析**：

题号	定位词	文中对应点	题目解析
40	reduce, quality	A 段第三小段倒数第四行： Lowest quality gum was soft, black or chalky and sugary and was usually found buried in swamps, where it had been in contact with water for a long time.	**题目：最有可能破坏贝壳松脂质量的因素是?** **A** 埋藏的时间 **B** 暴露于水中 **C** 埋藏的深度 **D** 暴露于高温下 利用题干中 reduce quality 对应原文中 lowest quality，定位成功。原文 contact with water 对应 B 选项 exposure to water。 因此，本题答案为 B。

参考译文

贝壳松脂——新西兰一段历史的见证

A

贝壳杉是原产自新西兰的常绿大乔木，曾形成广阔的森林遍布新西兰北部。贝壳杉在新西兰早期历史发展中扮演着重要的角色，过去的新西兰人将贝壳杉汁液（从树中流出的浓厚液体）提炼成树脂，而现在贝壳杉木材则成为重要的自然资源。

汁液从树皮的裂缝中渗出后变硬形成树脂块儿，并最终掉落在地上，被森林枯枝落叶层覆盖。树枝分叉时树皮会分裂开，裂开处也会累积树脂。

早期欧洲殖民者收购、倒卖树脂。新鲜的树脂柔软价廉，但大部分被挖出的树脂均被埋藏了成千上万年。树脂的颜色令人眼花缭乱，其透明度和硬度与被埋藏的时间、地点和原树的健康程度、原树渗出树脂的部位有关。最好的树脂明亮坚硬，通常埋藏在山上的浅土层。最差的树脂柔软发黑或发白且呈糖块儿状，通常埋藏在终年潮湿的地方，如沼泽地（湿地）。长期的日晒或丛林火会将灰黑色的树脂块儿变成更高品质的透明树脂。

B

事实上，所有的贝壳松脂是在新西兰贝壳杉林现在生长的地方（北岛中部偏北的位置）被发现的。从毛利时期和早期欧洲殖民者时期一直到 1850 年，人们收集树脂的方式仅仅是把树脂从地上捡起来，之后才开始大规模挖掘。

C

新西兰的土著居民——毛利人早在19世纪初欧洲殖民者到来之前就已经开始试用树脂。毛利人将树脂称为卡普拉，并发现它相当实用。

挖掘出来的树脂用水泡软并与当地一种植物的汁液混合后，就会和新鲜脱落的树脂一样有嚼劲。大家聚在一起时，会共吃一块儿树脂，直到吃完或者嚼累了，然后把剩下的放起来供以后用。

贝壳松脂易燃，过去常被毛利人用来点火。有时渔民将其绑在草上做火把，夜晚点燃吸引鱼群。

D

最早是由两支探险队（在1814年和1815年）将贝壳松脂装船带回澳大利亚和英国的。到19世纪60年代，贝壳松脂已闻名海外，欧洲移民纷纷来到新西兰北部山区和毛利人一起采集树脂。随着地面可见树脂越来越稀少，人们开始用铁锹挖 "宝"。越来越多的挖掘者直接导致贝壳松脂出口量从1860年的1000吨飙升到1900年的10000多吨。

在1870—1920这50年间，贝壳松脂产业成为新西兰北部居民收入的主要来源。原本农民该辛勤耕种，结果好多农民为了养家和改善农场开始挖树脂赚钱，直到生活有所好转。到19世纪90年代，挖树脂的人有20000人。尽管大多数人，例如农民、妇女和儿童是兼职，但仍有大约7000人专门以挖树脂为生。在经济危机期间，挖树脂是唯一适合各行各业的失业者谋生的行当，前提是他们愿意出来务工。

E

贝壳松脂最早的商业用途是作为清漆涂在木质的高级家具的表面。早在1910年之前，最优质、纯度最高的树脂便被出口到国外用做此用途。19世纪80年代，英国制造的油漆有70%都是贝壳松脂做的。由于贝壳松脂在低温下易于加工，因此它比其他树脂更受人青睐。加工过程中温度保持得越低，清漆的色泽就越好。

大约在1910年，人们发现在地毯(如油地毡)中添加贝壳松脂效果很好。就这样，大量质地和纯度一般、之前会被丢弃的树脂有了用武之地。贝壳松脂在清漆和油地毡制造过程中的重要地位于20世纪30年代被合成替代品所取代。

F

贝壳松脂化石相当柔软，可很容易地用刀雕刻或用砂纸抛光。在英国维多利亚女王时期(1837-1901)，贝壳松脂被做成女性戴在脖子上的琥珀珠项链。有时候昆虫不小心被贝壳杉汁液覆盖，经过多年后变成的昆虫树脂化石被雕刻成项链或手镯。许多挖掘者也喜欢将挖到的树脂雕刻成种类繁多的小艺术品。其中许多树脂雕刻艺术品被保留在当地的博物馆中。

长久以来，贝壳松脂也被用于一些副产品中作为原料，如：防水胶、蜡烛。最近几十年，只有小提琴制作工艺中还会用高质量贝壳松脂上光，但高大的贝壳杉的树脂仍是新西兰历史中重要的一部分。

Task 1

题目要求

（见“剑 10” P116）

审题

你将要到国外学习，希望在学习期间从事一份兼职工作，所以你请求一个住在那里的朋友对此给予一些帮助。

给你的朋友写一封信。在信中你需要：

- 提供具体的学习计划
- 解释你需要从事兼职工作的原因
- 希望你的朋友怎样帮助你找兼职工作

写作思路

雅思普通培训类考试的写作任务一要求考生根据背景信息和提示的要点内容完成一封书信的写作。考生首先明确了解通过陈述性文字所表明的信件写作背景，另外要根据祈使句引出的三个书信写作要点，通过适当联想加以扩充，以保证信件内容的充实。

高分的书信写作，应满足以下三个条件：

1. 明确的写作目的。这一点在题目的背景介绍中可以看出，通常在英文信件的开头就要向收信人呈现清晰的写信目的。这样的安排与中文书信写作开头一通寒暄是完全不同的。
2. 恰当的表达语气。这是由收信人与你的关系来决定的。一般来说，如果你和收信人比较熟悉，那么语言就可以相对随意，正式的语言反而不合适；而如果收信人对你而言不是非常熟悉或未曾谋面，那么就要使用比较正式且礼貌的用语。
3. 充分的要点扩展。题目中提到的三个写作要点要在信件中全面涵盖，不能有任何遗漏，而且三个要点都要通过一定的联想进行适当拓展，使得文章字数得以达标，文章内容生动且可信。

对于本题，题目叙述的写作背景是你即将开始留学生涯，计划在留学期间从事一份兼职工作，你需要得到一个朋友的帮助。要求你在信件中涵盖对即将开始的学习情况的介绍，要从事兼职工作的原因以及你的朋友应该怎样帮你等信息。根据上面提到的写作注意事项，对于这道题目，在实际动笔写作之前，建议考生应该有如下考虑：

1. 收件人是你的一个朋友，所以信件开头的称呼可以是“Dear + 收信人的名字”或者“Hi + 收信人的名字”，这样会突显你与收信人的关系是非常亲密的。在信件主体部分，要明确表达写信目的，以保证收信人对整封信件所表达的诉求有清晰且正确的认知。
2. 这封信是写给你的朋友，语言使用上可以相对随意一些。但写信的目的是请朋友帮忙找工作，所以仍要注意礼貌，要给别人留有余地，这也是写信人素养的一种体现。比如在信中提到“如果可以的话，希望你能……”或“在你方便的时候，能否……”，都是很好的选择。

3. 三个写作要点信息要在文章中充分涵盖并进行适当联想和拓展。在这里，需要考生发挥自己的想象力，结合自己的工作生活经验进行内容的构想，要有“身临其境”的感觉，把题目所述的写信背景想象为一件你正在经历的事情，这样你所想到的内容就会更加生动、更加充实。

① 第一个要点：课程描述。向朋友介绍你即将开始的留学生活，一般应该包含所学专业或科目、课程时长以及选择此课程的原因或预期达到的效果。对于正在备考雅思普通培训类考试的你，面对憧憬已久的异国生活，要谈及你亟待提高或加强的能力，莫过于英文交流技能，所以在这个要点上，就可以向朋友介绍你希望学习半年的英语课程，以提高自己的表达能力，使得自己可以无障碍地在国外生活。当然也可以根据情况，联想你需要学习的其他科目，可以是技能类的，比如美容美发、烹饪技能等，以后可能会是你的全新的谋生手段；也可以是专业类的，比如金融、生物、计算机等，你希望获得更前沿、更尖端的专业领域的知识，以使你有更长远的、更好的发展。

② 第二个要点：兼职原因。谈到要从事一份兼职工作的原因，无外乎两条。其一，物质上的原因，即通过兼职，挣一些钱或多挣一些钱，以解决经济上的困难；其二，精神上的原因，即希望通过兼职工作，积累相关领域工作经验，为今后的工作学习奠定基础，做好准备；或是把一份兼职工作理解为对另外一种生活的体验，更加懂得珍惜生活，更加坚强地去面对各种挑战。

③ 第三个要点：希望朋友怎样帮你。朋友帮助你的方式一般而言有两种。第一，直接帮助，即你知道你的朋友本身就有用工的需要。比如，你知道你的这个朋友是个企业的雇主，他 / 她应该会有一些工作的机会提供给你；或者你曾经听他 / 她提到在某些方面，他 / 她正在寻找一个合适的人选帮忙解决一些困难，可能需要一个带孩子的家政人员，也可能需要一个园丁料理家中的花园等；第二，间接帮助，即你需要这个朋友为你提供一些工作的信息或者为你做一些推荐，然后由你自己去尝试申请。上面的两种帮助方式对考生而言应该都是不陌生的，但能否在实际处理本题时联想到，关键看考生能否把题目描述的场景想象成为真实发生在自己身上的事情。只有找到“身临其境”的感觉，才能想到丰富多彩、充实饱满的信件内容，才能保证取得高分。

考官范文

（见“剑 10” P169）

参考译文

亲爱的 Sally，

距离我前往新西兰的日期逐渐临近，我正忙于出发前的准备。我已经在位于惠灵顿的一家名为 ABC English 的机构注册了为期六个月的全日制高级课程。这个课程虽然非常贵，但我很想借此机会特别改善我的发音。

为了能够帮我解决课程费用的问题，我希望找一份兼职工作。我知道不仅学费十分昂贵，而且在新西兰的首都，房租支出也很大，更不用说饮食方面的花费和取暖费了！所以我非常希望在我到达之前找到一份临时的工作。

我想知道你是否能帮我询问你的朋友或同事，看他们是否需要清洁工、园艺工或需要照顾小孩的保姆。我知道你在惠灵顿有着广泛的社交网络，如果你不介意，我想这会给我带来很大帮助，我表示十分感激。

盼望与你尽早相见。

最美好的祝愿。

Margot

分析

信件开始于Dear Sally的称呼，拉开了写给好友的一封轻松愉快的信件的序幕。随后在信件的主体部分，各段内容概括如下：

	要点提示	信中回应
1	课程描述	第一段：首先提到出发的日期临近，各项准备有条不紊。随后告诉对方自己即将参加一个为期六个月的语言课程，以提高英文发音水平，并特别提示了学费昂贵，为下文做了铺垫。
2	兼职原因	第二段：既然学习花费很大，自然希望通过做一份兼职来解决一些经济上的困难。当然也提到了生活成本预计会很高，所以就突出了找这份工作的必要与迫切。
3	期待帮助	第三段：鉴于朋友对当地的熟悉以及人脉社交范围的广泛，希望能得到一些间接的帮助，做一些诸如保洁、家政等方面的简单工作。在请求朋友帮助的时候，如前所述，作者十分注意礼貌，一些表达的运用非常值得考生体会并学习。

值得学习的用词

draw near	靠近，接近
enroll	*v.* 注册
institution	*n.* 机构，学院
assist	*v.* 帮助
rather	*adv.* 颇…地，相当地
rental	*n.* 房租
arrange	*v.* 安排
temporary	*adj.* 临时的
wonder	*v.* 想知道
colleague	*n.* 同事
canvas	*v.* 覆盖，涉及
grateful	*adj.* 感激的

Task 2

题目要求

（见“剑10” P116）

审题

在一些国家，犯罪数量在不断上升。你认为导致犯罪的主要原因是什么？应该怎样从源头解决？

写作思路

本题属于“解释型”议论文考题，即题目描述一个社会现象或社会问题，需要考生写一篇文章详细分析导致这个现象或问题的原因并提供相应可行的解决方案。对此类题目的处理，一般按照“提出问题—分析问题—解决问题”的步骤来进行。即文章开头需要向读者呈现出题目要求分析的社会现象或问题，通常要在题目所给的一句话的简单描写的基础上进行一定的扩充，把现象或问题具体化，以保证开头段篇幅达标；随后在文章主体部分，要对现象或问题的归因做详细的阐述，这部分是文章的重点内容，要保证对原因的分析足够充分细致，要有必要的解释说明，必要时应考虑例证法、对比论证法等常用的论证方式；接下来针对所找到的原因，向读者提供对应的且基本可行的建议，以使得问题得以解决；在文章结尾做简单的总结，强调问题的严重性和解决方案的必要性。

这类文章的写作思路还是比较简单且清晰的，但考生务必注意以下两点：第一，对题目所提出的给出原因分析和提供解决方案的两个问题都要给予积极回应，不能遗漏任何一个。但在写作过程中，要体现出明显的主次之分，这类文章写作的重点永远是原因分析，所以在文章主体部分，用来进行原因阐释的内容应占到大约三分之二的篇幅，以突出文章的重点内容；第二，文中所提供的解决方案必须要针对所分析的原因给出，如果解决措施与原因分析毫无关联，之前分析的原因就会变得毫无意义。此外，解决方案要尽量可行，避免太泛太空的"喊话式"方案，让读者对目前所面临的社会现象或问题的解决充满希望。

考生作文

（见"剑 10" P170）

参考译文

我将要分析很多国家犯罪数量不断增长的原因。

现在，很多国家犯罪数量不断增加，我认为问题在于大部分犯罪都是由 18 周岁以下的未成年人实施的，而从 18 周岁开始，他们能够预见并知晓自己行为的后果。在我看来，犯罪数量不断增长的主要原因来自家庭和学校。父母必须要在孩子成年前认真照顾他们，并且不允许孩子观看含有暴力和血腥内容的电影。学校就像孩子的第二个家，应该教给孩子如何健康成长，并教会他们如何尊重老年人。

举例来说，我的长兄告诉我，在两年前一个 16 岁的卡塔尔男孩在英国被一伙未成年人在没有任何原因的情况下杀害。当警察讯问他们的作案动机时，他们说这样做只是为了证明他们是最棒的。所以我们可以了解到他们是从动作影片中学会了这些。

最后，我希望所有的人可以给未成年人一些指导，让他们知晓犯罪行为的严重后果。同时学校必须使学生远离负面的电影，让孩子健康成长。

分析

雅思考官给了这篇文章 5 分。

内容和结构的分析

考官评语

文章对题目提出的两个问题都有所回应，但是分论点和作者的态度应该做进一步拓展。文章没有提出清晰的结论，所以文章整体缺乏连续性。段落安排比较清晰，但逻辑性不够。句子没有被流畅地连接在一起，同时每个段落都缺乏一个清晰的主题。

纵观全文，作者给出了两个导致犯罪数量不断增长的原因：第一是家庭和社会的因素；第二是负面的电影影响了未成年人的行为。作者也据此给出了解决方案：父母要更关注孩子行为，使他们远离暴力和血腥的电影，同时学校要给孩子更多关怀，让孩子健康成长并懂得尊重老年人。文章基本满足了题目规定的分析原因并给出解决方案的要求，但是考官指出，文章对于原因的阐释不够充分，具体化的程度有所欠缺。例如在文章第二段，作者只强调了青少年犯罪根源于他们的父母和家庭，但没有提及任何具体的来自父母和家庭的因素。同时在本段，作者也提及了学校这个因素，但同样没有具体向读者解释到底学校在哪些方面做得不够好从而导致了青少年犯罪数量的上升。值得肯定的是作者对于另一个导致青少年犯罪率上升的原因的阐述，即暴力血腥影片的影响。作者在文章第三段通过举例的方式让读者深刻理解到暴力血腥电影对青少年的消极影响。但是这个例子单独写了一段话，使得这个例子要达到的目的不够明确，所以考官指出这篇文章虽然有看似清晰的分段，但段落信息的逻辑性是非常欠缺的，因此整篇文章的内容显得不够连贯，影响了可读性。作者在文章结尾给出的内容看上去既不像对文章第三段举例的总结，也不是基于全文内容所得出的结论，让读者一时难以理出头绪，这一点也在考官的评语里有所提及。

提醒考生注意的是，议论文的主体部分，即对分论点的拓展，是文章写作的重点与难点，也是关键的得分点。需要考生掌握基本的段落信息拓展方法，综合运用多样的论证手段，使得段落内容充实饱满，对文章主题的论述充分有力。此外在文章段落的安排上，要体现逻辑性，使得段落信息彼此关联，文章可以有层次地连续发展，以提升读者的阅读体验，使读者可以更好地把握文章主旨内容。

词汇和语法的分析

考官评语

词汇量有限并略显不足，词汇多样性欠缺。单词拼写错误频繁且明显，导致读者理解困难。句子结构有限且重复。作者尝试使用复杂句式，但不够成功，句中出现很多低级错误。标点使用欠妥，大写字母和句号使用不足。

用词和语法错误订正

词汇错误及订正

Nowdays — Nowadays（这个单词的拼写错误率很高，容易被遗漏字母 a 和字母 s，需要考生特别注意）
crim — crime（常用的搭配用法是 commit crimes）
openion — opinion
theire — their
tenagers — teenager（考生要非常注意这个单词的拼写，另外表示“青少年”的名词还有 adolescents）
blod — blood
groube — group
Finaly — finally（这个单词在实际考试中的拼错率也是比较高的，请考生注意）
avoied — avoid（搭配用法是 avoid doing...）

语法错误与说明

1. there are many countries has increasing on the amount of crime...
   这个句子中出现了两个谓语动词，显然违反了英文语法中的“谓语单一”原则。这是个非常典型的语法错误，中国考生时常会在写作中犯类似的错误。这种错误的修改方案有两个，第一，可以把其中的一个谓语动词放入从句中；第二，也可以把其中的一个谓语动词改为非谓语动词。除了谓语数量的问题，该句还出现了“主谓不一致”的错误（countries 后面用了 has 显然是不对的）。
   可以改为：there are many countries which have the increasing amount of crime. 或者写得更好一些：there are many nations suffering the growing number of crimes.

2. I think the problem is that most of the crim has done by the young people which is under 18 and from the age you can see and you can understand what is going on...

这个句子存在“主谓不一致”、“关系代词误用”以及“冠词和人称代词误用”的问题。修饰人物的定语从句应使用关系代词 who 来引导；同时在这个定语从句中，who 作主语指代 people，从句中的谓语动词应为复数形式。句中多处使用了强调世上独一无二的事物或特指某一事物的定冠词 the，在本句中是没有必要的，也是不够恰当的。另外连词 and 后面的 you 应改为 they，这才更符合表达的确切含义。

可以改为：I think the problem is that most of crimes have done by young people who are under 18 and from the age they can see and understand what is going on.

3. but in my openion [opinion] I think the main causes is the family and the school...
   本句表达重复。in my opinion 表达“在我看来”的意思，与“I think”基本同义，所以在本句中只保留其一即可。另外本句中也出现了“主谓不一致（the main causes is...）”、“定冠词使用不当”的问题。
   可以改为：but in my opinion, the main cause is families and schools. 或者 but I think one of the main causes is families and schools.

4. the family I mean the mum and dad they have to look after theire tenagers [their teenagers] until they grow up and do not let them watch films which has a fight or blod [blood] ...
   本句中，the mum and dad 表示父母，意思是没有问题的，但这样的表达不够正式。雅思议论文写作要求考生完成一篇学术类文章，在文体上要满足正式的要求，mum 和 dad 这样的口语化词汇要尽量避免在文章中出现，可以改为 mothers and fathers。另外，句中的代词 they 是多余的。最后在定语从句中出现了主谓不一致以及表达不准确的问题。
   可以改为：the family I mean mothers and fathers should look after their teenagers until they grow up and do not allow them to watch films which contain fighting or bloody content.

5. he is 16 years old has killed by groube [group] of tenagers [teenagers] in Haisting and they killed him without any reasons...
   本句中也出现了两个谓语动词，违反“谓语单一”原则。另外，句中的被动语态使用不正确。现在完成时态的被动语态的正确用法是 ...have (has) been done...
   可以改为：a 16 years old boy has been killed by a group of teenagers and they killed him without any reasons.

6. and when the Police asked them why did you do that they said we want to show of we are the best.
   本句的问题之一是间接引语使用错误，另外对于动词“show”的使用出现失误。
   可以改为：and when the police asked them the reason for such behaviors, they said they wanted to show they are the best.

General Training Test B Reading

Section 1

Questions 1–7

篇章介绍

体　　裁： 说明文

主要内容： 申请护照

必背词汇

application	*n.* 申请	original	*n.* 原件
circumstance	*n.* 情况	respect	*n.* 方面
replace	*v.* 替换	witness	*n.* 证明人
proof	*n.* 证明	valid	*adj.* 有效的
citizenship	*n.* 公民身份	photocopy	*n.* 复印件
identity	*n.* 身份	incomplete	*adj.* 不完整的
enclose	*v.* 附上，把…装入信封	relative	*n.* 亲戚

认知词汇

handwriting	*n.* 手写；笔迹	contactable	*adj.* 可联系到的

试题解析

- **题目类型：** TRUE/FALSE/NOT GIVEN
- **题目解析：**

1. A husband can fill in an application form for his wife.

参考译文	丈夫可以替妻子填写申请表。
定位词	husband, wife
解题关键词	can fill in...
文中对应点	第一段最后一句：Your application form must be completed in your own handwriting. 申请表必须是你本人手写。 本题解题关键：通过题干要判断，是不是丈夫可以替妻子填写申请表。原文陈述，申请表必须是你本人手写。题干中的 A husband can fill in an application form for his wife 与原文中的 application...must be completed in your own handwriting 不一致。
答案	FALSE

2. Photocopies of documents are acceptable in some circumstances.

参考译文	证件的复印件在一些情况下是可以接受的。
定位词	photocopies, documents
解题关键词	...acceptable
文中对应点	第二段第二句：All documents must be originals; these will be returned with your passport. 所有证件必须是原件，这些会随你的护照一并返还。 本题解题关键：通过题干要判断，是不是证件的复印件在一些情况下是可以接受的。Photocopies of documents...acceptable...与原文All documents must be originals不一致，所有的证件必须原件，就否定了任何情况下复印件被接受的可能性。题干陈述与原文陈述完全相反。
答案	FALSE

3. An incomplete application will affect processing time.

参考译文	一份不完整的申请表将会影响申请表的处理时间。
定位词	incomplete application
解题关键词	...will affect processing time
文中对应点	根据顺序原则，定位到第三段第五行 Applicants should expect delays if the Passport Office receives a form with missing information. 如果申请表上信息不完整，申请人应该考虑到处理申请表的时间可能会延长。 本题解题关键：通过题干要判断，是不是一份不完整的申请表将会影响申请表的处理时间。题干中 incomplete application 与原文 a form with missing information 一致，题干中 ...will affect processing time 与原文 applicants should expect delays 也完全一致。
答案	TRUE

4. The passport photos included with your application must be in colour.

参考译文	附在申请表上的证件照必须是彩色的。
定位词	passport photos
解题关键词	must be in colour
文中对应点	第四段：Please provide two identical passport photos of yourself. Both photos must be the same in all respects and must be less than 12 months old. 请提供你的两张相同的证件照。两张照片必须完全一样，并且必须是在距今 12 个月内拍摄。 本题解题关键：通过题干要判断，是不是附在你申请表上的证件照必须是彩色的。原文陈述，两张照片必须一样，而且有拍照时间的要求，必须是近一年内的照片，但是没有提及照片是彩色与否。题干的内容在原文中并未提及。
答案	NOT GIVEN

5. A witness can be a relative of the applicant.

参考译文	证明人可以是申请人的一位亲戚。
定位词	witness
解题关键词	can be a relative

文中对应点	第五段第三行：This person will be called your witness and needs to meet the following requirements: a witness must be aged 16 years or over, be contactable by phone during normal office hours and be the holder of a valid passport. 这个人作为你的证明人必须符合以下要求：年满 16 周岁或以上，工作时间可电话联系到，且其自身持有有效护照。 本题解题关键：通过题干要判断，是不是证明人可以是申请人的一位亲戚。原文陈述了证明人需要满足的种种条件，但是没有提及此人是否可以是申请人的亲戚。题干的内容在原文中并未提及。
答案	NOT GIVEN

6. Anyone acting as a witness must have a passport.

参考译文	任何证明人都必须持有护照。
定位词	witness
解题关键词	anyone, must have a passport
文中对应点	第五段第六行：a witness must be aged 16 years or over, be contactable by phone during normal office hours and be the holder of a valid passport. 这个人作为你的证明人必须符合以下要求：年满 16 周岁或以上，工作时间可电话联系到，且其自身持有有效护照。 本题解题关键：通过题干要判断，是不是证明人必须持有护照。从原文陈述 ...and be the holder of a valid passport 可知，这是作为证明人的条件之一，那就是必需的了。题干 ...witness, must have a passport... 与原文陈述完全一致。
答案	TRUE

7. The passport applicant must sign their name on the back of both photos.

参考译文	护照申请人必须在提供的两张照片背面签写自己的名字。
定位词	both photos
解题关键词	applicant must sign their name
文中对应点	第五段倒数第八行：A witness must also write the full name of the person applying for the passport on the back of one of the photos, sign their own name and date the back of the same photo. Photos with this identifying information written in the applicant's own handwriting will not be accepted. 证明人需将自己的名字、申请护照人的名字及填写日期写在同一张要求辨认的照片的背面。申请护照人自行填写上述证明信息将被视为无效。 本题解题关键：通过题干要判断，是不是护照申请人必须在提供的两张照片背面签写自己的名字。原文中是证明人需要在照片背后签名，而不是申请护照人本人。本人签名的信息将被视为无效。题干与原文陈述不一致。
答案	FALSE

参考译文

申请护照

如果属于下述情况之一，你就需要填写一份护照申请表：第一次申请护照，更换当前护照，当前护照过期、遗失或被盗。申请表必须是你本人手写。

作为国籍和身份的证明，你必须附上护照或者出生证明。所附证件必须是原件，这些会随你的护照一并返还。

处理一份护照申请的标准时间长达 10 个工作日。处理程序从我们收到填写好的申请表开始。如果申请表上信息不完整，申请人应该考虑到处理申请表的时间可能会延长。来返递送护照的时间不包含在标准时间之内。

请提供你的两张相同的证件照。两张照片必须完全一样，并且必须是在距今 12 个月内拍摄。

请能辨别你身份的人填写“身份证明”信息，并辨认出一张你的照片。这个人作为你的证明人必须符合以下要求：年满 16 周岁或以上，工作时间可电话联系到，其自身持有有效护照。“身份证明”信息需要证明人手写。证明人需将自己的名字、申请护照人的名字及填写日期写在同一张要求辨认的照片的背面。申请护照人自行填写上述证明信息将被视为无效。

Questions 8–14

篇章介绍

体　　裁： 说明文

主要内容： 介绍奥克兰国际机场服务

必背词汇

departure	*n.* 离开	competitive	*adj.* 有竞争力的
observation	*n.* 观察	urgent	*adj.* 紧急的
baggage	*n.* 行李	pharmacy	*n.* 药店
exchange	*v.* 兑换	seal	*v.* 密封
terminal	*n.* 航站楼	exception	*n.* 例外
airfield	*n.* 飞机场	announcement	*n.* 广播，通告
incoming	*adj.* 进来的	cater	*v.* 迎合，满足…需要
outgoing	*adj.* 出去的	seminar	*n.* 讨论会，研讨会
comprehensive	*adj.* 全面的	extension	*n.* 分机
accommodation	*n.* 住宿		

认知词汇

recyclable	*adj.* 可回收利用的	adjacent	*adj.* 邻近的
polythene	*n.*【化】聚乙烯		

试题解析

- **题目类型**：LIST OF HEADINGS
- **题目解析**：i. 出境手续　　vi. 航班信息
  ii. 观察区　　vii. 外汇兑换
  iii. 行李服务　　viii. 健康和安全建议
  iv. 会议设施　　ix. 过境费
  v. 医疗服务　　x. 旅游咨询中心

题号	定位词	文中对应点	题目解析
8	observation area	A 段第一句： The second floor of the international terminal offers a view of the airfield and all incoming and outgoing flights.	题干中的 observation area 对应原文 ...a view of... 其实这个段落相比于其他段落是最不明显的，建议考生可以先做别的段落，难段落放在最后，该排除的干扰项都排除了，就显得容易多了。 因此，本题答案选 ii。
9	travel centre	B 段第一句： We are open for all international flights and provide a comprehensive service for visitors to the city. Brochures on a range of attractions are available...	题干中的 travel centre 旅游咨询中心，对应原文 brochures on a range of attractions... 各风景胜地的宣传册。 因此，本题答案选 x。
10	healthcare	C 段第一句： Passengers who require urgent medical attention should dial 9877 on any public telephone in the terminal.	题干中 healthcare 医疗服务，对应原文 urgent medical attention 紧急医疗救助。 因此，本题答案选 v。
11	baggage	D 段： Departing passengers can completely seal their luggage or packages in recyclable polythene to protect them from damage. Luggage storage, charged at $10 per hour, is available on the first floor.	题干中 baggage services 对应原文 seal their luggage...in recyclable polythene to protect them from damage...luggage storage...。 因此，本题答案选 iii。
12	departure fees	E 段第一句： Every international passenger, with the exception of children under 12 years of age and transit passengers in Auckland for less than 24 hours, is required to make a payment of $25 when leaving the country.	题干中 departure 对应原文 when leaving the country；题干中 fees 对应原文 make a payment of $25。 因此，本题答案选 ix。

题号	定位词	文中对应点	题目解析
13	flight information	F 段第二句： Details of all arrivals and departures are displayed on the monitors located in the terminal halls and lounge areas.	题干中 flight information 对应原文 details of all arrivals and departures are displayed on the monitors...。 因此，本题答案选 vi。
14	meeting facilities	G 段第一句： The airport caters for the needs of business travellers and has several rooms available for seminars or business gatherings.	题干中 meeting facilities 对应原文...business travellers and has several rooms...。 因此，本题答案选 iv。

参考译文

奥克兰国际机场服务

A 三层（second floor）是国际航班候机大厅，可以看到所有降落和起飞的航班。这里有一家餐馆和一家咖啡店，供所有旅客使用。

B 机场有飞往世界各地的航班并且服务周到，不仅有各风景胜地的宣传册，同时也能提供住宿和车辆的预订。往返于市中心和机场之间的大巴票价实惠。

C 需要紧急医疗救助的乘客可在航站楼的任意一台公用电话上拨打 9877。机场药店位于一层（ground floor）候机室附近，存有各类药物。

D 候机乘客可将行李或包裹用可回收的聚乙烯袋密封起来以避免其损坏。位于二层（first floor）的行李寄存处收费标准是：10 纽元 / 小时。过境旅客可自由通往行李寄存处。

E 除 12 岁以下的儿童和在奥克兰机场停留时间少于 24 小时的旅客外，每位国际航班的旅客需缴纳 25 纽元的过境费。缴费地点是位于一层（ground floor）的国家银行。

F 鉴于奥克兰国际机场采用 “安静机场” 这一管理理念，通常情况下广播系统不会播放航班信息。所有航班的到港和离港信息可以在候机厅和休息区的显示器上看到。

G 为满足商务旅客开会的需求，机场提供几间专门的会议室。这些会议室位于二层（first floor）临近医疗中心的位置。更多信息和预定详情请拨打机场商务经理分机号 5294。

Section 2

Questions 15–20

篇章介绍

体　　裁： 应用文

主要内容： “流星”是为中学毕业生提供专门培训的机构

必背词汇

destination	*n.* 目的地	reap	*v.* 收获，获得（报偿）
school leaver	离校者	impress	*v.* 使…印象深刻
acquire	*v.* 获得	recruitment	*n.* 招聘
excitement	*n.* 兴奋	vacancy	*n.* 空缺，空位
combine	*v.* 使结合		

认知词汇

vaccination	*n.* 接种疫苗	readjust	*v.* 重新调整

试题解析

- **题目类型：** TRUE/FALSE/NOT GIVEN
- **题目解析：**

15. For some young British people, the purpose of a gap year is to improve their academic qualifications.

参考译文	对一些英国年轻人来说，空档年的目的是为了提高他们的学历。
定位词	British people, academic qualifications
解题关键词	the purpose of a gap year
文中对应点	第一段第一、二句：The best reason to take a gap year between school and work or higher education is to improve your CV with experience overseas. This is why some school leavers in Britain now consider a year out to be essential. 空档年是指学生在中学毕业后、参加工作前，或者中学毕业后继续接受高等教育前，休整一年，以获得海外经历丰富自己的简历。这就是为什么英国的一些中学毕业生认为休整一年是非常必要的。 本题解题关键：通过题干要判断，是不是对一些英国年轻人来说，空档年的目的是为了提高他们的学历。题干中的 ...improve their academic qualifications 与原文中...to improve your CV with experience overseas 陈述不一致。
答案	FALSE

16. Shooting Star finds employment for young people in the catering industry.

参考译文	“流星”会替年轻人找餐饮行业的工作。
定位词	catering industry
解题关键词	...finds employment...in catering...
文中对应点	第二段第二行末：Magazines are full of ‘Wanted’ adverts for washing up in a restaurant. Well, we don’t do that—it’s not our idea of excitement. 杂志上到处都是餐馆洗盘子的招工广告，但是我们不让你做这类工作，这不是我们的初衷。 本题解题关键：通过题干要判断，是不是“流星”会替年轻人找餐饮行业的工作。题干陈述 Shooting Star finds employment for young people in the catering industry，原文陈述 Well, we don’t do that，原文用一个 not，直接与题干陈述内容相反。因此题干与原文陈述不一致。
答案	FALSE

17. Training with Shooting Star can be expensive.

参考译文	“流星”的培训费用昂贵。
定位词	training
解题关键词	...can be expensive...
文中对应点	本题解题关键：通过题干要判断，是不是“流星”的培训费用昂贵。题干中提到 expensive（费用昂贵），所以根据顺序原则，继续在第二段找货币符号，或者有关费用的信息，但是原文中没有提到任何和培训费用相关的内容。因此题干的内容在原文中并未提及。
答案	NOT GIVEN

18. New trainees find it easy to get the sort of work they want.

参考译文	“流星”的学员能轻松找到自己喜欢的工作。
定位词	new trainees
解题关键词	...it easy to get...
文中对应点	第三段第二行：Those who qualify with Shooting Star are very soon using their skills in jobs they could only dream about before, working outdoors and seeing more of the world. 那些在“流星”里合格的人能很快将学到的技能运用到梦寐以求的工作中去——户外工作和周游世界。 本题解题关键：通过题干要判断，是不是“流星”的学员能轻松找到自己喜欢的工作。题干 ...easy to get... 与原文 ...are very soon using their skills in jobs... 陈述完全一致。
答案	TRUE

19. New trainees who want work experience should check out vacancies before they depart.

参考译文	出发前，想要获得工作经验的新学员就要留意工作机会。
定位词	work experience
解题关键词	...should check out vacancies before...

文中对应点	第四段第二个星号：What's more important to you—travel or work experience? You can be flexible with travel plans but you must research job opportunities in advance. 旅行和工作经验对你来说哪个更重要？你可以有灵活多变的旅行计划，但是工作必须提前找。本题解题关键：通过题干要判断，是不是出发前新学员就要留意工作机会。题干 ...check out vacancies before...，原文陈述 you must research job opportunities in advance...；题干中 vacancies= 原文 job opportunities；题干中 before= 原文中 in advance，因此题干与原文陈述完全一致。
答案	TRUE

20. Shooting Star helps with travel arrangements.

参考译文	"流星"提供旅行安排。
定位词	travel arrangements
解题关键词	Shooting Star helps...
文中对应点	第四段第四个星号：Sort out the admin in plenty of time—air tickets, visas, insurance and medical matters such as vaccinations for some destinations. These are your responsibility. 用充足的时间梳理要做的事情：机票、签证、保险、医疗，例如去某地要打疫苗。这些事情都是你的责任所在。本题解题关键：通过题干要判断，是不是"流星"提供旅行安排。题干 Shooting Star helps with travel arrangements，原文陈述 ...sort out...these are your responsibility，承担旅行安排的主体不一样，题干是"流星"，原文是"自己"；因此题干与原文陈述不一致。
答案	FALSE

参考译文

"流星"是为中学毕业生提供专门培训的机构

计划空档年

空档年是指学生在中学毕业后、参加工作前，或者中学毕业后继续接受高等教育前，休整一年，以获得海外经历丰富自己的简历。这就是为什么英国的一些中学毕业生认为休整一年是非常必要的。许多人想去旅游，悉尼是大家最热衷的目的地。"流星"就是这样一个机构，为中学毕业生提供培训及就业指导。

在"流星"我们提供的不仅仅是出国旅游。你还能学到技能，助你在休整期以及以后的假期都找到有趣的工作。杂志上到处都是餐馆洗盘子的招工广告，但是我们不让你做这类工作，这不是我们的初衷。我们向中学毕业生提供户外探险的机会，教他们诸如航海和滑雪板运动之类的技能。你真的别无选择！在休整的一年内，除了训练、旅游和工作，你将从工作中收获乐趣和回报。你可能会成为经验丰富的游艇船长或教练，以后再度假的时候不仅能玩自己喜欢的运动，还可以以此技能谋生赚点钱。

大量的澳大利亚和新西兰学生去欧洲和北美获取海外经验。那些在"流星"里合格的人能很快将学到的技能运用到梦寐以求的工作中去——户外工作和周游世界。无论你来自哪里，在休整期选择"流星"都意味着接受专业培训和国际冒险。

空档年成功的诀窍如下：

- 在找工作或申请大学之前，需要大概地设计出空档年的计划。人事部门工作人员或招生办老师将会被你的规划所打动。
- 旅行和工作经验对你来说哪个更重要？你可以有灵活多变的旅行计划，但是工作必须提前找。到“流星”的官网随时看看招聘信息。
- 你认识休整过一年的人吗？“流星”可以介绍刚刚度过空档年的人给你认识。
- 用充足的时间梳理要做的事情：机票、签证、保险、医疗，例如去某地要打疫苗。这些事情都是你的责任所在。
- 你离开的这段时间事情由谁来负责？这里有相应的表格和回复信函需要填写。
- 休整回来后留出足够的时间让自己回归到原来的生活，适应日常生活得需要一段时间，你要做好心理准备。

Questions 21–27

篇章介绍

体　　裁： 应用文

主要内容： 成功面试的技巧

必背词汇

hurdle	*n.* 障碍	panel	*n.* 专门小组
impression	*n.* 印象	exaggerate	*v.* 夸大
strength	*n.* 长处	spirit	*n.* 精神
weakness	*n.* 弱点	possess	*v.* 拥有
leisure	*adj.* 空闲的，休闲的	flexible	*adj.* 灵活的
pursuit	*n.* 追求	adequate	*adj.* 足够的
parking	*n.* 停车场	colleague	*n.* 同事
outfit	*n.* 一套服装	punctual	*adj.* 守时的

认知词汇

approachable	*adj.* 可以接近的	enthusiastic	*adj.* 热情的

试题解析

- **题目类型：** MATCHING
- **题目解析：**

21. the importance of good manners

参考译文	良好举止（有礼貌）的重要性
定位词	importance, good manners
文中对应点	F 段第四行：Whatever the circumstances, you will give yourself an advantage by being friendly and polite, by making eye contact with the interviewer and by selling yourself by focusing on your strengths. 无论是什么样的面试方式，你一定要友善、礼貌，注意眼神交流，着重展现自己的优势。
答案解析	题干中 good manners 对应原文 being friendly and polite。 因此，本题答案选 F。

22. using your contacts

参考译文	利用你的沟通能力
定位词	using, contacts
文中对应点	B 段：Firstly you can do some research. Find out about the employer and the job, ask for an information pack or speak to people you know who work for the company. Try to plan for the interview by asking who will be interviewing you and whether there will be a test to take. 首先，你可以做一些调查。通过索要公司资料或咨询你认识的在此公司工作的员工，增加对这家公司和所应聘岗位的了解。做好面试前的准备工作，搞清谁将会负责你的面试，以及面试中是否有测验。
答案解析	题干中 using your contacts 对应原文 firstly you can do...find out about... ask for...try to plan...。这道题目难度高，不是所有考生都能够意识到，原文中提到的种种要求应聘者做到的，其实就是在体现沟通能力，建议使用排除法。 因此，本题答案选 B。

23. giving adequate responses

参考译文	回答问题要充分
定位词	adequate, responses
文中对应点	G 段倒数第四行： Don't simply give 'yes' and 'no' answers, but answer questions as fully as you can. 切勿简短回答“是”或者“不是”，要尽可能回答得详细。
答案解析	题干中 adequate 对应原文 as fully as。 因此，本题答案选 G。

24. getting on well with colleagues

参考译文	和同事融洽相处
定位词	getting on well, colleagues
文中对应点	H 段第一句：One final thing to remember: it is important to show good team spirit, that you possess good people skills and that you are friendly and approachable. 最后需要记住的一点：展示良好的团队合作精神、人际交流能力，表现得友善、平易近人。
答案解析	题干中 getting on well with colleagues 对应原文 to show good team spirit。 因此，本题答案选 H。

25. the information you may need to provide

参考译文	需要提供的信息
定位词	information, provide
文中对应点	C 段 : Prepare for questions you might be asked. Some common ones are the reason why you want the job, whether you have done this kind of work before, what your strengths and weaknesses are, and which leisure pursuits you enjoy. 准备一些可能会被问到的问题。例如：你为什么想做这份工作，以前有没有做过类似的工作，你的优点和不足有哪些，你有什么业余爱好。
答案	题干中 the information you may need to provide 对应原文 Prepare for questions you might be asked. 因此，本题答案选 C。

26. being honest with the interviewer

参考译文	对面试官要诚实
定位词	being honest, interviewer
文中对应点	G 段第二行：First of all, don't exaggerate. For example, if you don't have the exact experience the employer is looking for, say so and explain you are willing to learn. 首先，切勿浮夸。例如：若是没有相关经验，就实话实说，并表示愿意学习。
答案	题干中 being honest 对应原文 don't exaggerate。 因此，本题答案选 G。

27. being punctual

参考译文	准时
定位词	punctual
文中对应点	D 段第一句：Another important point is never to run the risk of arriving late. 另外一点十分重要，就是千万不要迟到。
答案	题干中 punctual 对应原文 never to run the risk of arriving late。 因此，本题答案选 D。

参考译文

成功面试

A 收到面试邀请意味着你已经过了第一关——你的简历肯定让人印象深刻。你要抓住这次机会，全面展示自己。你可以事先做一些准备：

B 首先，你可以做一些调查。通过索要公司资料或咨询你认识的在此公司工作的员工，增加对这家公司和所应聘岗位的了解。做好面试前的准备工作，搞清谁将会负责你的面试，以及面试中是否有测验。

C 准备一些可能会被问到的问题。例如：你为什么想做这份工作，以前有没有做过类似的工作，你的优点和不足有哪些，你有什么业余爱好。

D 另外一点十分重要，就是千万不要迟到。例如：提前考察到达面试地点要多长时间。查询（到达面试公司的）公交路线；如果你准备开车去，事先找到最近的停车场。务必预留出 10 分钟提前到达面试场地。

E 好好考虑一下着装问题对面试也极为关键。这取决于你将面试的职位。倒是没有必要为了看起来光鲜买一套新衣服，但一定要干净利落。如果你看起来穿着适宜，那么你自己也会感觉良好。

F 你需要给面试官留下好印象。面试可能是比较随意的一名面试者对一名面试官，也可能是相对正式些的一名面试者对一个面试组。无论是什么样的面试方式，你一定要友善、礼貌，注意眼神交流，着重展现自己的优势。

G 有一些事情你必须在面试中避免：首先，切勿浮夸。例如：若是没有相关经验，就实话实说，并表示愿意学习。其次，切勿简短回答“是”或者“不是”，要尽可能回答得详细。最后，回答问题的同时也要提出疑问。

H 最后需要记住的一点：展示良好的团队合作精神、人际交流能力，表现得友善、平易近人。最后，一定要热情并且表现出你很灵活。

Section 3

篇章结构

体裁	说明文
主题	意外发现——偶然的科学惊喜
结构	第一段：摄影、炸药、胰岛素和人造甜味剂都是人类意外发现的 第二段：L. J. M. Daguerre 偶然发现现代摄影 第三段：L. J. M. Daguerre 发现水银可以被普遍应用于冲洗照片 第四段：Nobel 本身也是偶然性发现的受益者 第五段：硝化甘油导致的意外越来越多 第六段：Nobel 发明了雷管 第七段：Nobel 发现了更安全的替代物 第八段：Nobel 的发现并不是靠运气 第九段：Nobel 的愿望是世界和平

必背词汇

serendipity	*n.* 意外发现
accidental	*adj.* 偶然的
photography	*n.* 摄影
artificial sweetener	人造甜味剂
diverse	*adj.* 多样的
additional	*adj.* 附加的
favour	*v.* 偏爱
plate	*n.* 平板
expose	*v.* 暴露
weak	*adj.* 弱的，未达标准的
desperate	*adj.* 绝望的
laboratory	*n.* 实验室
alcohol	*n.* 酒精
cupboard	*n.* 橱柜
spill	*v.* 溢出
universal	*adj.* 普遍的
adoption	*n.* 接受，采用
reward	*v.* 回报 *n.* 报答，报酬

confer	v. 授予
benefit	v. 得益于
channel	n. 通道
expand	v. 扩展
turnover	n. 营业额
blame	v. 责怪
polish	v. 抛光
leather	n. 皮革
invention	n. 发明
innovative	adj. 创新的
device	n. 装置
determine	v. 决定
impractical	adj. 不实际的
tend to	易于，倾向于
brick	n. 砖头
version	n. 版本

metal	n. 金属
soak	v. 浸透
solid	n. 固体
retain	v. 保持
solution	n. 解决方案
significance	n. 重要性，意义
fortunate	adj. 幸运的，侥幸的
pacifist	n. 和平主义者
deterrent	n. 制止物
accomplish	v. 完成
experiment	n. 实验
illustrate	v. 举例说明
comment	n. 评论
elimination	n. 去除
removal	n. 移除，除去

认知词汇

dynamite	n. 炸药
insulin	n. 胰岛素
copper	n. 铜
photographic	adj. 摄影的
iodine	n. 碘
vapour	n. 水蒸气
amazement	n. 惊奇
intensify	v. 加剧
systematically	adv. 系统地
unpredictably	adv. 出乎意料地
mercury	n. 水银
nitroglycerine	n. 硝化甘油
explosive	adj. 爆炸性的

volatile	adj. 不稳定的
inappropriate	adj. 不恰当的
blasting cap	雷管
sawdust	n. 锯屑
combustible	adj. 易燃的
unsatisfactory	adj. 使人不满意的
eventual	adj. 最终的
bestow	v. 给予
fraternity	n. 友爱
unworkable	adj. 不可操作的
flammability	n. 可燃性
reliability	n. 可靠性
unexpected	adj. 意外的

试题解析

Questions 28–31

- **题目类型：** SENTENCE COMPLETION
- **题目解析：** 选项（翻译）

A. 减弱炸药的爆炸威力。
B. 费时。
C. 使操作不可行。
D. 降低生产成本。
E. 使操作更安全。
F. 使混合物更易燃。
G. 导致更差的稳定性。

题号	定位词	文中对应点	题目解析
28	adding chemicals	第六段第五行 chemicals	题干：Nobel 发现加入化学制品 原文：Firstly, he experimented with adding chemicals to nitroglycerine, but because the chemicals required huge amounts of resources and energy to wash out, this process was considered to be impractical. 首先，他尝试加入其他化学制品，但由于这些化学制品需要耗费大量的资源与能源来清洗，所以该方法不可行。 分析：原文中 ...process was considered to be impractical 对应选项 made the process unworkable。 因此，本题答案选 C。
29	adding sawdust and paper	第六段第七行 sawdust, charcoal or paper	题干：Nobel 发现加入锯屑和纸张 原文：He then tried to use fibrous material such as sawdust, charcoal or paper to stabilise the explosive, but these combustible materials tended to catch fire when placed near nitroglycerine. 他又尝试用锯屑、木炭、纸张等纤维材料稳定硝化甘油，但这些易燃材料靠近硝化甘油时更容易着火。 分析：原文中 ...tended to catch fire 对应选项 increased the flammability(易燃性) of the mixture. 因此，本题答案选 F。
30	adding brick dust	第六段倒数第四行 brick dust	题干：Nobel 发现加入砖灰 原文：As an alternative, he added powdered brick dust to tame the explosive, as he knew that brick dust would not catch fire. However, the brick dust reduced the explosive power of the product, and so was also found to be unsatisfactory. 随后，砖灰作为替换物被加入到硝化甘油中，他知道砖灰不会燃烧，可砖灰却减弱了炸药的威力，因此该结果也不令人满意。 分析：原文中 reduced the explosive power of the product 对应选项 decreased the energy of the explosion。 因此，本题答案选 A。
31	mixing nitroglycerine with packaging	第七段第五行 mixed with nitroglycerine	题干：Nobel 发现将硝化甘油与包装材料混合在一起 原文：Nobel immediately set to work to examine the connection between the two materials and found that when the packaging material was mixed with nitroglycerine it could be pressed into a compact solid. This solid retained the explosive power of the liquid, but was entirely safe and reliable because it would not ignite until set off by a blasting cap. Nobel 马上着手检测两种材料之间的关系，他发现与硝化甘油混合时，这种包装材料能被压缩成紧凑的固体。这种固体和液体硝化甘油的威力一样，但却比液体硝化甘油更安全、更可靠，因为你不用雷管引爆它是不会爆炸的。 **分析：**原文中 was entirely safe 对应选项 made the process safer。 因此，本题答案选 E。

Questions 32–37

- **题目类型：**MATCHING
- **题目解析：**这类型的搭配题是比较难处理的。

  选项（翻译）

  A. Daguerre 和 Nobel

  B. 既不是 Daguerre 也不是 Nobel

  C. Daguerre 和 Nobel 其中之一

  原文关于 Daguerre 和 Nobel 的描述虽然是以整个段落呈现的，但是题干中涉及的种种细节，文章没有一处是已经总结好的，都是分散呈现在段落中，考生非常容易遗漏细节，需要反复阅读，但即便这样，也不能保证正确。鉴于这种情况，建议考生先熟悉题干中的内容，划出关键词。然后按照原文的顺序依次读下来，读到有关题干关键词的内容，就比对一下，最后选出正确的答案

题号	定位词	文中对应点	题目解析
32	significance, unexpected result	第四段前三句	原文：Daguerre's serendipitous research effort was rewarded, a year later, with a medal conferred by the French government. Many great scientists have benefited from serendipity, including Nobel Prize winners. In fact the scientist who established the Nobel Prize was himself blessed with serendipity. Daguerre 的意外研究是有回报的，一年以后，法国政府授予他一枚奖章。许多伟大的科学家也得益于偶然发现，其中不乏Nobel 奖得主。事实上，科学家 Nobel 本身就是偶然性发现的受益者。 分析：题干中 unexpected result 对应 serendipitous research effort。原文陈述 Many great scientists have benefited from...including Nobel Prize winners. In fact the scientist who established the Nobel Prize was himself ...，不仅 Daguerre 的意外发现有回报，很多科学家也从中受益，包括 Nobel 本人。那就是两个人都认可偶然发现的重要性。 因此，本题答案选 A。
33	depend on colleagues	无	原文中没有任何地方提到过 colleagues。 分析：既不是 Daguerre 也不是 Nobel。 因此，本题答案选 B。
34	different methods, find a solution	第六段第三行	原文：Nobel was also determined to discover a way to make this explosive safer to manufacture, transport and use. Firstly, he experimented with adding chemicals to nitroglycerine, but because the chemicals required huge amounts of resources and energy to wash out, this process was considered to be impractical. He then tried to use fibrous material such as sawdust, charcoal or paper to stabilise the explosive, but these combustible materials tended to catch fire when placed near nitroglycerine. As an alternative, he added powdered brick dust to tame the explosive, as he knew that brick dust would not catch fire. However, the brick dust reduced the explosive power of the product, and so was also found to be unsatisfactory. Nobel 下定决心要找到一种方法，使硝

题号	定位词	文中对应点	题目解析
34			化甘油更易于生产、运输和使用。首先，他尝试加入其他化学制品，但由于这些化学制品需要耗费大量的资源与能源来清洗，所以该方法不可行。他又尝试用锯屑、木炭、纸张等纤维材料稳定硝化甘油，但这些易燃材料靠近硝化甘油时更容易着火。随后，砖灰作为替换物被加入到硝化甘油中，他知道砖灰不会燃烧，可砖灰却减弱了炸药的威力，因此该结果也不令人满意。 分析：题干中 find a solution 对应原文 discover a way；题干中 different methods 对应原文 Firstly...He then tried to use... As an alternative, he added...。为了解决硝化甘油安全性的这个问题，Nobel 尝试了很多方法，包括加化学制品，又尝试加锯屑、木炭、纸张，最后还有砖灰。使用不同的方法来解决问题的人，原文中只提到 Nobel。 因此，本题答案选 C。
35	encouraged, government	第四段第一句	原文：Daguerre's serendipitous research effort was rewarded, a year later, with a medal conferred by the French government. Daguerre 的意外研究是有回报的，一年以后，法国政府授予他一枚奖章。 分析：题干中的 government 对应原文 government。虽然文章中提到了法国政府，但是并没有表明是否政府鼓励 Daguerre 做该研究的；对于 Nobel 的种种陈述中，没有出现政府，所以谈不上鼓励。 因此，本题答案选 B。
36	award, scientific work	第四段第一句	原文：Daguerre's serendipitous research effort was rewarded, a year later, with a medal conferred by the French government. Daguerre 的意外研究是有回报的，一年以后，法国政府授予他一枚奖章。 分析：题干中的 award 对应原文 reward；题干中 scientific work 对应原文 research effort。只有 Daguerre 受到了政府给予的奖励，Nobel 的陈述中没有此描述。 因此，本题答案选 C。
37	worked, long time, find, way	第八段第一句	原文：As a scientist who had worked systematically towards a solution for a number of years, Nobel immediately understood the importance of this discovery. 作为一位数年来始终朝着一个目标钻研的科学家，Nobel 深知该项发明的重要性。 分析：题干中的 long time 对应原文 for a number of years；题干中 find a way 对应原文 worked...towards a solution。只有关于 Nobel 的陈述有对应题干的描述。 因此，本题答案选 C。

Questions 38–40

- **题目类型：**SUMMARY
- **题目解析：**

题号	定位词	文中对应点	题目解析
38	Louis Pasteur, need to have	第一段第三行： However, Louis Pasteur noted the additional requirement involved in serendipity when he said, '...chance favours only the prepared mind.'	空格前是不定冠词 a，预测空格中应该是名词，或者名词短语。 **分析：**题干中的 need to have 对应原文 favour，符合要求的只有 prepared mind。 **译文：**Daguerre 的实验例证了 Louis Pasteur 的评论——为了充分利用偶然性发现，科学家需要时刻做好准备。 因此，本题答案为 prepared mind。
39	exposure, silver-coated photographic plate	第二段第一行： The discovery of modern photography provides an example of serendipity. In 1838, L. J. M. Daguerre was attempting to 'fix' images onto a copper photographic plate. After adding a silver coating to the plate and exposing it to iodine vapour, he found that the photographic image was improved but still very weak.	空格前虽然是 to，但是请考生注意，空格里并不是 to do（动词的形式），因为这里 exposure to _____ 整体充当宾语从句中的主语部分，所以空格中应该是名词，或者名词短语。 **分析：**题干中 silver-coated photographic plate 对应原文 adding a silver coating to the plate；题干中 exposure 对应原文 exposing it to，符合要求的只有 iodine vapour。 **译文：**Daguerre 发现暴露在碘蒸汽中能使有镀银层的照片底板图像达到预期效果，但是效果不明显。 因此，本题答案为 iodine vapour。
40	collodion, alcohol, removal	第二段第五行： Desperate after an investigation lasting several months, Daguerre placed a lightly exposed photographic plate in the cupboard in which laboratory chemicals such as alcohol and collodion were stored. To his amazement, when he removed the plate several days later, Daguerre found a strong image on its surface.	空格前是定冠词 the，预测空格应该是名词，或者名词短语。 **分析：**题干中的 collodion, alcohol 对应原文 chemicals such as alcohol and collodion；题干中的 removal 对应原文 remove，所以要移除的实际就是含有酒精和胶棉的化学物质的 plate。 **译文：**经过排除之后，他发现胶棉和酒精对图像效果并无影响。事实上，取出所有化学物质后，图像并不受影响，仍十分清晰。 因此，本题答案为 chemicals。

参考译文

Daguerre 的实验

Daguerre 的实验例证了 Louis Pasteur 的评论——为了充分利用偶然性发现，科学家需要时刻做好准备。Daguerre 发现暴露在碘蒸汽中能使有镀银层的照片底板图像达到预期效果，但是效果不明显。令他吃惊的是，照片底板被放置到实验室橱柜后图像变得更清晰了。经过排除之后，他发现胶棉和酒精对图像效果并无影响。事实上，取出所有化学物质后，图像并不受影响，仍十分清晰。后来才发现这种影响是溢出的水银造成的。

参考译文

意外发现——偶然的科学惊喜

摄影、炸药、胰岛素和人造甜味剂有何共同之处？意外发现！这些发现使我们的日常生活更加便捷，它们都是在偶然间被发现的。然而，Louis Pasteur 认为偶然发现是需要附加条件的，他说“机会总是青睐有准备的人”。

以现代摄影的发现为例。1838 年，L. J. M. Daguerre 试图在铜制底板上显示图像。他在照片底板上加入镀银层，然后把它暴露在碘蒸汽中，虽然照片质量有所提升，但依然有些模糊。试验了数个月后照片质量无明显改善，Daguerre 感到绝望，他把一个受过轻微碘蒸汽影响的照片底板放在有酒精和胶棉等化学物质的实验室的橱柜中。令他吃惊的是，几天后当他取出照片底板时发现底板上的图像清晰可见。

该图像是被偶然间创造的。这就是 Louis 所说的附加条件：Daguerre 的实验说明橱柜中的某一种或某几种化学物质能增强图像质量。中断两个星期之后，Daguerre 有条不紊地将新的照片底板放入橱柜中，每天取出一种化学物质。出乎意料的是，当所有的化学物质都被取出后，照片底板的图像仍清晰可见。后来 Daguerre 注意到，水银曾溢出到橱柜架上，于是他得出结论，一定是水银蒸汽提高了图像质量。由此，水银被普遍应用于冲洗照片。

Daguerre 的意外研究是有回报的，一年以后，法国政府授予他一枚奖章。许多伟大的科学家也得益于偶然发现，其中不乏 Nobel 奖得主。事实上，科学家 Nobel 本身就是偶然性发现的受益者。1861 年，Nobel 家族在斯德哥尔摩建立硝化甘油厂——15 年前一位意大利化学家研究出无色且极易爆炸的硝化甘油。硝化甘油易挥发且极不稳定，轻微敲击便会爆炸。但 Nobel 家族却认为这款新型炸药会解决瑞典国家铁路面临的难题——在山区挖隧道，从而拓展瑞典的铁路系统。

然而随着营业额的增加，由使用硝化甘油导致的意外爆炸越来越多。一些人将责任归咎于使用硝化甘油的人而不是硝化甘油本身，因为用硝化甘油来擦皮鞋变得流行，虽然这样做非常不恰当。

Alfred Nobel 30 岁的时候发明了雷管——一种控制硝化甘油爆炸的装置，这是他的第一项重大发明。Nobel 下定决心要找到一种方法，使硝化甘油更易于生产、运输和使用。首先，他尝试加入其他化学制品，但由于这些化学制品需要耗费大量的资源与能源来清洗，所以该方法不可行。他又尝试用锯屑、木炭、纸张等纤维材料稳定硝化甘油，但这些易燃材料靠近硝化甘油时更容易着火。随后，砖灰作为替换物被加入到硝化甘油中，他知道砖灰不会燃烧，可砖灰却减弱了炸药的威力，因此该结果也不令人满意。

有一种说法，最终成功的方法是这样被发现的：一个装满液体硝化甘油的容器泄露了，一部分液体硝化甘油渗透到周围的包装材料中。Nobel 马上着手检测两种材料之间的关系，他发现与硝化甘油混合时，这种包装材料能被压缩成紧凑的固体。这种固体和液体硝化甘油的威力一样，但却比液体硝化甘油更安全、更可靠，因为你不用雷管引爆它是不会爆炸的。

作为一位数年来始终朝着一个目标钻研的科学家，Nobel 深知该项发明的重要性。天道酬勤，终于 Nobel 的努力有了回报。Nobel 有着清晰的想法，有条不紊地进行实验，迅速领悟这项发现的重要性，这些都使他在诸多并不足够“幸运”的科学家中脱颖而出。

Alfred Nobel 终生都是一名和平主义者，他希望他的炸药能制止战争。Nobel 力图实现永久性的世界和平。他设立了 Nobel 基金会和 Nobel 和平奖项，希望以此来完成他生前未能实现的愿望：鼓励为人类谋福利的研究与活动，尤其是各国之间和平友爱方面的。他的愿望是世界和平。

Task 1

题目要求

（见“剑 10” P129）

审题

你和一些朋友在一家餐厅用餐以庆祝一个特别的时刻，你们对餐厅提供的食物和服务感到非常满意。请你给餐厅经理写一封信，信中需涉及以下几点：

- 说明你们在餐厅用餐的详细情况
- 解释庆祝的事项
- 告知令你满意的食物和服务

写作思路

本题要求考生完成一封感谢信的写作。这在雅思普通培训类考试中属于很常见的书信写作类型。题目叙述的写作背景是你在一家餐厅中度过了一段难忘的时光，餐厅提供的餐食以及服务令你感到无比满意，你要写信给餐厅经理以表达你的感谢。

对于这道题目的写作，应该注意以下几点：

1. 收件人是餐厅经理，通常不清楚收信人的姓名和性别，所以信件开头的称呼通常是 Dear Sir or Madam，或者 To whom it may concern。在信件主体部分，开篇就要明确给出写信的目的，明确告知收信人这是一份来自顾客的感谢。
2. 关于信件写作要包含的三个要点，可以根据信件的实际内容适当调整三个要点在信件主体部分出现的顺序，使其更加有条理，逻辑性更强。对于这封感谢信，首先告知对方你因为一个怎样的庆祝活动而安排你的朋友到餐厅用餐，从而度过了一段愉快而难忘的时光；随后向餐厅经理详细说明你们用餐的情况以及所接受的服务；最后向对方表达对食物以及服务的诚挚感谢。这样的安排会更符合感谢信的常规内容布置。所以，考生要注意，三个要点信息的顺序安排，不一定要按照题目所给的顺序，但要符合信件的主体内容和写信目的的要求。
3. 关于三个写作要点的扩展。

   第一，庆祝的事项。这个很容易发挥，生活中我们都有到餐厅与朋友共同庆祝的经历。可以是庆祝生日，可以是庆祝结婚纪念日，可以是庆祝家庭添丁，也可以是为朋友精心策划的求婚仪式等等。总之，是一件大家在一起的高兴的事情。

   第二，用餐详情。要注意，这个要点信息与另一个提示信息“你要感谢的食物和服务”有所区分，如果在这一项要点扩展中就提及吃了什么，享受了怎样的服务，那在完成另一个写作要点时就不可避免地出现内容的重复，使得信件信息不够充实。所以对于用餐详情，我们可以先告知对方选择在这家餐厅庆祝的原因，可能是来自朋友的推荐，可能是你路过这家餐厅时被它的门面和装饰所吸引，也可能是你通过一些渠道得到了这家餐厅的打折或代金券，当然也可能是这家餐厅近期正在组织“团购”等等。接下来可以谈一下用餐前的预订环节。你可以告诉对方，由于参与人员很多，餐厅工作人员做了很大的努力为我们安排了位置，或者他们特别申请了可以给你更多的优惠或者配合你们完成了一些惊喜环节，以使你们的庆祝活动更加难忘。最后可以告诉餐厅经理，在点菜时，餐厅工作人员给了很多的推荐，以帮助你做出了明智的选择。

第三，对菜品和服务的感谢。这个内容的联想和扩展对考生来讲应该不难，但在使用英文表达方面可能会有一定困难。考生可能会想到表扬某一道菜品的质量和味道，但很可能这道菜品的名称是不会表达的。无论是西餐的意大利面还是中餐的宫保鸡丁，估计会给不少考生造成很大困难。遇到这样的问题，我们给考生的建议是，不怕简单，保证准确。不会写意大利面，就不要铤而走险，不要出现类似“Italian noodle”这样令人啼笑皆非的表达。其实，去掉Italian，就变成了中国的面条，就可以保证表达的准确。有的考生会想，一个轰轰烈烈的party，就吃了一碗面条，还要写信表示感谢，是不是显得很没面子、很多余。这样的顾虑是完全没有必要的。我们在考场中首要的考虑是契合题目要求并尽量保证表达的质量。另外，考生能够想到另外一种意大利美食，那就是pizza（比萨饼），相信这个食物写起来就简单多了。除此之外，steak（牛排），hamburger（汉堡）之类的单词大家可以准确拼写出来。需要提醒考生的是，这一条写作要点，除了要对餐厅的食物进行表扬，还要评点餐厅提供的服务，这是一定不能遗漏的。对于这道题目，有一定西餐常识的考生会处理得更加得心应手。

还是要强调，上述内容只是给大家的一些提示，每个人都会有自己的想法。只要涵盖全部题目要点，符合题目要求，并进行适当拓展发挥，而且内容合理、语气得当，考生就能写出一篇高分书信作文。

考生作文

（见“剑10” P171）

参考译文

亲爱的先生/女士，

上周六我在您的餐厅庆祝我50周岁的生日，在此写信给您以表达我对餐厅所提供的周到服务以及高质量的食物的喜悦之情。

我与我的家人、挚友以及单位的同事一共十二人在您的餐厅举办庆祝聚会。餐厅员工费尽心思为我们安排好了座位，使得我们容易进出而不会影响其他客人。我发现现在在其他餐厅这样的情况并不多见。餐厅服务员极其专业、礼貌，并且十分有经验，他们在我们聚会的过程中极少打扰我们。

餐厅近期的菜单和酒单为我提供了大量的选择，并且可以供应菜单和酒单上的所有菜品、酒品。餐食的数量和质量都无可挑剔，而且菜品码盘的技术也非常高，可与电视节目“大厨师”中的水准相媲美。

我点了一份猪肋排，美味多汁。如果非要挑些问题的话，我觉得分量有点太大了，但我还是成功地全部吃完了！

我同样对你们所提供的来自本地和国际的各种酒水印象深刻。我们点的酒以酒品最适合饮用的温度呈上。服务员对饮酒的礼节十分了解，这样的服务是无与伦比的。

总之，我们所有人都非常满意贵餐厅的美味食物，我也度过了一个非常愉快的生日。

再次向您表示祝贺。

您忠实的顾客

分析

这篇文章的得分是8分，以下是对考官评语的翻译：

文章十分自然地回应了题目的所有要点信息，并对其中的两点进行了充分的拓展。庆祝的原因在文章的开头和结尾都有所涉及，但还可以更细致地展开一些内容。信息容易理解，要点的组织具有逻辑性，所涉及的各方面都很连贯。段落安排比较充分，但仍有改进的余地，比如三个短的由简单句构成的段落应该整合成一段。文中使用的词汇丰富，流畅地传递了精确的信息。有一些拼写错误，但不影响理解。全文使用了多样的句式，灵活而得体。文章自始至终的语法和标点的运用都是恰当无误的。

对文章的评判包含以下几个方面：

1. 信件内容——考官对这篇书信写作的内容给予了较高的评价，特别是文章对其中的两个要点进行了非常细致、充分的扩展。
2. 连贯性和衔接性——本文的段落安排也得到了考官的肯定，但也有欠妥的地方，有的段落信息量很小，且内容与前一段落基本一致，应考虑合并。

具体的分析如下表所示：

	要点提示	信中回应	点评
1	说明在餐厅用餐的详细情况	第二段：在信中作者告诉对方自己举办了一个有十二人参加的聚会。	如考官在评语内所指出的，与另外两个要点信息相比，作者对这个要点扩充不足。应该更加详细地告诉对方用餐的细节信息，比如品尝了哪些菜肴，餐厅服务员推荐了哪些特色的菜品或饮料，还有餐厅如何为你制造了生日聚会的惊喜等等。
2	解释庆祝的事项	第一、六段：在信件开始即告知对方上周在餐厅举办了50周岁生日聚会，对餐厅提供的餐食和服务均感到满意；信件结束时再次强调自己的生日聚会很愉快很难忘。	这个写作要点在信件的开头和结尾处都有所提及，但考官指出，这部分内容可以再展开得细致一些。作者只是告知对方在餐厅举办了50周岁生日聚会，如果能够再进行一到两句话的细节呈现就更好了。比如，可以向对方解释这个生日的特殊意义以及它的与众不同；或者告诉对方你将要到其他国家工作和生活，这是你在这里与以前的朋友和同事庆祝的非常重要的一个生日等等。
3	告知令你满意的食物和服务	第三、四、五段：作者首先称赞了服务员的细致安排；另外对菜品的质量以及其他的细节进行了表扬；最后强调了酒水的品种以及服务员对于饮酒的礼仪和专业知识的掌握。	对这个写作要点的扩展是比较充分的。可以看出，这个考生有一定的西餐常识。如前所述，在完成书信写作时，找到“身临其境”的感觉，把题目所述背景想象为真实发生在自己身上的经历，对写作要点的联想与扩展就显得轻而易举。值得一提的是，这部分的分段有些欠妥，考官指出的三个由简单句构成的段落（即文章第三、四、五段），其实可以考虑合并成一段，这样在段落的安排上会显得更加合理。

值得学习的用词

delight	*n.* 高兴，喜悦
quality	*n.* 质量，品质
occasion	*n.* 情况
accessible	*adj.* 可以靠近的
interfere	*v.* 打扰
experienced	*adj.* 有经验的
encroach	*v.* 侵犯，打扰
quantity	*n.* 数量

akin	*adj.* 类似的，近似的
succulent	*adj.* 多汁的
manage to	成功地做…
etiquette	*n.* 礼节，礼仪，规矩
paramount	*adj.* 至高无上的，无与伦比的
establishment	*n.* 企业，机构

Task 2

题目要求

（见“剑 10” P129）

审题

一些父母为孩子买了非常多的玩具。
孩子拥有大量玩具的利和弊各是什么？

写作思路

本题要求对所给的社会现象进行利弊讨论，思路简单且清晰。通常情况下，全文按照四段式安排。即在文章的开头将讨论的话题呈现给读者，进而引出文章主体部分的论述。文章主体部分由两段话构成，分别给出题目所述现象的好处和弊端，可以对利弊进行简单罗列而不进行具体的扩展；也可以仅提供一个好处和一个弊端，并分别对其做充分的解释和举例，将利弊各详细拓展为一段话。在文章结尾，对主体段的利弊讨论做简单总结后，需要给出相对清晰的态度或意见。

考生作文

（见“剑 10” P172）

参考译文

现在很多父母为他们的孩子买了大量的玩具。这到底是不是一件好事，成为了一个有争议的话题。对于这个问题，好处看起来是显而易见的，但奉献型父母的这个现象是不是也同时存在着很多问题？

大多数人认为拥有很多玩具的小孩是幸运的。除了简单的玩玩具本身的快乐，一些有趣的玩物还可以激发小孩很多积极的因素，比如有利于大脑的发展、手眼的协调以及颜色的辨识。现代的玩具的设计兼有娱乐性和教育性，对此很关注的家长会精心挑选那些能提高孩子对数字和字母认知能力的玩具。

那是否有可能拥有各种各样的玩具对孩子是不利的呢？这是个不寻常的问题，其中有一些隐藏的陷阱。首先，一些富有的家长会通过买很多玩具的方式惯坏他们的孩子，这会对孩子性格的培养造成负面影响。另一方面，如果正在成长中的孩子持续地被诱人的事物包围，那他们的关注力的持久程度会受到损害，这将导致他们不能全神贯注地在一段时间内专注于一个游戏。在社会层面，如果他们被认为是比同龄人拥有更多财产的话，那些大一点的孩子很可能成为被同学嫉妒的对象。最后，大多数的玩具通常都是由含有化学双酚 A 的塑料制造的，已证实这种物质若被婴儿吸吮或吞咽是非常危险的。

很明显，这个情况不像一开始出现时那样的简单。看起来父母的重要职责之一是在给孩子买多少玩具的事情上要做出正确选择。

分析

雅思考官给了这篇文章 5 分。

内容和结构的分析

文章由四个段落组成。

在开头段，作者提出了“很多家长为孩子购置大量玩具”的议题，随后并没有发表自己对此话题的态度和意见，而是对下文的利弊比较的内容进行了引出，让读者对主体段内容有预期。

在文章主体段，首先作者给出了“孩子拥有玩具的好处”。文章并没有对这些好处作非常详细的展开，只是简单地提及，罗列了几条重要的优点。

接下来在文章第三段，作者提到了“孩子被玩具包围会产生的负面影响”。段落中一共提到四点弊端，与文章第二段的处理方法相同，也都做了简单的陈述，并没有逐条充分拓展，也没有细致阐述。

在全文结尾，作者对文章主体段的利弊讨论进行了简要概括，使读者充分认识到这个问题的复杂性，并在最后提出了自己的意见。作者认为，家长应在给孩子选择玩具的过程中扮演重要的角色，帮孩子做出理智、正确的选择，才能保证玩具为孩子的成长带来更多积极影响。

另外需要考生关注的是，本文的各段落之间的衔接自然而有效。对段落之间的连接起重要作用的表达，建议考生认真体会，并学习和借鉴。归纳如下：

“利弊比较”型议论文开头段引出下文：

On the face of it the advantages seem most apparent, but could there be a downside to this phenomenon of devoted parenting as well?

文章第二段主题句：使读者快速清晰地把握段落主旨

Most people would consider children who have many toys to be the fortunate ones.

文章第三段主题句：通过设问的方式引出对弊端的论述

Is it possible that owning multiple toys could be in any way detrimental to a child? This is an unusual question, but there are some hidden pitfalls.

在本段中作者给出的四点弊端均通过恰当的连接手段进行了有效衔接，使读者对四个负面影响一目了然：

For one, ...For another, ...On the social side, ...Finally, ...

文章结尾段对上文利弊讨论的总结：

It is clear then that this situation is not as straightforward as it first appears. It would seem that...

词汇和语法的分析

值得学习的用词

purchase	*v.* 购买	downside	*n.* 缺点，弊端
multitude	*n.* 大量，多数	phenomenon	*n.* 现象
offspring	*n.* 后代，子孙	devote	*v.* 奉献
moot	*adj.* 悬而未决的	fortunate	*adj.* 幸运的
apparent	*adj.* 明显的	stimulate	*v.* 刺激，促进

optimum	*adj.* 最适宜的
coordination	*adj.* 协调
recognition	*n.* 识别，认出
apart from	除了…以外
speed	*v.* 加速
acquisition	*n.* 获得，得到
multiple	*adj.* 多重的，许多的
detrimental	*adj.* 有害的，不利的
hidden	*adj.* 隐藏的
pitfalls	*n.* 陷阱
wealthy	*adj.* 富裕的
spoil	*v.* 溺爱，宠坏
character	*n.* 个性，性格，品质
span	*n.* 范围
tempting	*adj.* 吸引人的
decent	*adj.* 体面的，合适的
distract	*v.* 分神，使分心
target	*n.* 目标
envy	*n.* 嫉妒
perceive	*v.* 觉察，感觉
possession	*n.* 财产
peer	*n.* 同龄人
suck	*v.* 吸吮
ingest	*v.* 吞咽
straightforward	*adj.* 简单的，直白的

值得学习的句式

1. It is true that...Whether or not this is a good thing for..., is a moot point. On the face of it the advantages seem most apparent, but could there be a downside to this phenomenon of...as well?
   这句话译为：的确，（引出要讨论的话题）。这到底是不是一件好事，成了一个有争议的话题。面对这个问题，好处看起来是显而易见的，但……的这个现象是不是也同时存在着很多问题？
   这个句子对于开头段引出话题，引起下文的讨论非常有效，向各位考生推荐。

2. For one, wealthy parents might spoil their son or daughter by showering him/her with toys, resulting in a negative effect on the child's character.
   本句使用现在分词 resulting in 引出结果状语，体现句子前后的因果关系。考生需要注意，信息之间的逻辑关系需要向读者明确呈现。一方面，简单的逻辑连接手段（连词、副词和短语）的使用可以完成逻辑连接的任务；另一方面，一些语法现象的灵活使用也可以表达句子之间或句子内部的逻辑关系。

3. It is clear then that this situation is not as straightforward as it first appears. It would seem that...
   这句话译为：很明显，这个情况不像一开始出现时那样的简单。这是一个在结尾段对主体段落信息进行归纳和概括时可以借鉴使用的高分表达。

《剑桥雅思常见错误精讲精练》

Pauline Cullen，Julie Moore　编著

定价：18元　开本：32开　页码：136页

《剑桥雅思语法精讲精练》（附 MP3）

Diana Hopkins，Pauline Cullen　编著

定价：45 元　开本：16开　页码：272页

- ◎ 雅思备考资料官方出版机构推出的权威雅思语法教程
- ◎ 剑桥资深语法专家为全球雅思考生量身定做

《剑桥雅思核心词汇精讲精练》

（附 MP3）Pauline Cullen　编著

- ◎ 错误警示：帮助考生避免常见错误
- ◎ 单元测试：协助考生检验自己的进步
- ◎ 试题练习：涵盖学术类、培训类阅读以及写作、听力测试内容

定价：40元　开本：16开　页码：180页

《剑桥雅思写作高分范文》

刘巍巍 方林　编著

- ◎ 收集十年雅思写作题目，全部写作话题一网打尽
- ◎ 从雅思写作题目出发，全面提高考生写作能力

定价：38元　开本：16开　页码：248页

《剑桥雅思 12 周完全攻略——阅读》

耿耿 乐静 孙吉芯 梅晗　编著

定价：35元　开本：16开　页码：320页

《剑桥雅思 12 周完全攻略——听力》

（附 MP3）　王超伟　编著

定价：29.8元　开本：16开　页码：184页

《剑桥雅思 12 周完全攻略——口语》

孙涛 王冬　编著

定价：29元　开本：16开　页码：204页

- ◎ 针对中国雅思考生的学习特点，制定12周科学备考方案
- ◎ 覆盖雅思阅读、听力、口语考试核心话题，提供权威答案，帮助考生有的放矢地备考

《雅思词汇词根＋联想记忆法（加强版）》

俞敏洪　编著

- ◎ 完整收录雅思常考词汇，大量真题例句
- ◎ “词根+联想”实用有趣，配有插图，加深记忆
- ◎ 按字母顺序编排，增加返记菜单，便于考生进行自测

定价：59元　开本：16开　页码：536页

《雅思词汇词根＋联想记忆法（乱序版）》

俞敏洪　编著

- ◎ 完整收录雅思常考词汇，大量真题例句
- ◎ “词根+联想”实用有趣，配有插图，加深记忆
- ◎ 增加返记菜单和索引，便于查找定位

定价：59元　开本：16开　页码：536页

《雅思词汇词根＋联想记忆法》

俞敏洪　编著

- ◎ 原汁原味的真题例句，收词全面，涵盖雅思四大题型词汇
- ◎ 标出听力、口语单词，有针对性进行记忆

定价：32元　开本：32开　页码：368页

《雅思词汇词根＋联想记忆法——写作》

俞敏洪　编著

定价：12元　开本：64开　页码：200页

《雅思词汇词根＋联想记忆法——听力》

俞敏洪　编著

定价：12元　开本：64开　页码：160页

《雅思词汇词根＋联想记忆法——口语》

俞敏洪　编著

定价：12元　开本：64开　页码：192页

《雅思词汇词根＋联想记忆法——阅读》

俞敏洪　编著

定价：12元　开本：64开　页码：232页

- ◎ “词根+联想”实用有趣，配有插图，加深记忆
- ◎ 涵盖雅思听、说、读、写词汇，收词全面，分类科学